普通高等学校土木工程专业新编系列教材
中国土木工程学会教育工作委员会　审订

土木工程建设监理

（第 4 版）

主　编　邓铁军

武汉理工大学出版社
·武　汉·

内 容 提 要

本书依据我国工程建设管理的法律法规和建设监理制度的规定，在现有监理理论成果与工程监理实践的基础上，比较全面地阐述了工程建设监理的基本原理、方法和手段，着重介绍了工程建设项目监理的质量控制、进度控制、造价控制、施工安全生产管理和工程建设的协调等监理单位应履行的工作，并根据国家培育全过程工程咨询的有关要点，对监理企业开展全过程工程咨询服务的主要内容做了介绍。本书配有电子教案供参考。

主 编 简 介

邓铁军 1960年6月生，博士，湖南大学教授，中国建筑学会工程管理分会常务理事，中国建设监理协会理论学术委员会委员，湖南省建设监理协会常务理事，湖南省建设工程造价协会副理事长，湖南省施工学术委员会副主任委员。公开出版的学术专著、教材中，担任主编的有12部，担任参编的有11部；公开发表学术论文80多篇。参加国家级科研项目和教改项目2项，主持或参加省级科研项目10余项，其中，“非大体积混凝土蓄热理论的研究”获国家1994年科技进步三等奖，“面向21世纪土建类专业人才培养方案及教学内容体系改革的研究”获国家2001年教学成果二等奖，“建筑工程招标投标系统研究与应用”获湖南省2001年科技进步二等奖。

E-mail：dengtiej@163.com

图书在版编目(CIP)数据

土木工程建设监理/邓铁军主编.—4版.—武汉：武汉理工大学出版社，2018.4(2022.5重印)
ISBN 978-7-5629-5093-6

Ⅰ.①土… Ⅱ.①邓… Ⅲ.①建筑工程-施工监理-教材 Ⅳ.①TU712.2

中国版本图书馆CIP数据核字(2018)第075630号

项目负责人：蔡德民　刘永坚　田道全
责任编辑：戴皓华
责 任 校 对：汪浪涛
封面设计：付　群
出 版 发 行：武汉理工大学出版社
社　　址：武汉市洪山区珞狮路122号
邮　　编：430070
网　　址：http://www.wutp.com.cn
经　　销：各地新华书店
印　　刷：武汉市籍缘印刷厂
开　　本：880×1230　1/16
印　　张：12
字　　数：389千字
版　　次：2018年4月第4版
印　　次：2022年5月第5次印刷
印　　数：12001—15000册
定　　价：30.00元

前　言

（第 4 版）

本书在第 3 版的基础上，结合我国工程建设监理制度的进一步发展与完善、建设监理的理论与方法更加成熟的现状，以修订的《建设工程监理规范》(GB/T 50319—2013)为重要依据，再一次进行修编。

本次修编，在维持原教材特色的同时，根据修订的《建设工程监理规范》(GB/T 50319—2013)和现行的监理制度规定，重点对施工准备阶段和施工阶段的监理工作进行了较为系统的阐述，强化了工程现场监理的具体做法，规范了监理单位履行政府赋予的工程建设安全生产管理的职责等，增加了 5D BIM 技术在信息化管理中的应用、全过程工程咨询的基本理论与基本内容和监理方法的应用案例，制作了 PPT 教案，供广大师生使用与参考。

本书由邓铁军担任主编，具体编写分工如下：第 1、2、4、5、8 章由邓铁军撰写，第 3 章由吴俊廷撰写，第 6 章由邓世维撰写，第 7 章由唐菁撰写，PPT 教案由吴俊廷、唐菁等制作。很多高校教师也对本书的修改提出了宝贵的意见，在此表示衷心的感谢。同时，感谢为本书的修改提供资料的单位和个人，感谢出版社同志为本书再版付出的辛勤工作。

由于工程建设监理制度正在随着监理企业的转型升级而进一步完善，工程监理的理论与方法仍在发展，限于编者的学识与水平，书中难免存在疏漏或不妥之处，恳请各位读者、同行批评指正。

编　者
2018 年 2 月

目　录

1 绪 论

本 章 提 要

学习工程建设监理，不单纯是希望能从事监理工作的需要，也是从事工程建设管理、勘察设计、工程施工工作所必须接触的。本章从建设监理的性质出发，介绍了建设监理的基本概念和与工程建设监理管理相关的基本制度。并根据我国建设监理制度的规定，详尽阐述工程建设监理的基本任务、基本方法和主要内容。介绍了监理工程师的资格、注册、岗位职责及其职业道德和监理单位资质及其管理，最后分析了社会监理与政府质量监督的区别。通过本章的学习，使同学们对监理制度及其监理工作有一个最基本的系统了解。

1.1 工程建设监理基本概念

1.1.1 工程建设监理的性质

(1) 监理的概念

工程监理单位是指依法成立并取得国务院建设主管部门颁发的工程监理企业资质证书，从事建设工程监理活动的服务机构。所谓工程建设监理，是指具有相应资质的工程监理单位受建设单位委托，根据法律法规、工程建设标准、勘察设计文件及合同，在施工阶段对建设工程质量、进度、造价进行控制，对合同、信息进行管理，对工程建设相关方的关系进行协调，并履行建设工程安全生产管理法定职责的服务活动。实行工程建设监理制度的目的在于提高工程建设的投资效益和社会效益。

依据《中华人民共和国建筑法》，国家推行工程建设监理制度，国务院可以规定实行强制性监理的工程范围。工程监理应当依据法律、行政法规及有关的技术标准、设计文件和工程承包合同，对承包单位在施工质量、施工安全、建设工期和建设资金使用等方面，代表建设单位实施监督。应满足的要求是：

① 监理人员认为工程施工不符合工程设计要求、施工技术标准和合同约定的，有权要求施工企业改正。

② 监理人员发现工程设计不符合工程质量标准或者合同约定的质量要求的，应当报建设单位要求设计单位改正。

③ 实施工程监理前，建设单位应当将委托的工程监理单位、监理的内容及监理的权限，书面通知被监理的施工企业。

④ 监理单位应在其资质等级许可的监理范围内，承担监理业务；应当根据建设单位的委托，客观、公正地执行监理任务。

⑤ 监理单位与被监理的工程承包单位以及建筑材料、建筑构配件和设备供应单位不得有隶属关系或者其他利害关系；不得转让工程监理业务。

⑥ 监理单位不按照委托监理合同的约定履行监理义务，对应当监督检查的项目不检查或者不按照规定检查，给建设单位造成损失的，应当承担相应的赔偿责任；监理单位与承包单位串通，为承包单位谋取非法利益，给建设单位造成损失的，应与承包单位承担连带责任。

工程监理单位在履行监理制度规定的施工监理服务的同时，可向建设单位提供相关服务。相关服务是指按照建设工程监理合同约定，在建设工程勘察、设计、保修等阶段提供的服务活动。除此之外，工程监理单位还可向建设单位提供对应专业资质的项目管理咨询服务。公平、独立、诚信、科学地开展工程监理工作。

住房和城乡建设部《关于促进工程监理行业转型升级创新发展的意见》(建市[2017]145 号)提出，为贯彻落实中央城市工作会议精神和《国务院办公厅关于促进建筑业持续健康发展的意见》(国办发[2017]19 号)，完善工程监理制度，更好发挥监理作用，促进工程监理行业转型升级、创新发展，必须提升工程监理服务多元化水平，服务模式得到有效创新，逐步形成以市场化为基础、国际化为方向、信息化为支撑的工程监理服务市场体系。主要精神是：

① 推动监理企业依法履行职责。工程监理企业应当根据建设单位的委托，客观公正地执行监理任务，依照法律、行政法规及有关技术标准、设计文件和建筑工程承包合同对承包单位实施监督。

建设单位应当严格按照相关法律法规要求选择合格的监理企业，依照委托合同约定，按时足额支付监理费用，授权并支持监理企业开展监理工作，充分发挥监理的作用。施工单位应当积极配合监理企业的工作，服从监理企业的监督和管理。

② 引导监理企业服务主体多元化。鼓励支持监理企业为建设单位做好委托服务的同时，进一步拓展服务主体范围，积极为市场各方主体提供专业化服务。

适应政府加强工程质量安全管理的工作要求，按照政府购买社会服务的方式，接受政府质量安全监督机构的委托，对工程项目关键环节、关键部位进行工程质量安全检查。

适应推行工程质量保险制度要求，接受保险机构的委托，开展施工过程中风险评估、质量安全检查等工作。

③ 创新工程监理服务模式。鼓励监理企业在立足施工阶段监理的基础上，向“上下游”拓展服务领域，提供项目咨询、招标代理、造价咨询、项目管理现场监督等多元化的“菜单式”咨询服务。

对于选择具有相应工程监理资质的企业开展全过程工程咨询服务的工程，可不再另行委托监理。

适应发挥建筑师主导作用的改革要求，结合有条件的建设项目，试行建筑师团队对施工质量进行指导和监督的新型管理模式，试点由建筑师委托工程监理实施驻场质量技术监督。

④ 提高监理企业核心竞争力。引导监理企业加大科技投入，采用先进检测工具和信息化手段，创新工程监理技术、管理、组织和流程，提升工程监理服务能力和水平。

鼓励大型监理企业采取跨行业、跨地域的联合经营、并购重组等方式发展全过程工程咨询，培育一批具有国际水平的全过程工程咨询企业。

支持中小监理企业、监理事务所进一步提高技术水平和服务水平，为市场提供特色化、专业化的监理服务。

推进建筑信息模型(BIM)在工程监理服务中的应用，不断提高监理信息化水平。

⑤ 强化对工程监理的监督。工程监理企业发现严重安全事故隐患且施工单位拒不整改或者不停止施工的，应及时向政府主管部门报告。开展监理企业向政府报告质量监理情况的试点，建立健全监理报告制度。建立企业资质和人员资格电子化审查及动态核查制度，加大对重点监控企业现场人员到岗履职情况的监督检查，及时清出存在违法违规行为的企业和从业人员。

(2)工程监理的性质

① 服务性与诚信性

工程建设监理是一种高智能有偿技术服务活动。它是监理人员利用自己的工程建设知识、技能和经验为建设单位提供的监督管理服务。它既不同于承建商的直接生产活动，也不同于建设单位的直接投资活动，它不向建设单位承包工程，不参与承包单位的利益分成，它获得的是技术服务性的报酬。

工程建设监理的服务客体是建设单位的工程项目，服务对象是建设单位。这种服务性的活动是严格按照监理合同和其他有关工程建设合同来实施的，是受法律约束和保护的。工程监理单位作为一种服务咨询单位，在履行监理合同的义务期间，应认真、勤奋地工作，为委托人(建设单位)提供与其水平相适应的咨询意见，诚信服务。监理人员遵守职业道德，才能赢得委托人的信任和市场份额。

② 科学性

工程建设监理应当遵循科学性准则。监理的科学性体现为其工作的内涵是为工程管理与工程技术提供知识的服务。监理的任务决定了它应当采用科学的思想、理论、方法和手段;监理的社会化、专业化特点要求监理单位按照高智能原则组建;监理的技术服务性质决定了它应当提供科技含量高的服务;工程建设监理维护社会公众利益和国家利益的使命决定了它必须提供科学性服务。

按照工程建设监理科学性要求,监理单位应当拥有足够数量的、业务素质合格的监理工程师;要有一套科学的管理制度,要掌握先进的监理理论、方法,要积累足够的技术、经济资料和数据,要拥有现代化的监理手段。

③ 公平性

监理单位不仅是为建设单位提供技术服务的一方,它还应当成为建设单位与承建商之间的公正的第三方。在任何时候,监理方都应依据国家法律、法规、技术标准、规范、规程和合同文件,站在公平的立场上进行判断、证明和行使自己的处理权,在维护建设单位利益的同时不损害被监理单位的合法权益。

④ 独立性

从事工程建设监理活动的监理单位是直接参与工程项目建设的“三方当事人”之一,它与项目建设单位、承建商之间的关系是一种平等主体关系。监理单位是作为独立的专业公司根据监理合同履行自己权利和义务的服务方,为维护监理的公正性,它应当按照独立自主的原则开展监理活动。在监理过程中,监理单位要建立自己的组织,要确定自己的工作准则,要运用自己的理论、方法、手段,根据监理合同和自己的判断,独立地开展工作。

(3) 工程监理的原则

① 监理工作以委托监理合同为依据,实施监理前必须签订书面合同。

② 建设工程监理应实行总监理工程师负责制。在项目监理中,总监理工程师全权负责项目监理对外的协调,对内的管理,承担因失职而被追究的行政与法律责任。

③ 监理工作应“公平、独立、自主”地开展,维护建设方与承包方的合法权益。监理单位和监理人员应“严格监理、热情服务、秉公办事、一丝不苟、廉洁自律”,这也是推行监理制度以来的经验总结。强调的“严格监理、热情服务”,就是要诚信服务于委托人,对被监理单位要严字当头,积极主动地进行监理,俗称主动监理;“秉公办事、一丝不苟、廉洁自律”就是说:从事建设工程施工监理的单位是依法公平服务于委托人的单位,代表建设单位履行对工程施工的监督,有一定工程监督管理的权力,故首先要搞好自身的廉政建设。

④ 建设单位与承包单位之间与建设工程合同有关的联系活动应通过监理单位进行。鉴于建设单位已将工程项目的管理工作全部委托监理单位实施,监理单位即为代表建设单位的现场管理者,为了明确建设工程合同的责任,保证监理单位独立公平地做好监理工作,顺利完成工程建设任务,避免出现不必要的合同纠纷,因此监理制度对此明确作出规定。此外,监理单位应对建设工程合同的含义进行系统的理解,把握合同约定的监理应履行的职责范围与内容。

⑤ 被监理单位必须接受监理。这是我国建设管理制度的规定和建设监理委托合同所明确的。

⑥ 严格质量安全保证体系,凡列入基本建设计划的工程项目,都应实行“政府监督、社会监理、企业自检”的质量安全保证体系。社会监理的实施,并不能取代建设方和承建方按法律法规规定的应有的质量安全责任。

1.1.2 工程建设监理管理相关的基本制度

(1) 建设工程施工许可制

建设工程开工前,建设单位应当按照国家有关规定向工程所在地县级以上地方人民政府建设行政主管部门申请领取施工许可证;但是,国务院建设行政主管部门确定的限额以下的小型工程除外。办理施工许可证应满足的条件是:

① 已经办理该建设工程用地批准手续。

② 在城市规划区的建设工程,已经取得规划许可证。

③ 需要拆迁的,其拆迁进度符合施工要求。

④ 已经确定建筑施工企业。

⑤ 有满足施工需要的施工图纸及技术资料。

⑥ 有保证工程质量和安全的具体措施。

⑦ 建设资金已经落实。

⑧ 法律、行政法规规定的其他条件。

建设行政主管部门应当自收到申请之日起 15 日内，对符合条件的申请颁发施工许可证。建设单位应当自领取施工许可证之日起 3 个月内开工。因故不能按期开工的，应当向发证机关申请延期；延期以两次为限，每次不超过 3 个月。既不开工又不申请延期或者超过延期时限的，施工许可证自行废止。在建的建设工程因故中止施工的，建设单位应当自中止施工之日起 1 个月内，向发证机关报告，并按照规定做好建设工程的维护管理工作。按照国务院有关规定批准开工的建设工程，因故不能按期开工或者中止施工的，应当及时向批准机关报告情况。因故不能按期开工超过 6 个月的，应当重新办理开工报告的批准手续。

建设单位未取得施工许可证或者开工报告未经批准擅自施工的，责令改正，对不符合开工条件的责令停止施工。监理单位应对建设单位未取得施工许可证或者开工报告未经批准擅自开工的，按规定向政府建设主管部门书面报告，履行相应职责。

（2）从业资格与资质制

从事建设活动的建筑施工企业、勘察单位、设计单位和工程监理单位，应当具备下列条件：

① 有符合国家规定的注册资本。

② 有与其从事的建筑活动相适应的具有法定执业资格的专业技术人员。

③ 有从事相关建筑活动所应有的技术装备。

④ 法律、行政法规规定的其他条件。

从事建设活动的建筑施工企业、勘察单位、设计单位和工程监理单位，按照其拥有的注册资本、专业技术人员、技术装备和已完成的建设工程业绩等资质条件，划分为不同的资质等级，经资质审查合格，取得相应等级的资质证书后，方可在其资质等级许可的范围内从事建设活动。

从事建设活动的专业技术人员，应当依法取得相应的执业资格证书，并在执业资格证书许可的范围内从事建设活动。

（3）建设工程招标投标制

下列工程建设项目包括项目的勘察、设计、施工、监理以及与工程建设有关的重要设备、材料等的采购，必须进行招标：

① 大型基础设施、公用事业等关系社会公共利益、公众安全的项目。

② 全部或者部分使用国有资金投资或者国家融资的项目。

③ 使用国际组织或者外国政府贷款、援助资金的项目。

实行公开招标为主，确实需要采取邀请招标和议标形式的，要经过项目主管部门或主管地区政府批准。招标投标活动要严格按照国家有关规定进行，体现公开、公平、公正和择优、诚信的原则。对未按规定进行公开招标、未经批准擅自采取邀请招标和议标形式的，有关地方和部门不得批准开工。工程监理单位也应通过竞争择优确定。

招标单位要合理划分标段、合理确定工期、合理标价定标。中标单位签订承包合同后，严禁进行转包。总承包单位如进行分包，除总承包合同中有约定的外，必须经发包单位认可，但主体结构不得分包。禁止分包单位将其承包的工程再分包。

严禁任何单位和个人以任何名义、任何形式干预正当的招标投标活动，严禁搞地方和部门保护主义，对违反规定干预招标投标活动的单位和个人，不论有无谋取私利，都要根据情节轻重作出处理。

招标单位有权自行选择招标代理机构，委托其办理招标事宜。招标单位具有编制招标文件和组织评标能力的，可以自行办理招标事宜。

（4）合同管理制

建设工程的勘察设计、施工、设备材料采购和工程监理都要依法订立合同。各类合同都要明确质量要求，履约担保和违约处罚条款。违约方要承担相应的法律责任。

（5）安全生产责任制度

工程安全生产管理必须坚持安全第一、预防为主的方针，建立健全安全生产的责任制度和群防群治制度。

工程设计应当符合按照国家规定制订的建筑安全规程和技术规范，保证工程的安全性能。

施工企业在编制施工组织设计时，应当根据工程的特点制订相应的安全技术措施；对专业性较强的工程项目，应当编制专项安全施工组织设计，并采取安全技术措施。

施工企业应当在施工现场采取维护安全、防范危险、预防火灾等措施，有条件的应当对施工现场实行封闭管理。施工现场对毗邻的建筑物、构筑物和特殊作业环境可能造成损害的，施工企业应当采取安全防护的措施。建设单位应当向施工企业提供与施工现场相关的地下管线资料，施工企业应当采取措施加以保护。施工企业应当遵守有关环境保护和安全生产的法律、法规的规定，采取控制和处理施工现场的各种粉尘、废气、废水、固体废物以及噪声、振动对环境的污染和危害的措施。

施工企业必须依法加强对建筑安全生产的管理，执行安全生产责任制度，采取有效措施，防止伤亡和其他安全生产事故的发生。施工企业的法定代表人对本企业的安全生产负责。施工企业应当建立健全劳动安全生产教育培训制度，加强对职工安全生产的教育培训；未经安全生产教育培训的人员，不得上岗作业。施工企业必须为从事危险作业的职工办理意外伤害保险，支付保险费。施工现场安全由建筑施工企业负责。实行施工总承包的，由总承包单位负责。分包单位向总承包单位负责，服从总承包单位对施工现场的安全生产管理。在施工过程中，应当遵守有关安全生产的法律、法规和建筑行业安全规章、规程，不得违章指挥或者违章作业。作业人员有权对影响人身健康的作业程序和作业条件提出改进意见，有权获得安全生产所需的防护用品。作业人员对危及生命安全和人身健康的行为有权提出批评、检举和控告。施工中发生事故时，施工企业应当采取紧急措施减少人员伤亡和事故损失，并按照国家有关规定及时向有关部门报告。

涉及建筑主体和承重结构变动的装修工程，建设单位应当在施工前委托原设计单位或者具有相应资质条件的设计单位提出设计方案；没有设计方案的，不得施工。

房屋拆除应当由具备保证安全条件的施工单位承担，由施工单位负责人对安全负责。

（6）工程质量责任制

国家对从事建筑活动的单位推行质量体系认证制度。从事建筑活动的单位根据自愿原则可以向国务院产品质量监督管理部门或者国务院产品质量监督管理部门授权的部门认可的认证机构申请质量体系认证。经认证合格的，由认证机构颁发质量体系认证证书。

建设单位不得以任何理由，要求设计单位或者施工企业在工程设计或者施工作业中，违反法律、行政法规和建筑工程质量、安全标准，降低工程质量。

设计单位和施工企业对建设单位违反上述规定提出的降低工程质量的要求，应当予以拒绝。

工程实行总承包的，工程质量由工程总承包单位负责，总承包单位将工程分包给其他单位的，应当对分包工程的质量与分包单位承担连带责任。分包单位应当接受总承包单位的质量管理。

工程的勘察、设计单位必须对其勘察、设计的质量负责。勘察、设计文件应当符合有关法律、行政法规的规定和工程质量、安全标准，工程勘察、设计技术规范以及合同的约定。设计文件选用的建筑材料、建筑构配件和设备，应当注明其规格、型号、性能等技术指标，其质量要求必须符合国家规定的标准。

设计单位对设计文件选用的建筑材料、建筑构配件和设备，不得指定生产厂、供应商。

施工企业对工程的施工质量负责。施工企业必须按照工程设计图纸和施工技术标准施工，不得偷工减料。工程设计的修改由原设计单位负责，施工企业不得擅自修改工程设计。施工企业必须按照工程设计要求、施工技术标准和合同的约定，对建筑材料、建筑构配件和设备进行检验，不合格的不得使用。建筑物在合理使用寿命内，必须确保地基基础工程和主体结构的质量。

建筑工程竣工时，屋顶、墙面不得留有渗漏、开裂等质量缺陷；对已发现的质量缺陷，施工企业应当修复。交付竣工验收的建筑工程，必须符合规定的建筑工程质量标准，有完整的工程技术经济资料和经签署的工程保修书，并具备国家规定的其他竣工条件。建筑工程竣工经验收合格后，方可交付使用；未经验收或者验收不合格的，不得交付使用。

（7）工程质量保修制

建设工程实行质量保修制度。建设工程承包单位在向建设单位提交工程竣工验收报告时，应当向建设单位出具质量保修书。质量保修书中应当明确建设工程的保修范围、保修期限和保修责任等。

在正常使用条件下，建设工程的最低保修期限为：

① 基础设施工程、房屋建筑的地基基础工程和主体结构工程，为设计文件规定的该工程的合理使用年限。

② 屋面防水工程，有防水要求的卫生间、房间和外墙面的防渗漏，为5年。

③ 供热与供冷系统，为2个采暖期、供冷期。

④ 电气管线、给排水管道、设备安装和装修工程，为2年。

⑤ 其他项目的保修期限由发包方与承包方约定。

建设工程的保修期，自竣工验收合格之日起计算。

(8) 工程竣工验收制

项目建成后必须按国家有关规定进行严格的竣工验收，由验收人员签字负责。项目竣工验收合格后，方可交付使用。对未经验收或验收不合格就交付使用的，要追究项目法定代表人的责任，造成重大损失的，要追究其法律责任。

(9) 建设工程质量备案制

建设单位应当自工程竣工验收合格起15日内，向工程所在地的县级以上地方人民政府建设行政主管部门备案。

建设单位办理工程竣工验收备案应当提交下列文件：

① 工程竣工验收备案表。

② 工程竣工验收报告。竣工验收报告应当包括工程报建日期，施工许可证号，施工图设计文件审查意见，勘察、设计、施工、工程监理等单位分别签署的质量合格文件及验收人员签署的竣工验收原始文件，市政基础设施的有关质量检测和功能性试验资料以及备案机关认为需要提供的有关资料。

③ 法律、行政法规规定应当由规划、公安消防、环保等部门出具的认可文件或者准许使用文件。

④ 施工单位签署的工程质量保修书。

⑤ 法规、规章规定必须提供的其他文件。

备案机关收到建设单位报送的竣工验收备案文件，验证文件齐全后，应当在工程竣工验收备案表上签署文件收讫。工程竣工验收备案表一式两份，一份由建设单位保存，一份留备案机关存档。

(10) 建设工程质量终身责任制

国家机关工作人员在建设工程质量监督管理工作中玩忽职守、滥用职权、徇私舞弊，构成犯罪的，依法追究其刑事责任；尚不构成犯罪的，依法给予其行政处分。

建设、勘察、设计、施工、工程监理单位的工作人员因调动工作、退休等原因离开该单位后，被发现在该单位工作期间违反国家有关建设工程质量管理规定，造成重大工程质量事故的，仍应当依法追究法律责任。

项目工程质量的行政领导责任人，项目法定代表人，勘察设计、施工、监理等单位的法定代表人，要按各自的职责对其经手的工程质量负终身责任。如发生重大工程质量事故，不管调到哪里工作，担任什么职务，都要追究其相应的行政和法律责任。

(11) 建设项目法人责任制

建设项目法人负责对项目的筹建、建设、运行与使用负全面的责任。建设项目除军事工程等特殊情况外，都要按政企分开的原则组成项目法人，实行建设项目法人责任制，由项目法定代表人对工程质量负总责。项目法定代表人必须具备相应的政治、业务素质和组织能力，具备项目管理工作的实际经验。项目法人单位的人员素质、内部组织机构，必须满足工程管理和技术上的要求。

(12) 工程设计审查制

工程项目设计在完成初步设计文件后，经政府建设主管部门组织工程项目内容所涉及的行业及主管部门依据有关法律法规进行初步设计的会审，会审后由建设主管部门下达设计批准文件后方可进行施工图设计。施工图设计文件完成后送具备资质的施工图设计审查机构依据国家设计标准、规范的强制性条款进行审查签证后才能用于工程上。

1.2 工程建设监理的任务、方法与内容

1.2.1 工程建设监理的基本任务和方法

(1) 工程建设监理的基本任务

根据《中华人民共和国建筑法》,工程监理应当依据法律、行政法规及有关的技术标准、设计文件和工程承包合同,对承包单位在施工质量、建设工期和建设资金使用等方面,代表建设单位实施监督。工程建设监理的中心任务就是监督被监理单位履行工程承包合同所约定的目标和要求,代表建设单位控制工程项目目标,也就是控制经过建设单位科学规划所确定的工程项目的投资、进度和质量目标。

任何工程项目都是在一定的投资限制条件下实现的。任何工程项目的实现都要受到时间的限制,都有明确的项目进度和工期要求。任何工程项目都要实现它的功能要求、使用要求和其他有关的质量标准,这是投资建设一项工程最基本的需求。实现建设项目并不十分困难,而要使工程项目能够在计划的投资、进度和质量目标内实现则是困难的,这就是社会需求工程建设监理的原因。工程建设监理正是为解决这样的困难和满足这种社会需求而出现的。因此,目标控制应当成为工程建设监理的中心任务。

(2) 工程建设监理的基本方法

工程建设监理的基本方法是一个系统,它由若干个子系统组成。它们相互联系,互相支持,共同运行,形成一个完整的方法体系。这就是目标规划、动态控制、组织协调、信息管理、合同管理。

① 目标规划

这里所说的目标规划是以实现目标控制为目的的规划和计划,它是围绕工程项目投资、进度和质量目标进行研究确定、分解综合、安排计划、风险管理、制订措施等项工作的集合。目标规划是目标控制的基础和前提,只有做好目标规划的各项工作才能有效实施目标控制。目标规划得越好,目标控制的基础就越牢,目标控制的前提条件也就越充分。

目标规划工作包括正确地确定投资、进度、质量目标或对已经初步确定的目标进行论证;按照目标控制的需要将各目标进行分解,使每个目标都形成一个既能分解又能综合地满足控制要求的目标划分系统,以便实施控制;把工程项目实施的过程、目标和活动编制成计划,用动态的计划系统来协调和规范工程项目的实施,为实现预期目标构筑一座桥梁,使项目协调有序地达到预期目标;对计划目标的实现进行风险分析和管理,以便采取针对性的有效措施实施主动控制;制订各项目标的综合控制措施,力保项目目标的实现。

② 动态控制

所谓动态控制,就是在完成工程项目的过程当中,通过对过程、目标和活动的跟踪,全面、及时、准确地掌握工程建设信息,将实际目标值和工程建设状况与计划目标和状况进行对比,如果偏离了计划和标准的要求,就采取措施加以纠正,以便达到计划总目标的实现。这是一个不断循环的过程,直至项目建成交付使用。

这种控制是一个动态的过程。过程在不同的空间展开,控制就要针对不同的空间来实施。工程项目的实施分不同的阶段,控制也就分成不同阶段的控制。工程项目的实现总要受到外部环境和内部因素的各种干扰,因此,必须采取应变性的控制措施。计划的不变是相对的,计划总是在调整中运行,控制就要不断地适应计划的变化,从而达到有效的控制。监理工程师只有把握住工程项目运动的脉搏才能做好目标控制工作。动态控制是在目标规划的基础上针对各级分目标实施的控制。整个动态控制过程都是按事先安排的计划来进行的。

③ 组织协调

组织协调与目标控制是密不可分的。协调的目的就是为了实现项目目标。在监理过程中,当设计概算超过投资估算时,监理工程师要与设计单位进行协调,使设计与投资限额之间达成协调,既要满足建设单位对项目的功能和使用要求,又要力求使费用不超过限定的投资额度;当施工进度影响到项目时间时,监理工程师就要与施工单位进行协调,或改变投入,或修改计划,或调整目标,直到制订出一个较理想解决问题的方案为止;当发现承包单位的管理人员不称职,给工程质量造成影响时,监理工程师要与承包单位进行协调,以便更换人员,确保工程质量。

组织协调包括项目监理组织内部人与人、机构与机构之间的协调。例如，项目总监理工程师与各专业监理工程师之间、各专业监理工程师之间的人际关系，以及纵向监理部门与横向监理部门之间关系的协调。组织协调还存在于项目监理组织与外部环境组织之间，其中主要是与项目建设单位、设计单位、施工单位、材料和设备供应单位，以及与政府有关部门、社会团体、咨询单位、科学研究、工程毗邻单位之间的协调。

④ 信息管理

工程建设监理离不开工程信息。在实施监理过程中，监理工程师要对所需要的信息进行收集、整理、处理、存储、传递、应用等一系列工作，这些工作的总称为信息管理。

信息管理对工程建设监理是十分重要的。监理工程师在开展监理工作当中要不断预测或发现问题，要不断地进行规划、决策、执行和检查。而做好这每项工作都离不开相应的信息，规划需要规划信息，决策需要决策信息，执行需要执行信息，检查需要检查信息。监理工程师在监理过程中主要的任务是进行目标控制，而控制的基础是信息。任何控制只有在信息的支持下才能有效地进行。

⑤ 合同管理

监理单位在工程建设监理过程中的合同管理主要是根据监理合同的要求对工程承包合同的签订、履行、变更和解除进行监督、检查，对合同双方争议进行调解和处理，以保证合同的依法签订和全面履行。

合同管理对于监理单位完成监理任务是非常重要的。根据国外经验，合同管理产生的经济效益往往大于技术优化所产生的经济效益。一项工程合同，应当对参与建设项目的各方建设行为起控制作用，同时具体指导一项工程如何操作完成。所以，从这个意义上讲，合同管理起着控制整个项目实施的作用。

1.2.2 工程建设监理的内容

1.2.2.1 工程建设监理制度所规定的监理工作

根据《中华人民共和国建筑法》，工程建设监理制度所规定的监理单位的监理工作主要集中在工程项目建造阶段，包括：

(1)施工监理的准备

①组建项目监理机构，并将总监理工程师的授权书送达建设单位。

②项目监理机构在总监理工程师组织下编写项目监理规划。

(2)施工准备阶段的监理

①项目监理机构进驻施工现场。

②协助建设单位做好开工前的准备工作。

③协助建设单位向承包单位交付测量基准点，督促承包单位作好施工准备。

④审查承包单位提交的施工组织设计文件。

⑤审查承包单位的安全保障措施。

⑥审查分包单位资质。

⑦编写监理实施细则。

⑧参与设计交底和施工图会审。

⑨参加或组织第一次工地会议。

(3)施工阶段的监理

①签发开工令。

②对工程实施全方位监控，包括严格监控工程材料与构配件质量，监控工序质量，组织隐蔽工程验收，组织分部分项工程验收，检查承包单位的安全保障措施落实情况，协助建设单位进行设备采购，组织设备的调试验收，跟踪进度计划，监控工程进度，组织工程会议，协调工程有关各方关系，进行工程计量，签署付款凭证，处理工程变更事宜，处理或参与处理工程质量问题、安全事故，处理工程索赔，调解合同争议，审查承包单位的技术资料，提出工程质量评估报告。

③审查承包单位提交的竣工申请报告，组织竣工初步验收。

④参加建设单位组织的正式竣工验收。

⑤整理监理文档，向建设单位提交监理工作报告。

⑥协助建设单位进行竣工结算。

根据国务院颁发的《建设工程安全生产管理条例》，工程监理单位必须配备与建设工程项目相适应(总监理工程师、专业监理工程师、监理员)的项目监理机构，项目监理机构应当按照法律、法规、工程建设强制性标准，设计文件和建设工程承包合同实施监理，并依据《中华人民共和国建筑法》、《建设工程安全生产管理条例》履行建设工程安全生产管理法定职责。

1.2.2.2 为建设单位提供的其他服务

(1)相关服务

工程监理单位受建设单位委托，按照建设工程监理合同约定，在建设工程勘察、设计、保修等阶段提供的服务活动。

(2)管理咨询服务

根据建设部《建设工程项目管理试行办法》，监理单位可为建设单位提供以下项目管理服务：

①协助建设单位进行项目前期策划、经济分析、专项评估与投资确定。

②协助建设单位办理土地征用、规划许可等有关手续。

③协助建设单位提出工程设计要求、组织评审工程设计方案，组织设计单位进行工程设计优化、技术经济方案比选并进行投资控制。

④协助建设单位提出工程实施用款计划，进行工程竣工结算和工程决算，处理工程索赔，组织竣工验收，向建设单位移交竣工档案资料。

⑤生产试运行及工程保修期管理，组织项目后评估。

我国的工程建设监理制度所规定的监理服务内容主要是在工程建设的施工阶段，其他阶段的项目管理服务由具备能力和相应资质的工程咨询单位从事，这些单位包括有勘察设计、监理等资质的企业。因此，建设监理单位不但要按照监理制度所规定服务范围和工作内容开展监理工作，更应按有关要求，把服务的内涵往工程建设项目全过程延伸，开展工程建设项目管理的服务与咨询。

1.3 监理工程师与监理单位

1.3.1 监理工程师

(1) 监理资格

① 注册监理工程师的概念

注册监理工程师是指取得注册监理工程师执业资格，参加国务院人事和建设主管部门组织的全国统一考试或考核认定，获得《中华人民共和国监理工程师资格证书》，并经国务院建设主管部门注册，获得《中华人民共和国注册监理工程师注册执业证书》和执业印章，从事工程建设监理与相关服务等工程管理活动的人员。

② 监理工程师的素质

监理工程师应当具有较高的学历和多学科的专业知识，要有较丰富的工程建设经验，要有良好的品德，要有健康的体魄和充沛的精力。

监理工程师应具有技术、经济、管理、法律方面的综合性知识结构；应当具有设计、招投标和施工等工程建设经验；应当具有爱祖国、爱人民、爱事业的情操，廉洁、正直、公道的品质和科学的工作态度以及良好的合作精神。

③ 监理工程师资格考试

a. 报考条件

取得工程管理及相关工程技术与经济学专业大专以上学历，有一定工程设计、施工与管理工作经历年限的工程建设人员。

b. 考试管理机构的职责

全国监理工程师资格考试委员会的职责是：制订统一的监理工程师资格考试大纲和有关要求；确定考

试命题，提出考试合格标准；监督指导地方、部门监理工程师资格考试工作，审查确认其考试是否有效；向全国监理工程师注册管理机关书面报告监理工程师考试情况。

地方或部门监理工程师资格考试委员会的职责是：根据监理工程师资格考试大纲和有关要求，发布本地区或本部门监理工程师考试公告；受理考试申请，审查参考者资格；组织考试、阅卷评分和确认考试合格者；向本地区或本部门监理工程师注册机关书面报告考试情况；向全国监理工程师资格考试委员会报告工作情况。

④ 监理工程师注册

注册条件是：热爱中华人民共和国，拥护社会主义制度，遵纪守法，遵守监理工程师职业道德准则；取得《中华人民共和国监理工程师资格证书》；身体健康，适合现场监理工作；在监理岗位上，能胜任所担负的监理工作。

地方和部门监理工程师注册机关（国务院有关各部建设监理主管机构和省、自治区、直辖市人民政府建设主管部门）的职责是：贯彻执行国家有关监理工程师注册的法规、政策和计划，制订相应实施细则；受理所属监理单位关于监理工程师注册申请；审批监理工程师注册，并上报全国监理工程师注册管理机关备案；颁发《监理工程师岗位证书》；负责对违反有关规定的监理工程师的处罚；负责对监理工程师的日常考核和管理。

（2）监理人员岗位

监理人员应包括总监理工程师、专业监理工程师和监理员，必要时，项目监理机构可配备总监理工程师代表。

①总监理工程师须由工程监理单位法定代表人书面任命。总监理工程师是项目监理机构的负责人，须由注册监理工程师担任。

②总监理工程师代表由总监理工程师授权，行使总监理工程师的部分职责和权力。总监理工程师代表可以由具有工程类执业资格的人员（如注册监理工程师、注册造价工程师、注册建造师、注册工程师、注册建筑师等）担任，也可由具有中级及以上专业技术职称、3年及以上工程监理实践经验的监理人员担任。

③专业监理工程师是项目监理机构中按专业或岗位设置的专业监理人员。当工程规模较大时，在某一专业或岗位宜设置若干名专业监理工程师。专业监理工程师具有相应监理文件的签发权，该岗位可以由具有工程类注册执业资格的人员（如：注册监理工程师、注册造价工程师、注册建造师、注册工程师、注册建筑师等）担任，也可由具有中级及以上专业技术职称、2年及以上工程实践经验的监理人员担任。建设工程涉及特殊行业（如爆破工程）的，从事此类工程的专业监理工程师还应符合国家对有关专业人员资格的规定。

④监理员是从事具体监理工作的人员，不同于项目监理机构中其他行政辅助人员。监理员须具有中专及以上学历，并经过监理业务培训。

（3）监理人员职业道德

① 维护国家的荣誉和利益，按照“守法、诚信、公正、科学”的准则执业。

② 执行有关工程建设的法律、法规、规范、标准和制度，履行监理合同规定的义务和责任。

③ 努力学习，不断提高业务能力和专业水平。

④ 不以个人名义承揽监理业务。

⑤ 不同时在两个以上监理单位注册和从事监理活动，不在政府部门和施工、材料、设备生产供应单位兼职。

⑥ 不为所监理项目指定承建商、建筑构配件、设备、材料和施工方法。

⑦ 不收受被监理单位的任何礼品和礼金。

⑧ 不泄露所监理工程各方认为需要保密的事项。

1.3.2 监理单位

（1）监理单位资质与管理

① 监理人员素质

监理单位负责人（含技术负责人）的要求是在职、具有高级专业技术职称、取得《中华人民共和国监理工程师资格证书》，并且应当具有较强的组织协调和领导能力；监理单位的技术管理人员的要求是拥有足够数量的取得监理工程师资格的监理人员且专业对口。监理单位的监理人员应有较高的学历，一般应为大专以上学历，且应以本科以上学历者为大多数；技术职称方面，监理单位拥有中级以上专业技术职称的人员应在70%左右，具有初级专业技术职称的人员在20%左右，没有专业技术职称的其他人员应在10%以下。

② 专业配套能力

工程建设监理活动的开展需要多专业监理人员的相互配合。一个监理单位，应当按照它的监理业务范围的要求来配备专业人员。同时各专业都应当拥有素质较高、能力较强的骨干监理人员。审查监理单位资质的重要内容是看它的专业监理人员配备是否与其所申请的监理业务范围相一致。例如，从事一般工业与民用建筑工程监理业务的监理单位，应当配备建筑、结构、电气、给水排水、暖气空调、工程测量、建筑经济、设备工艺等专业的监理人员。

从工程建设监理的基本内容要求出发，监理单位还应当在质量控制、进度控制、投资控制、合同管理、信息管理和组织协调方面具有专业配套能力。

③ 技术装备

监理单位应当拥有一定数量的检测、测量、交通、通信、计算等方面的技术装备。例如，应有一定数量的计算机，以用于计算机辅助监理；应有一定的测量、检测仪器，以用于监理中的检查、检测工作；应有一定数量的交通、通信设备，以便于高效率地开展监理活动；拥有一定的照相、录像设备，以便于及时、真实地记录工程实况等等。

④ 管理水平

监理单位的管理水平，首先要看监理单位的负责人的素质和能力。其次，要看监理单位的规章制度是否健全完善，例如有没有组织管理制度、人事管理制度、财务管理制度、经营管理制度、设备管理制度、科技管理制度、档案管理制度等，并且能否有效执行。再者就是监理单位是否有一套系统有效的工程项目管理方法和手段。监理单位的管理水平主要反映在能否将本单位的人、财、物的作用充分发挥出来，做到人尽其才，物尽其用；监理人员能否做到遵纪守法，遵守监理工程师职业道德准则；能否沟通各种渠道，占领一定的监理市场。

⑤ 监理业绩

监理业绩主要是指监理单位在开展监理业务中所取得的成效。其中包括监理业务量的多少和监理效果的好坏。因此，有关部门把监理过多少工程，监理过什么等级的工程以及取得什么样的效果作为监理单位重要的资质要素。

⑥ 需要一定的注册资金

(2) 工程建设监理与政府工程质量安全监督的区别

工程建设监理与政府工程质量安全监督都属于工程建设领域的监督管理活动，但是它们之间存在着明显的区别。

① 工程建设监理的实施者是社会化、专业化的监理单位，而政府工程质量监督的执行者是政府建设行政主管部门的专业执行机构(工程质量安全监督机构)。工程建设监理属于社会的、民间的监督管理行为，而工程质量监督则属于政府行为。

② 工程建设监理是在项目组织系统范围内的平行主体之间的横向监督管理，政府工程质量监督则是项目组织系统外的监督管理主体对项目系统内的建设行为主体进行的一种纵向监督管理。

③ 工程建设监理具有明显的委托性，而政府工程质量监督则具有明显的强制性。

④ 工程建设监理的工作范围由监理合同决定，其活动可以贯穿于工程建设的全过程、全方位；而政府工程质量监督则一般只限于工程实施阶段。

⑤ 它们在工程方面的工作也存在着较大的区别。一是工作依据不尽相同。政府质量工程监督以国家、地方颁发的有关法律、法规和技术规范、标准为依据。而工程建设监理则不仅以法律、法规和技术规范、标准为依据，还以国家批准的工程项目建设文件和工程建设合同为依据。二是深度、广度不同。工程建设监理所进行的控制包括对项目目标详细规划，采取一系列综合控制措施，既要做到全方位控制又要做

到事前、事中、事后控制，并持续在工程项目建设的各阶段。而政府工程质量监督则主要在工程项目建设的实施阶段，对工程进行阶段性的监督、检查、确认。三是工作权限不同。四是工作方法和手段不同。工程建设监理主要采用组织管理的方法，从多方面采取措施进行项目控制。而政府工程质量监督则更侧重于行政管理的方法和手段。

【案例 1.1】 监理工程师在监理工作中应随时谨记自己的质量责任，同时从风险管理角度出发，还应明确工程建设有关方的质量责任，以便帮助自己正确界定质量责任。试析他应通晓哪些有关方各自的责任呢？

【解析】

监理工程师应依据国务院2000年1月30日发布的《建设工程质量管理条例》的规定，熟悉工程建设有关方的质量责任，具体内容如下：

(1) 建设单位的质量责任

① 依法招标，发包工程给具有相应资质等级的单位，工程发包客体含勘察、设计、施工、监理及与工程建设有关的重要设备、材料的采购，并不得肢解发包。

② 必须向有关的勘察、设计、施工、监理等单位提供与工程建设有关的真实的、准确的、齐全的原始资料。

③ 不得明示或暗示设计或施工单位违反工程建设强制性标准，降低工程质量。

④ 施工图设计文件未经县级以上人民政府建设行政主管部门等有关部门审查批准的，不得使用。

⑤ 应保证按合同约定的自行采购的建筑材料、建筑构配件和设备符合设计文件和合同要求。不得明示或暗示施工单位使用不合格的建筑材料、建筑构配件和设备。

⑥ 涉及主体和承重结构变动的装修工程，必须有合法的设计方案，否则不得施工。

⑦ 收到工程竣工报告后，应组织有关单位进行竣工验收，验收合格，方可交付使用。应按国家有关档案管理的规定，建立健全项目档案，并按有关规定及时移交。

(2) 勘察、设计单位的质量责任

① 不得无证、越级或以他人名义承揽勘察、设计任务；禁止允许其他单位或个人以本设计单位的名义承揽工程；不得转包或违法分包。

② 必须按照工程建设强制性标准进行勘察、设计，并对勘察、设计的质量负责。勘察单位提供的地质、水文等成果必须真实、准确。注册执业人员应当在设计文件上签字，对设计文件负责。

③ 设计文件应当符合国家规定的设计深度要求，注明工程合理使用年限。

设计文件中选用的建筑材料、建筑构配件和设备，应当注明规格、型号、性能等技术指标，其质量要求必须符合国家规定的标准。除有特殊要求的建筑材料、专用设备、工艺生产等外，设计单位不得指定生产厂、供应商。

④ 应当就审查合格的施工图设计文件向施工单位作出详细说明。

应当参与工程质量事故分析，并对因设计造成的质量事故，提出相应的技术处理方案。

(3) 施工单位的质量责任

① 应当依法取得相应等级的资质证书，并在资质等级许可的范围内承揽工程。禁止超过资质等级或其他施工单位的名义承揽工程。禁止允许其他单位或者个人以本单位的名义承揽工程。不得转包或者违法分包工程。

② 对建设工程的施工质量负责。应当建立质量责任制，确定工程项目的项目经理、技术负责人等施工管理负责人。实行总承包的，总承包单位应当对全部建设工程负责；建设工程勘察、设计、施工、设备采购的一项或者多项实行总承包的，总承包单位应当对其承包的建设工程或采购的设备的质量负责。总承包单位依法分包的，分包单位应当按照分包合同的约定对其分包工程的质量向总承包单位负责，总承包单位与分包单位对分包工程的质量承担连带责任。

③ 必须按照工程设计图纸和施工技术标准施工，不得擅自修改工程设计，不得偷工减料。在施工过程中发现设计文件和图纸有差错的，应当及时提出意见和建议。必须按照工程设计要求、施工技术标准和合同约定，对建筑材料、建筑构配件、设备和商品混凝土进行检验，检验应当有书面记录和专人签字；未经检验或者检验不合格的，不得使用。

④ 必须建立、健全施工质量的检验制度，严格工序管理，作好隐蔽工程的质量检查和记录。隐蔽工程在隐蔽前，应当通知建设单位和建设工程质量监督机构。对涉及结构安全的试块、试件以及有关材料，应当在建设单位或者工程监理单位监督下现场取样，并送具有相应资质等级的质量检测单位进行检测。

⑤ 对施工中出现质量问题的建设工程或者竣工验收不合格的建设工程，应当负责返修。

(4) 工程监理单位的质量责任

① 应当依法取得相应等级的资质证书，并在其资质许可的范围内承担监理业务。禁止超越本单位资质或者以其他监理单位的名义承担监理业务。禁止允许其他单位或者个人以本单位的名义承担工程监理业务。工程监理单位不得转让工程监理业务。

② 与被监理工程的施工承包单位以及建筑材料、建筑构配件和设备供应单位有隶属关系或者其他利害关系的，不得承担该项工程的监理业务。

③ 应当依照法律、法规以及有关技术标准、设计文件和建设工程承包合同，代表建设单位对施工质量实施监理，并对施工质量承担监理责任。

④ 应当选派具备相应资格的总监理工程师和监理工程师进驻施工现场。未经监理工程师签字，建筑材料、建筑构配件和设备不得在工程上使用或者安装，施工单位不得进行下一道工序的施工。未经总监理工程师签字，建设单位不拨付工程款，不进行竣工验收。

⑤ 监理工程师应当按照工程监理规范的要求，采取旁站、巡视和平行检验等形式，对建设工程实施监理。

【案例 1.2】 监理工程师应具有什么样的理论知识和知识结构？为什么？

【解析】

监理工程师应当具有技术、经济、管理和法律等方面的多专业的理论知识和综合性的知识结构。这是由监理工程师所从事的目标控制、合同管理、信息管理和组织协调等工程建设监理工作的性质和内容所决定的。

(1) 监理工程师需具有工程技术方面的理论知识。他们应当掌握与工程建设有关的专业技术知识，并达到能够解决工程实际问题的程度。他们需要把建筑、结构、施工、安装、材料、设备、工艺等方面的理论知识融于监理工作之中，去发现和预测问题，提出解决方案，做出决策，贯彻实施。所以监理工程师中，建筑师、结构工程师及其他专业工程师所占比例较大，而且其他方面的专业人员也应具有必要的工程技术知识。

(2) 监理工程师需具有管理方面的理论知识。他们所开展的工程建设监理活动的实质是工程项目管理性质的活动。在监理过程中，计划、组织、人事、领导和控制贯穿整个监理工作的始终，规划、决策、执行、检查等项工作要不断地循环进行，风险管理、目标管理、合同管理、信息管理、界面管理、安全管理等无不涉及。同时，还要做好监理单位内部的企事业管理工作。所以，作为监理工程师首先应当是管理者，要成为“管理工程师”。

(3) 监理工程师需具有经济方面的理论知识。从根本上讲，工程项目的建成动用是一项投资目的的实现，是建设资金运用的过程。监理工程师要在项目业主的整个投资活动中运用自己的知识做好服务工作。在开展监理工作当中，监理工程师要收集、加工、整理经济信息，协助业主确定项目投资目标或对目标进行论证；要对计划进行资源、经济、财务方面的可行性分析和优化；要对各种工程变更进行技术经济分析；以及做好投资控制的其他工作，诸如概预算审核、制订资金使用计划、价值分析、付款控制等。经济方面的理论知识是监理工程师必不可少的。

(4) 监理工程师需具有法律方面的理论知识。建设监理制是基于法制环境下的制度，工程建设的法律、法规是它的基本依据，工程建设合同是它工作的直接依据。没有有关的法律、法规作为工程建设监理的坚强后盾，建设监理事业将一事无成。因此，掌握一定的法律知识，特别是掌握和运用建设监理法规体系对开展工程建设监理是至关重要的。监理工程师尤其要注意通晓各种工程建设合同条件，因为它在一定程度上起着工程项目实施手册的作用，对于开展各项工程建设监理活动，特别是合同管理有着极为重要的意义，所以，法律方面的理论知识对每个监理工程师都是必需的。

当然，监理工程师有专业之分，不能要求他们成为精通各种理论和实践的专家，但应当做到“一专多能”。例如，作为经济专业出身的监理工程师，除了精通自己经济专业的理论知识外，他还应当了解和熟悉管理、法律和工程技术的一般性理论知识。

1.4 建设工程项目监理招标投标

项目法人应按规定实行监理招标投标，公开公正择优选用监理单位。县级以上人民政府建设行政主管部门按工程项目建设审批权限对工程监理招标投标活动进行监督。依法查处工程监理招标投标活动中的违法、违规行为。监理招标投标活动及其当事人应当依法接受监督。

1.4.1 招标

工程监理招标由招标人依法组织实施。招标人不得以不合理条件限制或者排斥潜在投标人，不得对潜在投标人实行歧视待遇。

（1）工程监理招标的条件

① 按国家、地方有关法规的规定，已履行各项审批手续，已办理建设工程监理招标申请表的审批。

② 工程资金或资金来源已经到位或落实。

③ 施工图设计和施工图审核已经完成或能满足工程监理招标、投标的实际要求。

④ 具备法律、法规等规定的其他条件。

（2）工程监理招标方式

工程监理招标方式分为公开招标和邀请招标。工程有下列情形之一的，经县级以上地方人民政府建设行政主管部门依法批准，可以不进行监理招标：

① 停建或者缓建后恢复建设的单位工程，且监理承包人未发生变更的。

② 监理企业或拥有控股监理企业的单位自建自用工程，且该监理企业的资质符合该工程要求的。

③ 在建工程追加的附属小型工程或者主体加层工程，且监理承包人资质符合工程变更规模后的要求的。

④ 法律、法规规定的其他情形的。

依法必须进行监理招标的工程和招标人自行办理监理招标事宜的，应当具有下列编制招标文件和组织评标等招标能力：

① 有专门的监理招标组织机构和场所。

② 有与工程规模、复杂程度相适应并具有工程监理招标经验，熟悉有关工程监理招标法规的工程技术、概算、预算及工程管理人员。

不具备条件的，招标人应当委托具有相应资格的工程招标代理机构。

招标人自行办理监理招标事宜的，应当在发布招标公告或者发出投标邀请书的5日前，向主管该工程的建设行政主管部门备案，并报送下列材料：

① 按相关法规规定办理的各项批准文件。

② 自行办理监理招标事宜的证明材料，包括专业技术人员的名单、职称证书或执业资格证书及工作经历的证明材料。

③ 法律、法规规定的其他材料。

建设行政主管部门审核招标人自行办理监理招标材料被确认不具备条件的，应自收到备案材料之日起5日内责令招标人停止自行办理监理招标事宜。

依法必须进行监理招标的项目，应当进入有形建筑市场进行招标投标活动。依法必须进行监理公开招标的工程项目，应当在建设行政主管部门指定的报刊、信息网络媒体上发布招标公告。

招标人采用邀请招标方式的，应当向三个以上符合资质条件的监理企业发出投标邀请书。招标人可根据招标工程需要，对投标申请人进行资格预审。实行资格预审的招标工程，招标人应当在招标公告或者投标邀请书中载明资格预审的条件和获取资格预审文件的办法。

资格预审文件一般包括资格预审申请书、申请人须知，以及需要投标申请人提供的企业资质、企业诚信等级、业绩、技术装备、财务状况和拟派出的总监理工程师及特殊要求专业监理工程师的简历、执业证、业绩及诚信证明材料等。

经资格预审，招标人向合格投标申请人发出资格预审合格通知书，告知获取招标文件的时间、地点和方法，同时向资格预审不合格的投标申请人告知资格预审结果。如合格投标申请人过多时，招标人可从中选择不少于 7 家资格预审合格的投标申请人为投标人。

(3) 招标文件

招标人根据招标工程的特点和需要编制招标文件。招标文件应包括下列内容：

① 投标须知。包括工程概况(工程名称、地点、投资规模、性质、特点等)、建设单位、招标范围、资格审查条件、工程资金来源或者落实情况、标段划分、工期要求、质量要求、现场踏勘和答疑安排，投标文件编制、提交、修改、撤回的要求，投标报价，投标有效期，开标的时间、地点，评标的方法和标准等。

② 招标文件的技术要求和设计文件。

③ 投标函的格式及附录。

④ 拟签订合同的主要条款。

⑤ 要求投标人提供的其他资料。

依法必须进行监理招标的工程，招标人在招标文件发出的前 3 日，将招标文件报主管该项目的建设行政主管部门和当地招标办备案。建设行政主管部门和当地招标办如发现招标文件有违反法律、法规内容的，应及时责令招标人改正。

招标人对已发出的招标文件进行必要的澄清或修改、答疑时，应当在招标文件要求提交投标文件截止时间至少 10 日前，用书面形式通知所有投标人，如做不到时，应延期提交投标文件截止时间。澄清、修改、答疑、延期应同时报主管该项目的建设行政主管部门和当地招标办备案。澄清或修改、答疑的内容为招标文件的组成部分。

1.4.2 投标

(1) 对投标人的要求

监理招标的投标人是具有监理资质、响应招标文件、参与投标竞争的企业。投标人应具备相应的监理资质，并在类似工程业绩、技术能力、人力资源、诚信等级、总监理工程师资格条件等方面满足招标文件的要求。如果投标人与招标代理机构是同一个法人或者在经济上有利益关系的，投标人不能参与本工程的监理招标。

投标人对招标文件有疑问需要澄清的，应当在招标文件规定的时间内以书面形式向招标人提出。投标人应当按照招标文件的要求编制投标文件，对招标文件提出的实际性要求和条件作出响应。

(2) 投标文件的内容

投标文件应有下列内容：

① 投标书(经加盖单位和法人代表印鉴)。

② 投标人单位监理资质、营业执照副本。

③ 投标人单位诚信等级证明(有效期内的)。

④ 投标报价书(经加盖单位和法人代表印鉴)。

⑤ 综合说明。

⑥ 近 3 年已完成类似工程监理业绩表。

⑦ 近 3 年已完成类似工程监理业务手册。

⑧ 监理大纲。

⑨ 现场监理人员一览表(姓名、年龄、性别、专业、职称、上岗证、培训证、拟担任的职务)。

⑩ 总监理工程师个人简历(类似工程经验、证明材料)。

⑪ 各专业监理工程师及监理员个人简历(类似工程经验、证明材料)。

⑫ 用于本项目的检测、技术装备一览表。

⑬ 与评标有关的证明材料。

招标人可以在招标文件中要求投标人提交担保。投标担保可采用投标保函或者投标保证金的方式。投标保证金可以使用支票、银行汇票、现金等，一般不得超过工程投资的 5‰，最高不超过 10 万元人民币。

投标人应当在招标文件要求提交文件的截止时间前，将投标文件按规定密封送达投标地点。招标人收到投标文件后，应当向投标人出具标明签收人和签收时间的凭证，并妥善保存投标文件。在开标前，任何单位和个人均不得开启投标文件。在招标文件要求提交投标文件的截止时间后送达的投标文件视为无效投标文件，招标人应当拒收。投标人在招标文件要求提交投标文件的截止时间前，可以补充、修改或撤回提交的招标文件。补充、修改的内容为投标文件的组成部分，并应按照规定的办法送达、签收和保管。在招标文件要求提交投标文件的截止时间后送达的补充、修改的内容无效。

两个以上监理企业可以组成一个联合体，签订共同投标协议，以一个投标人的身份共同投标。联合体成员均应具备招标文件要求的资质条件。招标人不得强制投标人组成联合体，也不得阻止联合体。不得限制投标人之间的竞争。

投标人不得相互串通投标，不得排斥其他投标人的公平竞争，损害招标人或其他投标人的合法权益。投标人不得与招标人串通投标，损害国家利益、社会公共利益或他人的合法权益。禁止投标人以向招标人或者评委行贿的手段牟取中标。招标人不得强迫中标人第二次报价或有其他压价行为。

1.4.3 开标、评标和中标

(1) 开标

开标按招标文件确定的提交投标文件截止时间的同一时间公开进行；开标地点按招标文件预先确定的地点；开标由招标人（或招标代理机构）主持，在建筑交易市场进行，邀请所有投标人参加。

开标时由投标人代表相互检查投标文件的密封情况，也可由招标人委托的公证机构进行检查并公证。经确认无误后，由工作人员当众拆封，逐一宣读所有投标人的名称、投标报价和其他必须宣读的内容。开标过程要记录、签认，并存档备查。在开标时，投标文件出现下列情形之一的视为无效投标文件，不得进入评标：

① 投标文件未按招标文件要求密封的。

② 投标文件中的投标书、报价未加盖投标人的企业和企业法人代表人（或法人代表授权代理人，并有授权委托书）印章的。

③ 投标文件中的关键内容或数字字迹模糊、无法辨认的。

④ 投标人未按照招标文件的要求提供投标保函或保证金的。

⑤ 组成联合体的，投标文件未附联合体各方共同投标协议。

(2) 评标

评标由招标人组建的评标委员会负责。依法必须进行监理招标的工程，其评标委员会由招标人的代表和有关技术、经济等方面的专家组成，成员人数为 5 人以上的单数，其中招标人、招标代理机构以外的技术、经济等方面专家不得少于成员总数的 2/3。评标委员会的专家成员，应由招标人从建设行政主管部门及其他有关部门确定的专家名册或工程招标代理机构的专家库内相关专业的专家名单中确定。确定专家成员一般在评标前 1 小时内采取随机抽取的方式。

与投标人有利益关系的人不得进入相关工程的评标委员会。评标委员会成员的名单在中标结果确定前应当保密。评标委员会应当按照招标文件确定的评标标准和方法，对投标文件进行评审和比较，并对评标结果签字确认；评标委员会可以要求投标人对投标文件中含义不明确的内容作必要的澄清或说明，但澄清或说明不能超出投标文件的范围和改变投标文件的实际性内容。有下列情形之一的，评标委员会可以要求投标人作出书面说明并提供相关材料：

① 设有标底的，投标报价低于标底合理幅度的；

② 不设标底的，投标报价明显低于其他投标报价，有可能低于成本的。

经评标委员会论证，认定该投标人的报价低于其他企业成本的，不能推荐为中标候选人。

招标文件或投标文件使用两种以上语言文字的，必须有一种是中文；如对不同文本的解释发生异议时，以中文文本为准。用文字表示的金额与数字表示的金额不一致的，以文字表示的金额为准。

评标委员会经评审，认为所有投标文件都不符合招标文件要求的，可以否决所有投标。依法必须进行监理招标工程的所有投标文件被否决的，招标人应依法重新招标。

(3)中标

评标委员会完成评标后，应向招标人提出书面评标报告，阐明评标委员会对各投标文件的评审和比较意见，并按照招标文件中规定的评标方法，推荐不超过3名有排序的合格的中标候选人。招标人可以按推荐排序的3名合格的中标候选人中从高到低的顺序确定一名中标人。招标人也可以授权评标委员会从中确定一名中标人。

招标人确认中标候选人顺序后，应将结果按规定公示。招标人应当在投标有效期截止时限30日前确定中标人。投标有效期应当在招标文件中载明。

招标人和中标人应当自中标通知书发出之日起30日内，按照招标文件和中标人的投标文件订立书面合同；招标人和中标人不得再另行订立背离合同实际性内容的其他协议。中标人不与招标人订立合同的，投标保证金不予退还并取消其中标资格；没有提交投标保证金的，应当对招标人的损失承担赔偿责任；招标人无正当理由不与中标人订立合同，应当对投标人的损失承担赔偿责任。

【案例1.3】 某地区工程项目监理招标评标办法。

(1) 评标原则

监理招标评标应坚持比监理方案、监理措施、技术力量、人员素质、管理水平、类似工程经验和业绩、诚信等级、报价等，公平、公正、择优选用监理单位的原则。

(2) 评标方法

采用计分法评标。评标计分的具体方法和顺序如下：

① 对各投标单位的投标文件及有关情况进行评议与比较。

② 分监理大纲、监理人员综合素质、监理单位实力和诚信、监理费报价4个单项按百分制评分。单项如缺项，该单项记零分。单项评分按计分人的有效评分去掉一个最高分和一个最低分后的算术平均值计算。

③ 单项评分后，按下式计算总分：

$$P=K_1\times P_1+K_2\times P_2+K_3\times P_3+K_4\times P_4$$

式中 $K_i(i=1,2,3,4)$——权数，权数取值之和为1，即：$K_1+K_2+K_3+K_4=1$；

$P_i(i=1,2,3,4)$——单项评分；

P——总分。

(3) 评分标准

① 单项评分标准

a. 监理大纲(P_1)：基本分100分(表1.1)

表1.1 监理大纲评分表

序号	项目	评分标准		备注
1	监理目标、范围和任务(10分)	监理目标、范围和任务明确、具体、符合招标文件的要求	7～10	
		基本符合招标文件的要求	4～6	
		没有响应招标文件	0～3	
2	监理组织(30分)	监理组织形式合理(5分)、结构清晰(5分)、各监理人员职责任务明确(5分)、人员数量和人员专业结构配备合理，满足工程要求(15分)	25～30	
		监理组织和人员基本满足工程要求	15～24	
		监理组织和人员不能满足工程要求	0～14	
3	监理计划和方案(20分)	对整个工程有具体的、科学的、合理的监理计划和方案	15～20	
		监理计划和方案基本合理	10～14	
		监理计划和方案欠缺	0～9	

续表 1.1

序号	项　目	评分标准		备　注
4	监理程序和监理工作流程 （20 分）	监理程序和监理工作流程设计详细、合理，对本工程具有针对性	17～25	
		程序和流程欠详细，基本合理	8～16	
		程序和流程欠合理	0～7	
5	监理措施 （20 分）	根据工程特点监理措施得力，合理化建议具有积极意义	17～25	
		监理措施一般，合理化建议欠缺	8～16	
		监理措施不力，没有合理化建议	0～7	

b. 监理人员综合素质（P_2）：基本分 100 分（表 1.2）

表 1.2　监理人员综合素质评分表

序号	项　目	评分标准		备　注
1	总监理工程师 （含总监理工程师代理） （40 分）	符合招标文件的各项要求（20 分）、类似工程经验丰富（10 分）、综合素质优秀（5 分）、诚信度高（无不良记录）（5 分）	30～40	
		基本符合招标文件的各项要求，类似工程经验、综合素质、诚信度一般	15～29	
		各项条件均有欠缺	0～14	
2	各专业监理工程师 （40 分）	类似工程经验丰富（20 分）、专业技术能力强（专业对口）（10 分）、综合素质优秀（5 分）、诚信度高（无不良记录）（5 分）	30～40	应将总分分解到各专业监理工程师和各专业监理员，并对每一专业监理工程师和各专业监理员进行评分
		类似工程经验、专业技术能力、综合素质、诚信度一般	15～29	
		类似工程经验、专业技术能力、综合素质、诚信度欠缺	5～15	
3	各专业监理员 （20 分）	有类似工程经验（10 分）、有一定的专业素质（专业对口）（5 分）、有监理员培训证（5 分）	12～20	
		类似工程经验、专业素质欠缺、无监理员培训证	0～11	

c. 监理单位实力和信誉（P_3）：基本分 100 分（表 1.3）

表 1.3　监理单位实力和信誉评分表

序号	项　目	评分标准		备　注
1	工程经验 （30 分）	类似工程经验丰富	20～30	提供合同原件
		类似工程经验一般	10～19	
		类似工程经验欠缺	0～9	
2	管理水平 （30 分）	监理公司管理绩效好	20～30	
		监理公司管理绩效一般	10～19	
		监理公司管理绩效欠缺	0～9	
3	企业诚信等级 （30 分）	3A 级	30	按省建筑信息网公布的有效期内的结果
		2A 级	20	
		1A 级	10	

续表 1.3

序号	项　　目	评分标准		备　注
4	技术装备 (10分)	项目部配备的技术装备先进、完善，满足工程需求	6～10	
		项目部配备的技术装备的先进性、完善性有欠缺	0～5	

注：①“类似工程经验丰富”是指有3个以上类似工程经验。

“类似工程经验一般”是指有2～3个类似工程经验。

“类似工程经验欠缺”是指有1个或无类似工程经验。

② 类似工程

房屋建筑工程是指功能、性质、规模(面积、层高)、结构形式等相同或者相似。

市政基础设施工程是指功能、性质、规模(能力、容量、跨度、高度、长度)、结构形式等相同或者相似。

工业项目工程是指工艺、规模、品种、生产方法、主要构筑物结构形式等相同或者相似。

d. 监理费报价(P_4)：基本分100分

当报价等于基价时，报价为满分(100分)

$$基价=\frac{A_1+A_2+A_3+A_4+\cdots+A_n}{n}$$

式中　$A_i(i=1,2,3,4,\cdots,n)$——进入计算基价的投标报价；

n——进入计算基价的投标报价的个数。

报价高于或低于基价的，招标文件应作出具体减分的规定，根据规定计算出每一个投标人的报价得分。

② 权数取值(表1.4)

表 1.4　权数取值

序号	评分权数	一般取值范围	
1	监理大纲	K_1	0.25～0.35
2	监理人员综合素质	K_2	0.30～0.40
3	监理单位实力和信誉	K_3	0.20～0.30
4	监理费报价	K_4	0.05～0.15

(4) 计分标准

① 评分计算保留2位小数，第3位小数四舍五入。

② 各项权数取值开评前由评标委员会在取值范围内确定，K_1～K_4的和应为1。

③ 计分人必须在评标计分卡上签名。

④ 有下列情况之一者为无效分，该单项评分被视为弃权。

a. 计分高出规定最高分或低于规定最低分的。

b. 计分明显不合理的。

c. 一个计分内容有2个或2个以上计分的。

d. 其他违反本评标办法未按规定要求计分的。

(5) 本评标办法未能考虑的问题，由评标委员会集体研究处理。

注：当本办法实施时企业诚信等级未定时，本项评分作空缺处理。省外企业的诚信等级按与我省企业诚信等级对应加分，无诚信等级作空缺处理。

思　考　题

1.1　工程建设监理工作的性质和原则是什么？

1.2　工程建设监理的基本任务和基本方法是什么？

1.3　我国工程建设监理应知晓哪些基本的管理制度？

1.4 试述工程建设监理的内容。

1.5 监理工程师的岗位证书怎样取得？

1.6 监理单位的资质是指什么？

1.7 监理人员的岗位有哪些？

1.8 监理工程师的职业道德与纪律是什么？为什么要规定监理工程师的职业道德？

1.9 简述社会监理工作与政府质量监督的区别。

1.10 为什么要求监理工作必须“严格监理、热情服务、秉公办事、一丝不苟、廉洁自律”？

1.11 大学毕业后你想从事监理工作吗？从监理员做起，你认为你的第一工作态度是什么？

2 监理的目标及其控制原理

本 章 提 要

监理工作必须围绕着监理的目标进行，目标管理是工程项目管理的核心。本章首先论述了工程项目目标体系及其关系。在此基础上，介绍了工程项目目标管理的程序及其主要内容。项目目标的具体标准是通过工程合同来明确的，因此，本章在介绍合同及其管理的基本概念后，阐述了承包合同和监理合同的主要内容。最后，从管理学原理角度，介绍了监理目标控制的原理和方法。

2.1 工程项目目标管理

2.1.1 工程项目目标体系及其关系

工程项目目标一般都是在有关合同中明确的。工程项目管理的参与者来自于建设方、承包方、监理方等单位。不同的单位在工程项目管理的主要目标上是一致的，但因不同的利益主体关系，各自在目标管理的角度及程度方面又有一定的区别。

对于建设单位，工程项目的目标体系主要体现为投资、进度、质量三大目标，这三大目标是一个相互关系的整体，它们构成了工程项目的目标系统。

投资、进度、质量三大目标之间既存在对立的一面，又存在着统一的一面。它们之间是一种对立统一的关系。通常情况下，如果建设单位对工程质量有较高要求，那么就要投入较多的资金和较长的建设时间；如果抢时间、争速度地完成工程项目，把工期目标定得很高，那么进度控制就要相应地提高，质量要求就要适当下降；如果要降低投资、节约费用，那么势必要考虑降低项目的功能要求。所有这些表现都反映了工程项目三大目标关系存在着矛盾的一面。同时，适当增加投资的数量，为采取加快进度措施提供经济条件，就可以加快项目建设速度，缩短工期，使项目提前动用，投资尽早收回，项目全寿命经济效益得到提高；适当提高项目功能要求和质量标准，虽然会造成一次性投资的提高和工期的增加，但能够节约项目动用后的经常费和维修费，降低产品成本，从而获得更好的投资经济效益；如果项目进度计划制订得可行又优化，使工程进展具有连续性、均衡性，则不但可以使工期得以缩短，而且有可能获得较好质量和较低的费用。这一切都说明了工程项目投资、进度、质量三大目标关系之中存在着统一面。

工程项目在不同阶段、不同主体的目标体系构成亦有所侧重。在设计阶段，设计方对项目的管理目标是在确保满足建设单位对工程功能要求和有关建设设计标准、规范等的前提下，以工程使用的适用性、可靠性、安全性为质量控制目标，合理造价为投资控制目标，在合同约定的时间内提交满足工程建设要求的设计文件、图纸等成果为进度控制目标。

对于工程项目的施工，从单项工程到分部工程，分部工程到分项工程，其目标体系为$Y=\{Q,T,S,N,C\}=\{$质量，工期，施工安全，施工文明，施工成本$\}$。《质量管理体系、基础和术语》(GB/T 19000—2000)对质量的定义是：反映和满足明确或隐含需要能力的特性之总和。工程项目质量是国家现行的有关法律、法规、技术标准、设计文件及工程合同中对工程的安全、使用、经济、美观等特性的综合要求，在“合同环境”下形成的。工期泛指完成任务所需的时间，有计算工期、要求工期和计划工期三种，施工生产的工期目标根据要求工期或计划工期确定。施工安全是指建造“实物”的人在建设“实物”过程中的生命安全和身体健康。没有建筑业的产品质量，建筑业就无法生存和发展；不能保证施工人员的安全和健康，就难以生产出产品，没有产品，建筑业也就不存在。因此质量和安全是工程施工的永恒主题。施工文明是指施工现场施工环境与生产作业和生活条件，它是保证施工质量、施工工期及施工安全的基本条件之一。

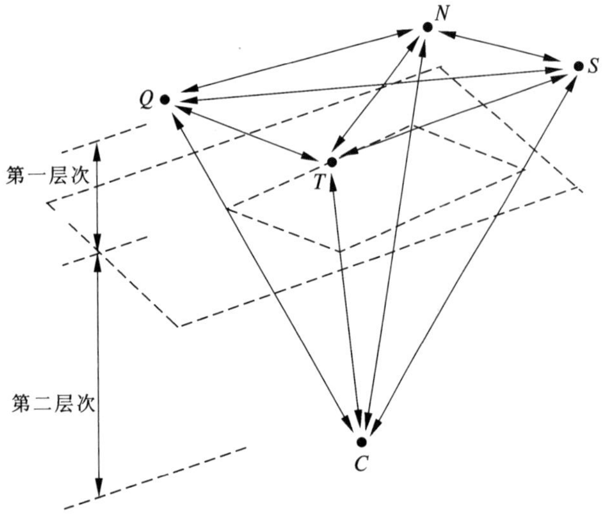

图 2.1　施工生产目标系统关系模拟图

依据工程建设管理的规定及施工承包合同的要求，降低施工成本及追求施工利润应以安全与文明施工为前提，在确保工程质量和工期的基础上寻求合理而有效的方法与措施。基于这一原则，施工生产目标体系关系可用图 2.1 来表示。

图 2.1 表明，施工生产目标体系可以分为两个层次，第一层次表现为质量、工期、安全施工与文明施工。任何一项施工任务的完成是在满足第一层次的目标上实现费用的最少，即达到成本控制的目标，这就是目标体系的第二层次。因此，工程施工生产组织的部署和安排应从头至尾考虑工程施工成本控制，并在实施中采取相应的方法。

在目标体系 $Y=\{Q,T,S,N,C\}$ 中，Q 为质量度，即达到质量要求的程度；T 为工期，是完成相应施工任务的时间要求；S 为安全度，即达到安全标准的程度；N 为文明施工的程度；C 为完成相应施工任务的施工成本费用。对于某项施工任务 i，相应要完成的施工任务量为 W_i，对应于目标体系 Y 有实际完成情况 $Y_i=\{Q_i,T_i,S_i,N_i,C_i\}$。在施工生产工艺关系和组织关系正常的条件下，$Y_i$ 集合中两两之间的关系如下：

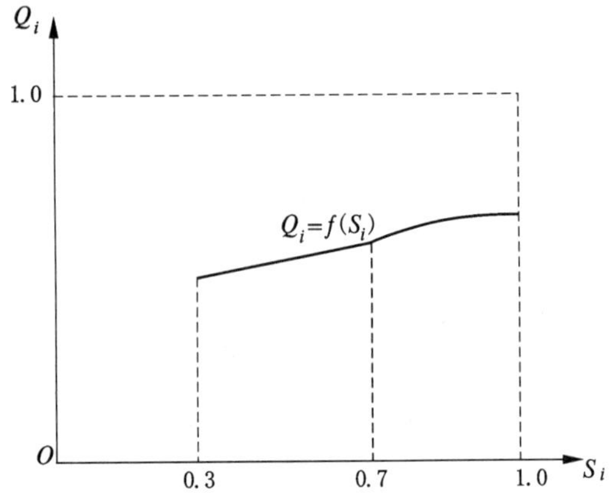

图 2.2　Q_i-S_i 关系

(1) Q_i-S_i，根据 Robert N. Chartte 论述的等风险图法，人们对生产及工作的安全度的心理判别通过对应的风险识别将其分为高、中、低三档：当 $S_i<0.3$ 时为高风险，当 $0.3\leqslant S_i<0.7$ 时为中风险，当 $S_i\geqslant 0.7$ 时为低风险。对应不同风险范围，人们的心理决策趋势是：高风险时不冒险，中风险时应防备。因此，施工生产操作中对于安全意识的心理反应是有危险不上，有风险应注意，故而对施工生产的质量会产生影响。基于此分析，Q_i-S_i 的关系可用图 2.2 来表示。

(2) Q_i-T_i，对于任一施工任务的完成，在时间的安排上有一个正常时间 T_{i0}，该正常时间对应达到质量要求的条件下完成施工任务的总成本费用为最少。如果要加快任务完成的进度，就要采取加快措施，这些措施可以是加班加点、增加工作班次、增加或换用大功率机械设备或采取更有效的缩短时间的施工方法等等。采用这些措施一般是要增加费用的，但工作完成的时间在一定条件下也只能缩短到一定的限度，这个加快的极限时间称为“加快时间”T_{im}。从 T_{i0} 压缩到 T_{im}，从理论上讲对于保证施工质量要求是不应有影响的，但实际上由于增加措施而加大施工及其管理难度，再加上操作者的心理追求，对施工生产的质量还是有影响的[图 2.3(a)]。另外，从抓质量来看，质量要求愈高，相对要求施工时间有所延长；但对于低于基本要求，所完成的工程按规定必须返工或整改时，施工的时间则同样会延长，如图 2.3(b)所示。

(3) C_i-Q_i，质量成本是施工生产成本的一部分。质量成本是指为使产品达到质量标准所发生的一切费用，包括为了保证和提高产品质量所支出费用和因未达到质量标准所造成的损失以及处理质量缺陷所发生的费用。其构成：

① 内部故障成本。指在施工过程中，由于工程存在缺陷而带来的经济损失与处理缺陷所花费用的总和。包括报废损失费、返修损失费、复检费、停工损失费、事故处理费等。

② 外部故障成本。指工程净值使用以后，发现质量缺陷进行弥补所发生的一切费用，包括用户申诉

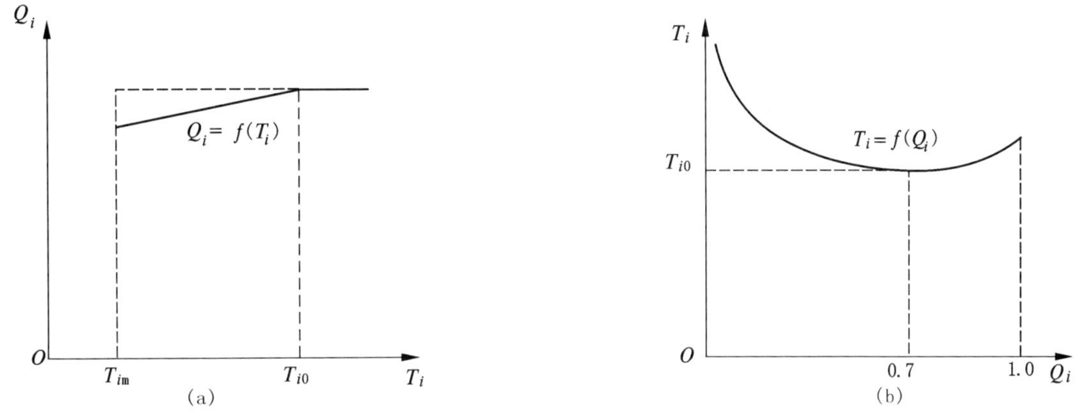

图 2.3　Q_i-T_i 关系

(a) Q_i-T_i 曲线；(b) T_i-Q_i 曲线

费、保修费等。

③ 鉴定成本。指工程在一次验收合格情况下，鉴定工程质量所发生的一切费用。包括材料检验费、工序检验费、成品检验费等。

④ 预防成本。指为了预防工程质量不良状况出现，使故障成本和鉴定成本降低到最低限度所需要的费用。包括质量管理培训费、质量管理办公费、搜集和分析质量数据的费用、质量改进措施费以及新材料、新结构、新工艺评审费等。

因此，按照目标进行划分，施工成本由质量成本和其他目标成本组成。与质量度的关系可以通过质量成本来反映，如图 2.4 所示。

(4) C_i-T_i，工程施工成本由直接费和间接费组成。而直接费由材料费、人工费及机械费等构成。由于采用的施工方案不同，其费用的差异是很大的。如同是一个钢筋混凝土框架结构，可以采用预制装配方案，也可采用现浇方案。如采用现浇方法时，可以采用塔式起重机及吊斗作为混凝土运输的主要设备，也可以采用混凝土输送泵或其他运输方法。施工方案不同，它的费用也不同。间接随时间变化的曲线通常是一条下凹曲线，因为直接费总是随着工期的缩短而增加的。间接费曲线一般是斜率大于零的斜线，表明它是随着时间的增加而增加的。因此，C_i-T_i 曲线是直接费与间接费之和而形成的，如图 2.5 所示。

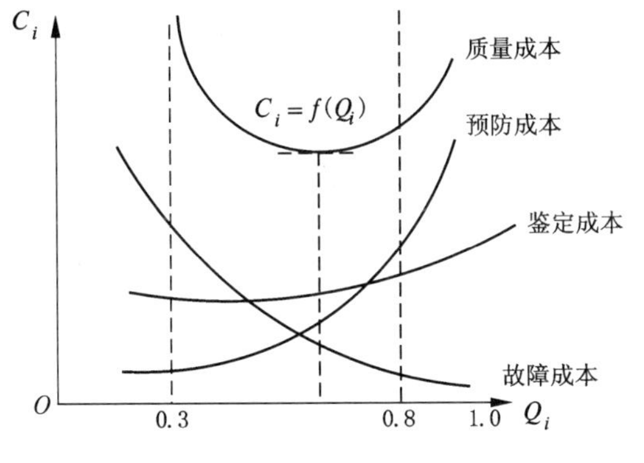

图 2.4　C_i-Q_i 关系

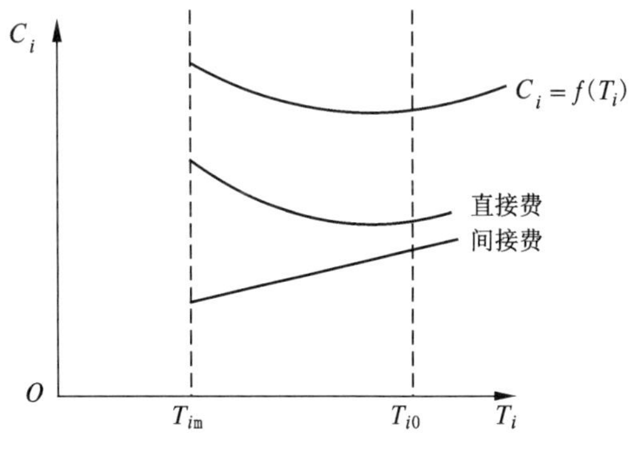

图 2.5　C_i-T_i 关系

(5) C_i-S_i 及 C_i-N_i，对于一项施工任务，从分项工程到单项工程，加强施工安全及文明生产措施，必然会增加施工成本(措施费用)，因此，施工安全目标或文明施工目标越高，相应的措施费用就越多，这种关系如图 2.6 所示。

2.1.2　工程项目目标管理

目标管理是 20 世纪 60 年代兴起的一种现代管理方法，其基本点是以被管理的活动目标为中心，通过把社会经济活动的任务转换为具体的目标以及对目标的制订、实施和控制来实现社会经济活动的最终目的。根据目标管理的定义，项目目标管理的程序大体可划分为如下几个阶段：

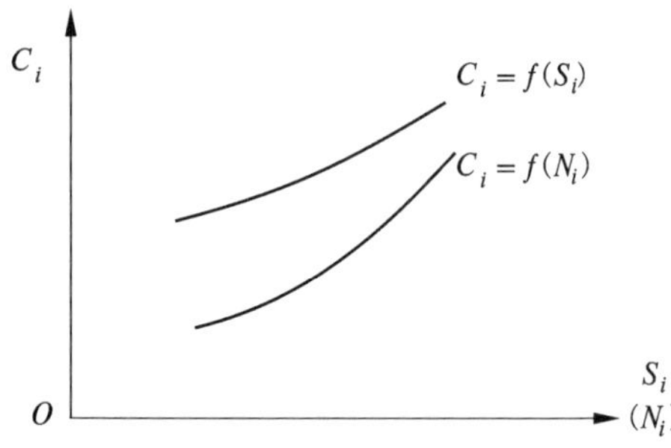

图 2.6　C_i-S_i 关系和 C_i-N_i 关系

(1) 确立项目具体的任务及项目内各层次、各部门的任务分工。

(2) 把项目的任务转换为具体的指标或目标。目标管理中指标应符合如下几个条件：

① 指标必须能够比较全面真实地反映出项目任务的基本要求，并能够成为评价考核项目任务完成情况的最重要、最基本的依据。目标管理中的指标是用来具体落实评价考核项目任务的手段，所以必须能够比较全面真实地反映出项目任务的主要内容。但指标又只能从某一侧面反映项目任务的主要内容，还不能代替项目任务本身，因此还不能用目标管理代替其对项目任务的全面管理，除了要完成目标管理外，还必须全面地完成项目任务。

② 指标是可以测度和计量的，这样才能为落实指标、考核指标提供可行的基础标准。

③ 指标必须在目标承担者的可控范围之内，这样才能保证目标能够真正执行并成为目标承担者的一种自我约束。

指标作为一种管理手段应该具有层次性、优先次序性以及系统性。层次性是指上一级指标一般都可分解为下一级的几处指标，下一级指标又可再分解为更多的更下一级指标，以便把指标落实到最基层的管理主体。优先次序性是指项目的若干指标及各层次、各部门的若干指标都不是并列的，而是有着不同的重要程度，因而在管理上应该首先确定各指标的重要程度并据此进行管理。系统性是指项目内各种指标的设置都不是孤立的，而是有机结合的一个体系以及从各个方面全面地反映项目任务的基本要求。

目标是指标的实现程度的标准，它反映在一定时期某一主体活动达到的指标水平。同样的指标体系，由于对其具体达到的水平要求不同就可构成不同的目标。对于企业来说，其目标水平应该是逐步提高的，但其基本指标可能长期保持不变。

(3) 落实和执行项目所制订的目标。制订了项目各层次、各部门的目标后就要把它具体地落实下去，其中主要做好如下几项工作：一是要确定目标的责任主体，即谁要对目标的实现负责，负主要责任还是一般责任；二是要明确目标责任主体的权力、利益和责任；三是要确定对目标责任主体进行检查、监督的上一级责任人和手段；四是要落实实现目标的各种保证条件，如生产要素供应、专业职能的服务指导等。

(4) 对目标的执行过程进行调控。首先要监督目标的执行过程，从中找出需要加强控制的重要环境和偏差；其次分析目标出现偏差的原因并及时进行协调控制。对于按目标进行的主体活动要进行各种形式的激励。

(5) 对目标完成的结果进行评价。这就是要考查经济活动的实际效果与预定目标之间的差别，根据目标实现的程度进行相应的奖惩。一方面要总结有助于目标实现的实际有效的经验，另一方面要找出还可以改进的方面，并据此确立新的目标水平。

最后需要指出目标管理通过目标的层层分解，把项目的目标转化为其内部具体单位和个人的目标，从而使他们自主实现自己目标的行为成为实现项目目标的行为，这样就调动了项目内方方面面的积极性来参与项目的目标管理，以最大限度地达到项目的目标水平。因此，目标管理本质上是一种现代参与管理、自主管理方法，而不是一种上下级的监督控制方法。

2.2　工程项目合同

2.2.1　合同的基本概念

由于项目目标都是通过相应合同条款所约定，因此，须熟悉合同的概念。《中华人民共和国合同法》对合同的定义是：平等主体的自然人、法人、其他组织之间设立、变更、终止民事权利义务关系的协议。在项目管理与监理服务中，合同是其目标的具体反映与体现，因此，目标管理必须以合同为基础。

2.2.1.1　合同的内容

关于合同一般条款的法律解释如下：

（1）当事人的名称或者姓名

当事人的名称或者姓名，是指法人和其他组织的名称，住所是指他们的主要办事机构所在地。

（2）标的

标的是指合同当事人双方权利和义务共同指向的事物，即合同法律关系的客体。标的可以是货物、劳务、工程项目或者货币等。依据合同种类的不同，合同的标的也各有不同。例如，买卖合同的标的是货物；建筑工程合同的标的是工程建设项目；货物运输合同的标的是运输劳务；借款合同的标的是货币；委托合同的标的是委托人委托受托人处理委托事务等。

标的是合同的核心，它是合同当事人权利和义务的焦点。尽管当事人双方签订合同的主观意向各有不同，但最后必须集中在一个标的上。因此，当事人双方签订合同时，首先要明确合同的标的，没有标的或者标的不明确，必然会导致合同无法履行，甚至产生纠纷。

（3）数量

数量是计算标的的尺度。它把标的定量化，以便确定合同当事人之间的权利和义务的量化指标，从而计算价款或报酬。国家颁布了《在我国统一实行法定计量单位的命令》。根据该命令的规定，签订合同时，必须使用国家法定计量单位，做到计量标准化、规范化。如果计量单位不统一，一方面会降低工作效率，另一方面也会因发生误解而引起纠纷。

（4）质量

质量是标的内在特殊物质属性和一定的社会属性，是标的物性质差异的具体特征。它是标的物价值和使用价值的集中表现，并决定着标的物的经济效益和社会效益，还直接关系到生产的安全和人身的健康等。因此，当事人签订合同时，必须对标的物的质量作出明确规定。标的物的质量，有国家标准的按国家标准签订，没有国家标准而有行业标准的按行业标准签订，或者有地方标准的按地方标准签订。

（5）价款和报酬

价款通常指当事人一方为取得对方出让的标的物，而支付给对方一定数额的货币。报酬通常指当事人一方为对方提供劳务、服务等，从而向对方收取一定的数额的货币报酬。

（6）履行期限、地点和方式

履行期限是指当事人交付标的和支付价款或报酬的日期。就是依据合同的约定，权利人要求义务人履行义务的请求权发生的时间。合同的履行期限，是一项重要条款，当事人必须写明具体的履行起止日期，避免因履行期限不明确而产生纠纷。

履行地点是指当事人交付标的和支付价款或报酬的地点。它包括标的的交付、提取地点，服务、劳务或工程项目建设的地点，价款或报酬结算的地点等。它不仅关系到当事人实现权利和承担义务的发生地，还关系到人民法院受理合同纠纷案件的管辖地问题。

履行方式是指合同当事人双方约定以哪种方式转移标的物和结算价款。履行方式应视所签订合同的类别而定。

（7）违约责任

违约责任是指合同当事人约定一方或双方不履行或不完全履行合同义务时，必须承担的法律责任。违约责任包括支付违约金、偿付赔偿金以及发生意外事故的处理等责任。法律有规定责任范围的按规定处理；法律没有规定责任范围的，由当事人双方协商议定办理。

（8）解决争议的方法

解决争议的方法是指合同当事人选择解决合同纠纷的方式、地点等。根据我国法律的有关规定，当事人解决合同争议时，实行“或裁或审”制，即当事人可以在合同中约定选择仲裁机构或人民法院解决争议；当事人可以就仲裁机构或诉讼的管辖机关的地点进行议定选择。

2.2.1.2　合同的效力

（1）合同无效

合同无效是指虽经合同当事人协商订立，但因其不具备或违反了法定条件，国家法律规定不承认其效力的合同。

有下列情形之一的视为合同无效：

① 一方以欺诈、胁迫的手段订立合同，损害国家利益。

② 恶意串通，损害国家、集体或者第三者利益。

③ 以合法形式掩盖非法目的。

④ 损害社会公共利益。

⑤ 违反法律、行政法规的强制性规定。

(2) 当事人请求人民法院或仲裁机构变更或撤销合同

当事人依法请求变更或撤销合同，是指合同当事人订立的合同欠缺生效条件时，一方以当事人可以依照自己的意思，请求人民法院或仲裁机构作出裁定，从而使合同的内容变更或者使合同的效力归于消灭的合同。

下列合同，当事人一方有权请求人民法院或者仲裁机构变更或者撤销：

① 因重大误解订立的。

② 在订立合同时显失公平的。

一方以欺诈、胁迫的手段或者乘人之危，使对方在违背真实意思的情况下订立的合同，受损害方有权请求人民法院或者仲裁机构变更或者撤销。

(3) 无效合同或被撤销合同的法律效力

当事人订立的合同被确认无效或者被撤销后，并不表明当事人的权利和义务的全部结束。

① 合同自始无效和部分无效

无效的合同或者被撤销的合同自始没有法律约束力。合同部分无效，不影响其他部分效力的，其他部分仍然有效。

自始无效是指合同一旦被确认无效或者被撤销，即将产生溯及力，使合同从订立起即不具有法律约束力。

合同部分无效是指合同的部分内容无效，即无效或者被撤销而宣告无效的只涉及合同的部分内容，那么，合同的其他部分仍然有效。

② 合同无效、被撤销或者终止时，有关解决争议的条款的效力

合同无效、被撤销或者终止时，不影响合同中独立存在的有关解决争议方法的条款的效力。因此，合同中关于解决争议的方法条款的效力具有相对的独立性，不受合同无效、变更或者终止的影响，即合同无效、合同变更或者合同终止并不导致合同中解决争议方法的条款无效、变更、终止。

2.2.2 工程承包合同

2.2.2.1 工程勘察、设计合同

工程勘察、设计合同是指建设人与勘察人、设计人为完成一定的勘察、设计任务，明确双方权利、义务的协议。建设单位或有关单位称发包人，勘察、设计单位称承包人。根据勘察、设计合同，承包人完成委托方委托的勘察、设计项目，发包人接受符合约定要求的勘察、设计成果，并给付报酬。

(1) 勘察合同发包人的义务

勘察合同发包人的义务指的是由其负责提供的资料的内容、技术要求、期限以及应承担的工作和服务项目。

① 在勘察工作开始前，发包人应当向承包人提交勘察或者设计的基础资料，即提交由设计人提供经发包人同意的勘察范围的地形图和建筑平面布置图各一份，提出由发包人委托、设计人填写的勘察技术要求及其附图。

② 发包人应负责勘察现场的水、电、气的畅通供应，平整道路，现场清理等工作，以保证勘察工作的开展。

③ 在勘察人员进入现场作业时，发包人应当负责提供必要的工作和生活条件。

④ 支付勘察费。这是一个很重要的问题。勘察工作的取费标准是按照勘察工作的内容，如工程勘

察、工程测量、工程地质、水文地质和工程物探等的工作量来决定的。其具体标准和计算办法按国家颁发的《工程勘察取费标准》中的规定执行。

(2) 勘察承包人的义务

承包人的义务是指承包人应当依据订立的合同和发包人的要求，通过自己的实际履行来完成其应负的职责，以求得发包人权利和目的的实现。承包人应当按照规定的标准、规范、规程和条例，进行工程测量和工程地质、水文地质等勘察工作，并按合同规定的进度、质量要求提交勘察成果。对于勘察工作中的漏项应当及时予以勘察，对于由此多支的费用应自行负担并承担由此造成的违约责任。

(3) 设计合同发包人的义务

① 如果委托初步设计，委托人应在规定的日期内向承包人提供经过批准的设计任务书或者可行性研究报告，选址报告以及原料或者经过批准的资源报告，燃料、水电、运输等方面的协议文件和能满足初步设计要求的勘察资料，需经科研取得的技术资料。

② 如果委托施工图设计，委托人应当在规定日期内向承包人提供经过批准的初步设计文件和能满足施工图设计要求的勘察资料、施工条件，以及有关设备的技术资料。

③ 发包人应及时向有关部门办理各设计阶段设计文件的审批工作。

④ 明确设计范围和深度。

⑤ 依照双方的约定支付设计费用。设计工程的取费标准，一般应当根据不同行业、不同建设规模和工程内容的繁简程度制订不同的收费定额，再根据这些定额来计算收费的费用。设计合同生效后，发包人向承包人支付相当于设计费的 20% 作为定金，设计合同履行后，定金抵作设计费。设计费其余部分的支付由双方共同商定。对于超过设计范围的补充设计和增加设计深度以及减少已定的设计量，应对增加的部分付出的劳务给予补偿，对于设计范围的减少应协商确定报酬的给付。对上述情况，还要考虑设计期限的增减。

⑥ 委托配合引进项目的设计，从询价、对外谈判、国内外技术考察直到建成投产的各个阶段，都应当通知有关设计的单位参加，这样有利于对外设计任务的完成。

⑦ 在设计人员进入施工现场开始工作时，发包人应当提供必要的工作和生活条件。

⑧ 发包人应当维护承包人的设计文件，不得擅自修改，也不得转让给第三方使用，否则要承担侵权责任。

⑨ 合同中含有保密条款的，发包人应当承担设计文件的保密责任。

(4) 设计合同承包人的义务

① 承包人要根据批准的设计任务书或者可行性研究报告或者上一阶段设计的批准文件，以及有关设计的技术经济文件，设计标准，技术规范、规程、定额等提出勘察技术要求和进行设计，并按合同规定的进度和质量要求提交设计文件，设计文件包括概算文件、材料设备清单等。

② 承包人对所承担的设计任务的建设项目应配合施工，进行施工前技术交底，解决施工中的有关设计问题，负责设计变更和修改预算，参加隐蔽工程验收和工程竣工验收。勘察、设计人要对其勘察、设计的质量负责。勘察、设计文件应符合有关法律、行政法规的规定和建筑工程质量、安全标准、建筑工程勘察、设计规范的要求以及合同的约定。设计文件选用的建筑材料、建筑构配件和设备，应当注明其规格、型号、性能等技术指标，其质量要求必须符合国家规定的标准。此外，建设单位不得以任何理由要求建筑设计单位或者施工企业在工程设计中违反法律、行政法规和建筑工程质量、安全标准的要求，降低工程质量。建筑设计单位对建设单位违反规定提出的降低工程质量的要求，应当予以拒绝；施工企业必须按照工程设计图纸和施工技术标准施工，不得偷工减料。工程设计的修改由原设计单位负责，施工企业不得擅自修改工程设计。

(5) 设计的修改和终止

① 设计文件批准后，不得任意修改和变更。如果必须修改，需经有关部门批准，其批准权限视修改的内容所涉及的范围而定。

② 委托方因故要求修改工程设计，经承包方同意后，除设计文件的提交时间另定外，委托方还应按承包方实际返工修改的工作量增付设计费。

③ 原定设计任务书或初步设计如有重大变更而需重做或修改设计时，须经设计任务书或初步设计批准机关同意，并经双方当事人协商后另订合同。委托方负责支付已经进行了的设计费用。

④ 委托方因故要求中途终止设计时，应及时通知承包方，已付的设计费不退，并按该阶段实际所耗工时，结清设计费，同时解除合同关系。

2.2.2.2 工程施工合同

（1）施工合同文件的组成及解释顺序

组成建设工程施工合同的文件包括：

① 施工合同协议书。

② 中标通知书。

③ 投标书及其附件。

④ 施工合同专用条款。

⑤ 施工合同通用条款。

⑥ 标准、规范及其有关技术文件。

⑦ 图纸。

⑧ 工程量清单。

⑨ 工程报价单或预算单。

双方有关工程的洽商、变更等书面协议或文件视为协议书的组成部分。

上述合同文件应能够互相解释、互相说明。当合同文件中出现不一致时，上面的顺序就是合同的优先解释顺序。在不违反法律和行政法规的前提下，当事人可以通过协商变更施工合同的内容。这些变更的协议或文件，效力高于其他合同文件，且签署在后的协议或文件效力高于签署在先的协议或文件。

（2）施工合同中发包方的工作

根据专用条款约定的内容和时间，发包方应分阶段或一次完成以下工作：

① 办理土地征用、拆迁补偿、平整施工场地等工作，使施工场地具备施工条件，并在开工后继续解决以上事项的遗留问题。

② 将施工所需水、电、电信线路从施工场地外部接至专用条款约定地点，并保证施工期间需要。

③ 开通施工场地与城乡公共道路的通道，以及专用条款约定的施工场地内的主要交通干道，满足施工运输的需要，保证施工期间的畅通。

④ 向承包方提供施工场地的工程地质和地下管线资料，保证数据真实，位置准确。

⑤ 办理施工许可证和临时用地、停水、停电、中断道路交通、爆破作业以及可能损坏道路、管线、电力、通信等公共设施法律、法规规定的申请批准手续及其他施工所需的证件（证明承包方自身资质的证件除外）。

⑥ 确定水准点与坐标控制点，以书面形式交给承包方，并进行现场交验。

⑦ 组织承包方和设计单位进行图纸会审和设计交底。

⑧ 协调处理施工现场周围地下管线和邻近建筑物、构筑物（包括文物保护建筑）、古树名木的保护工作，并承担有关费用。

⑨ 发包方应做的其他工作，双方在专用条款内约定。

发包方可以将上述部分工作委托承包方办理，具体内容由双方在专用条款内约定，其费用由发包方承担。

发包方不按合同约定完成以上义务，导致工期延误或给承包方造成损失的，赔偿承包方的有关损失，延误的工期相应顺延。

（3）施工合同中承包方的工作

承包方按专用条款约定的内容和时间完成以下工作：

① 根据发包方的委托，在其设计资质允许的范围内，完成施工图设计或与工程配套的设计，经工程师确认后使用，发生的费用由发包方承担。

② 向工程师提供年、季、月工程进度计划及相应进度统计报表。

③ 按工程需要提供和维修非夜间施工使用的照明、围栏设施，并负责安全保卫。

④ 按专用条款约定的数量和要求，向发包方提供在施工现场办公和生活的房屋及设施，发生费用由发包方承担。

⑤ 遵守有关部门对施工场地交通、施工噪音以及环境保护和安全生产等的管理规定，按管理规定办理有关手续，并以书面形式通知发包方。发包方承担由此发生的费用，因承包方责任造成的罚款除外。

⑥ 已竣工工程未交付发包方之前，承包方按专用条款约定负责已完工程的成品保护工作，保护期间发生损坏，承包方自费予以修复。要求承包方采取特殊措施保护的单位工程的部位和相应追加的合同价款，在专用条款内约定。

⑦ 按专用条款的约定做好施工现场地下管线和邻近建筑物、构筑物（包括文物保护建筑）、古树名木的保护工作。

⑧ 保证施工场地清洁符合环境卫生管理的有关规定。交工前清理现场达到专用条款约定的要求，承担因自身原因违反有关规定造成的损失和罚款。

⑨ 承包方应做的其他工作，双方在专用条款内约定。

承包方不履行上述各项义务，造成发包方损失的，应对发包方的损失给予赔偿。

(4) 工程师的产生和职权

① 工程师的产生和易人

工程师包括监理单位委派的总监理工程师和发包方指定的履行合同的负责人两种情况。因此，在提供监理服务的工程建设项目中，施工合同文件中的工程师概念包括监理工程师和发包方派驻现场履行合同的代表。

a. 发包方委托监理

发包方可以委托监理单位，全部或者部分负责合同的履行。国家推行工程监理制度，对于国家规定实行强制监理的工程施工，发包方必须委托监理；对于国家未规定实施强制监理的工程施工，发包方也可以委托监理。工程施工监理应当依照法律、行政法规及有关的技术标准、设计文件和建设工程施工合同，对承包方在施工质量、建设工期和建设资金使用等方面，代表发包方实施监督。发包方应当将委托的监理单位名称、监理内容及监理权限以书面形式通知承包方。

监理单位委托委派的总监理工程师在施工合同中称为工程师。总监理工程师是经监理单位法定代表人授权，派驻施工现场监理组织的总负责人，行使监理合同赋予监理单位的权利和义务，全面负责受委托工程的建设监理工作。

b. 发包方派驻代表

发包方派驻施工场地履行合同的代表在施工合同中也称工程师。发包方代表是经发包方单位法定代表人授权，派驻施工现场的负责人，其姓名、职务、职责在专用条款内约定，但职责不得与监理单位委派的总监理工程师职责相互交叉。双方职责发生交叉或不明确时，由发包方明确双方职责，并以书面形式通知承包方。

c. 工程师易人

工程师易人，发包方应至少于易人前 7 天以书面形式通知承包方，后任继续履行合同文件约定的前任的权利和义务，不得更改前任作出的书面承诺。

② 工程师的职责

工程师按约定履行职责。发包方对工程师行使的权力范围一般都有一定的限制。工程师的具体职责如下：

a. 工程师委派具体管理人员

在施工过程中，不可能所有的监督和管理工作都由工程师亲自完成。工程师可委派具体管理人员，行使自己的部分权力和职责，并可在认为必要时撤回委派，委派和撤回均应提前 7 天以书面形式通知承包方，负责监理的工程师还应将委派和撤回通知发包方。

工程师代表在工程师授权范围内向承包方发出的任何书面形式的函件，与工程师发出的函件效力相同。

b. 工程师发布指令、通知

工程师的指令、通知由其本人签字后，以书面形式交给承包方代表，承包方代表在回执上签署姓名和收到时间后生效。确有必要时，工程师可发出口头指令，并在48小时内给予书面确认，承包方对工程师的指令应予执行。工程师不能及时给予书面确认，承包方应于工程师发出口头指令后7天内提出书面确认要求。工程师在承包方提出确认要求后48小时内不予答复，应被视为承包方要求已被确认。

承包方认为工程师指令不合理，应在收到指令后24小时内提出书面申告，工程师在收到承包方申告后24小时内作出修改指令或继续执行原指令的决定，并以书面形式通知承包方。紧急情况下，工程师要求承包方立即执行的指令或承包方虽有异议但工程师决定仍继续执行的指令，承包方应予执行。因指令错误发生的费用和给承包方造成的损失由发包方承担，延误的工期相应顺延。

对于工程师代表在其权限范围内发出的指令和通知，视为工程师发出的指令和通知。但工程师代表发出指令失误时，工程师可以纠正。除工程师和工程师代表外，发包方驻工地的其他人员均无权向承包人发出任何指令。

c. 工程师应当及时完成自己的职责

工程师应按合同约定，及时向承包方提供所需指令、批准、图纸，并履行其他约定的义务，否则承包方在约定时间后24小时内将具体要求、需要的理由和延误的后果通知工程师，工程师收到通知后48小时内不予答复，应承担延误造成的追加合同价款，并赔偿承包方有关损失，顺延延误的工期。

d. 工程师做出处理决定

在合同履行中，发生影响承发包双方权利或义务的事件时，负责监理的工程师应根据合同在其职权范围内客观公正地进行处理。为保证施工正常进行，承发包双方应尊重和执行工程师的决定。承包方对工程师的处理有异议时，按照合同约定争议处理办法解决。

【案例2.1】 某高速公路项目，业主委托一监理单位进行施工阶段的监理，并分别与监理单位和各合同段施工单位签订了合同。

在项目实施过程中，A合同段施工单位没有实施某一高边坡的专业技术，按照合同约定，提出将高边坡工程进行分包。为了保证施工质量，并赶在雨季到来之前完成高边坡的施工，业主选择了一家B专业施工单位，将该部分高边坡工程分包给B单位，并向A单位和监理单位发出了通知，要求A单位配合B单位施工。

问题：

1. 业主的做法是否正确，为什么？

2. A单位提出异议，监理单位应按什么程序协调有关方的关系？

3. B单位施工完毕后，向监理单位报送了工程款支付申请和工程结算书，你认为监理单位应如何处理？

【解析】

1. 业主做法不正确。因为：

(1) 业主自行肢解工程进行分包，施工承包合同违约。

(2) 业主未通知监理单位直接向施工单位发出通知，监理合同违约。

(3) 业主自行选择分包单位，施工合同、监理合同违约。

2. 监理单位应按以下程序协调有关方关系：

(1) 由总监理工程师签发监理通知，召开有关单位的协调会，中止业主的违约行为。

(2) 由监理单位对分包单位进行审查，若合格，报业主。

(3) 由A单位与B单位签订分包合同。

3. 监理单位应做如下处理：

(1) 退回分包单位的申请，监理单位不直接审核分包单位的工程款。

(2) 发出监理通知，督促A单位对B单位的工程质量进行验收。

(3) B单位与A单位进行结算。

2.2.3 工程委托监理合同

2.2.3.1 委托合同的特征

委托合同是指当事人双方约定一方委托他人处理事务，他人同意为其处理事务的协议。在委托合同关系中，委托他人为自己处理事务的人称委托人，接受委托的人称受托人。

（1）委托合同的标的是劳务

委托人和受托人订立委托合同的目的在于通过受托人办理委托事务来实现委托人追求的结果，因此该合同的客体是受托人处理委托事务的行为。

（2）委托合同是诺成、非要式合同

委托人与受托人在订立委托合同时不仅要有委托人的委托意思的表示，而且要有受托人接受委托的承诺。也就是说，委托合同的成立必须以受托人的承诺为条件，其承诺与否决定着委托合同是否成立。委托合同自承诺之时起生效，无须以履行合同的行为或者物的交换作为委托合同成立的条件。

（3）委托合同是双务合同

委托合同经要约承诺后合同成立，无论合同是否有偿，委托人与受托人都要承担相应的义务。对委托人来说，委托人有向受托人预付处理委托事务费用的义务。当委托合同为有偿合同时还有支付受托人报酬的义务。对受托人来说，受托人有向委托人报告委托事务、亲自处理委托事务、转交委托事务所得财产等义务。

（4）委托合同可以是有偿的，也可以是无偿的

一般说来，委托他人办理营利性事务，以有偿为宜，而委托他人办理非营利性事务，以无偿为宜。商事委托应为有偿，普通民事委托则可无偿。合同是否有偿，依法律的规定或双方当事人的约定。

2.2.3.2 工程委托监理合同应具备的条款结构

监理合同是委托任务履行过程中当事人双方的行为准则，因此内容应全面，用词要严谨。合同条款的组成结构包括：

（1）合同内所涉及的词语定义和遵循的法规。

（2）监理人的义务。

（3）委托人的义务。

（4）监理人的权利。

（5）委托人的权利。

（6）监理人的责任。

（7）委托人的责任。

（8）合同生效、变更与终止。

（9）监理报酬。

（10）其他。

（11）争议的解决。

2.2.3.3 委托监理合同双方的权利和义务

（1）委托人的权利

① 委托人有选定工程总承包人，以及与其订立合同的权利。

② 委托人有对工程规模、设计标准、规划设计、生产工艺设计和设计使用功能要求的认定权，以及对工程设计变更的审批权。

③ 监理人调换总监理工程师需事先经委托人同意。

④ 委托人有权要求监理人提供监理月报及监理业务范围内的专项报告。

⑤ 当委托人发现监理人员不按监理合同履行监理职责，或与承包人串通给委托人或工程造成损失的，委托人有权要求监理人更换监理人员，直到解除合同并要求监理人承担相应的赔偿责任或连带赔偿责任。

（2）委托人的义务

① 委托人在监理人开展监理业务之前应向监理人支付预付款。

② 委托人应当负责工程建设的所有外部关系的协调，为监理工作提供外部条件。如将部分或全部协调工作委托监理人承担，则应在专用条款中明确委托的工作和相应的报酬。

③ 委托人应当在双方约定的时间内免费向监理人提供与工程有关的、为监理工作所需要的工程资料。

④ 委托人应当在专用条款约定的时间内就监理人书面提交并要求做出决定的一切事宜做出书面决定。

⑤ 委托人应当授权一名熟悉工程情况、能在规定时间内做出决定的常驻代表（在专用条款中约定），负责与监理人联系。更换常驻代表，要提前通知监理人。

⑥ 委托人应当将授予监理人的监理权利，以及监理人主要成员的职能分工、监理权限及时书面通知已选定的合同承包人，并在与第三人签订的合同中予以明确。

⑦ 委托人应当在不影响监理人开展监理工作的时间内提供如下资料：

a. 与本工程合作的原材料、构配件、设备等生产厂家名录。

b. 提供与本工程有关的协作单位、配合单位的名录。

⑧ 委托人应免费向监理人提供办公用房、通信设施、监理人员工地住房及合同专用条件约定的设施。对监理人自备的设施给予合理的经济补偿（补偿金额＝设施在工程使用时间占折旧年限的比例×设施原值＋管理费）

⑨ 根据情况需要，如果双方约定，由委托人免费向监理人提供其他人员，应在监理合同专用条件中予以明确。

（3）监理人的权利

监理人在委托人委托的工程范围内，享有以下权利：

① 选择工程总承包人的建议权。

② 选择工程分包人的认可权。

③ 对工程建设有关事项包括工程规模、设计标准、规划设计、生产工艺设计和使用功能要求，向委托人的建议权。

④ 对工程设计中的技术问题，按照安全和优化的原则，向设计人提出建议，如果提出的建议可能会提高工程造价，或延长工期，应当事先征得委托人的同意。当发现工程设计不符合国家颁布的设计工程质量标准或设计合同约定的质量标准时，监理人应当书面报告委托人并要求设计人更正。

⑤ 审批工程施工组织设计和技术方案，按照保质量、保工期和降低成本的原则，向承包人提出建议，并向委托人提出书面报告。

⑥ 主持工程建设有关协作单位的组织协调，重要协调事项应当事先向委托人报告。

⑦ 征得委托人同意，监理人有权发布开工令、停工令、复工令，但应当事先向委托人报告。如在紧急情况下未能事先报告时，则应在24小时内向委托人作出书面报告。

⑧ 工程上使用的材料和施工质量的检验权。对于不符合设计要求和合同约定及国家质量标准的材料、构配件、设备，有权通知承包人停止使用。对于不符合规范和质量标准的工序、分部、分项工程和不安全施工作业，有权通知承包人停工整改、返工。承包人得到监理机构复工令才能复工。

⑨ 工程施工进度的检查、监督权，以及工程实际竣工日期提前或超过工程施工合同规定的竣工期限的签认权。

⑩ 在工程施工合同约定的工程价格范围内，工程款支付的审核和签认权，以及工程结算的复核确认权与否决权。未经总监理工程师签字确认，委托人不支付工程款。

监理人在委托人授权下可对任何承包人合同规定的义务提出变更。如果因此严重影响了工程费用或质量或进度，则这种变更须经委托人事先批准。在紧急情况下未能事先报委托人批准时，监理人所作的变更也应尽快通知委托人。在监理过程中如发现工程承包人员工作不力，监理机构可要求承包人调换有关人员。

在委托的工程范围内，委托人或承包人对对方的任何意见和要求（包括索赔要求），均必须首先向监理机构提出，由监理机构研究处置意见，再同双方协商确定。当委托人和承包人发生争执时，监理机构应根据自己的职能，以独立的身份判断，公正地进行调解。当双方的争议由政府建设行政主管部门调解或仲裁机构仲裁时，应当提供作证的事实材料。

（4）监理人的义务

① 监理人按合同约定派出监理工作需要的监理机构及监理人员。向委托人报送委派的总监理工程师及其监理机构的主要成员名单、监理规划，完成监理合同专用条件中约定的监理工程范围内的监理业务。在履行合同义务期间，应按合同约定定期向委托人报告监理工作。

② 监理人在履行本合同的义务期间，应认真勤奋地工作，为委托人提供与其水平相适应的咨询意见，公正维护各方面的合法利益。

③ 监理人使用委托人提供的设施和物品属委托人的财产。在监理工作完成或中止时，应将其设施和剩余的物品按合同约定的时间和方式移交委托人。

④ 在合同期内和合同终止后，未征得有关方同意，不得泄露与本工程、本合同业务有关的保密资料。

（5）委托监理合同双方的责任

① 监理人的责任

a. 监理人的责任期即委托监理合同有效期。在监理过程中，如果因工程建设进度的推迟或延误而超过书面约定的日期，双方应进一步约定相应延长的合同期。

b. 监理人在责任期内，应当履行约定的义务。如果因监理人过失而造成了委托人的经济损失，应当向委托人赔偿。累计赔偿总额不应超过监理报酬总额（除去税金）。

c. 监理人对承包人违反合同规定的质量和要求完工（交货、交图）时限，不承担责任。因不可抗力导致委托监理合同不能全部或部分履行，监理人不承担责任。但对违反认真工作规定引起的与之有关的事宜，向委托人承担赔偿责任。

d. 监理人向委托人提出赔偿要求不能成立时，监理人应当补偿由于该索赔所导致委托人的各种费用支出。

② 委托人的责任

a. 委托人应当履行委托监理合同约定的义务，如有违反则应当承担违约责任，赔偿给监理人造成的经济损失。

b. 监理人处理委托业务时，因非监理人原因的事由受到损失的，可向委托人要求补偿损失。

c. 委托人如果向监理人提出赔偿的要求不能成立，则应当补偿由于该索赔所导致监理人的各种费用支出。

【案例 2.2】 辨析工程实施阶段监理人的权利。

【解析】 在履行监理合同过程中，监理工程师一般有下述权力：

（1）建议权：监理人就委托人在确定总承包人在工程建设有关事项包括工程规模、设计标准、规划设计、生产工艺设计和使用功能的要求方面，在施工中的设计变更和工程建设管理的模式与方案等向委托人提出建议；就设计中的技术问题，按照安全和优化原则向设计提出建议；就施工组织设计和技术方案，按照保证质量、保证工期和降低成本的原则向承报人提出建议等。

（2）审查与认可权：监理人在监理合同范围内就选择工程分包人，就施工组织设计和施工技术方案，施工管理与保证体系，现场定位复核，工程造价及工程计量与支付，工程施工的工期等有审查与认可权。

（3）指令权：监理人征得委托人同意，有权发布开工令、停工令、复工令；对不符合设计要求和合同约定及国家质量标准的材料、构配件、设备有权指令承包人停止使用；对不符合规范和质量标准的工序，分部、分项工程和不安全施工作业，有权指令承包人停工整改、返工等。

（4）检验、检查、监督权：监理人对工程上使用的材料和施工质量有检验权，对施工过程状况及施工进度有检查、监督权；对重要部位施工及关键工序作业有旁站监督权等。

（5）鉴证、签认权：监理人对分部、分项工程及隐蔽工程有验收鉴证的权力，对工程实际竣工日期有签认权，对工程款的支付有审核和签认权等。

（6）确认权与否决权：监理人对承包人所完成的分部、分项工程和单位工程的质量有确认权与否决权，对承包人提出的施工变更有确认权与否决权，对工程结算有复核确认权与否决权等。

（7）报告权：监理人对工程建设中的问题有向委托人和政府建设主管部门报告的权利。

（8）要求权：监理人对监理服务的报酬和合理条件有向委托人提出要求的权利，对监理人提供的监理文件有所有权的要求。

（9）其他国家法律法规规定的监理人的权利。

【案例 2.3】 某中外合资项目，项目法人代表为外籍人，监理单位为中方甲级监理公司，承建商为中国一级大型施工企业，工程开工后业主代表、项目总监理工程师、承建商项目经理在"监理合同"及"施工合同"的原则下，参照国际惯例，各项工作进展比较顺利。在监理中发生如下事件，监理方该如何处理为好？

（1）项目在基础施工过程中，由于班组违章作业，基础插筋位移，出现质量事故，监理方发现后通知承建商整改，直至合格为止。承建商已执行监理方的报告，而业主代表向监理方行文讲："项目基础工程出现质量事故，作为监理公司也有一定的责任，现通知你们扣 1% 的监理费。"监理方是接受还是不接受？理由是什么？

（2）为了确保现场文明施工，业主代表行文要求各承建商需将项目多余土方运到指定地点（合同规定），若发现承建商任意卸土，卸一车罚款 1 万元（合同无此规定）。某承建商违背这一指令任意卸土 15 车。当月业主代表在监理审定的监理月报中扣款 15 万元。承建商申述不同意扣款。

你认为扣款 15 万元应该吗？为什么？

监理方在工程结算时如何处理这 15 万元？

（3）项目屋面已封顶，屋面排水面积 $65000m^2$，雨水管已全部安装完毕。总图雨水主干管也已施工完毕，但由于工程项目较大，设计单位分工细，加之出图程序不能满足施工进度，该车间雨水支管没有设计，屋面雨水排不出去，为了应急，监理方与承建商在征得设计院的同意后，确定了施工方案，在没有设计资料情况下，就施工完了，此事已在周例会上向业主作了报告，有会议记录备案。时过 2 年工程结算时才发现仍没有正式的设计资料，监理方进行了签证，业主代表称此变更违背了设计变更程序，而且时间已过 2 年（业主代表没有换人），不承认此设计变更有效，也没有支付费用。承建商无奈，向监理方报告，认为此变更没按程序办理，而且时间拖得太长，属工作失误，若业主代表继续拒绝支付，我们将拆除该车间的全部雨水支管，作为监理方应该如何协调上述纠纷？

（4）项目在回填土时，承建商不够认真，主要是分层填土厚度超过规范规定，夯实也不够认真。但承建商报送的干容积密度资料均符合设计要求，但监理方不予认可，要求承建商按监理方批准的取样方案进行干容积密度复检。承建商接受了监理方的这一指令。但业主代表不相信承建商的试验报告，要求监理方自行组织检测回填土干容积密度。监理方为了尊重业主代表的意见，编制了一个干容积密度检测费预算共 2.5 万元报送给业主，业主代表批准后，监理方即将组织检测。

请问监理方这种处理方法是对还是不对？为什么？

【解析】

（1）监理方不能接受。因承建商的质量事故，不是执行监理方的错误指令形成的。监理方没有过失，因而扣 1% 的监理费不能接受。

（2）扣 15 万元的做法是不应该的，因为它不符合合同规定。在承建商处理完乱卸的土以后，在工程结算时应该向承建商支付这 15 万元。

（3）监理方应向业主报告，监理报告基本内容如下：

关于雨水支管的设计补充资料尽管迟到了 2 年，纯属工作失误，责任在设计院，业主方也应该承担责任，作为监理方处理该技术问题的过程有文字记载（附×××××会议纪要），但设计院没有及时处理，责任应由设计单位承担。作为承建商提出"不支付费用就拆支管"的申报是不理智的，我们已要求他们改变态度，承建商已接受。为了履行合同条款，请你认可设计变更，并批准监理方已审定的预算。

（4）监理方的这种处理方法是对的。

因为这是监理合同的规定，业主若不支付费用，监理方不承担"检测"方面的业务。

2.3 监理目标控制

2.3.1 控制论原理

自从 1948 年诺伯特·维纳发表了著名的《控制论——关于在动物和机器中控制和通讯的科学》一书以来，控制论的思想和方法已经渗透到了几乎所有的自然科学和社会科学领域。维纳把控制论看作是一门研究机器、生命和社会中控制和通信的一般规律的科学，更具体地说，是研究动态系统在变化的环境条件下如何保持平衡状态或稳定状态的科学。

2.3.1.1 基本概念

(1) 控制论的三个基本部分

① 信息论。主要是关于各种通路(包括机器、生物机体)中信息的加工、传递和贮存的统计理论。

② 自动控制系统的理论。主要是反馈论，包括从功能的观点对机器和生物体中神经系统、内分泌及其他系统的调节和控制的一般规律的研究。

③ 自动快速电子计算机的理论。即与人类思维过程相似的自动组织逻辑过程的理论。

维纳在阐述他创立控制论的目的时说："控制论的目的在于创造一种语言和技术，使我们有效地研究一般的控制和通信问题，同时也寻找一套恰当的思想和技术，以便通信和控制问题的各种特殊表现都能借助一定的概念加以分类。"的确，控制论为其他领域的科学研究提供了一套思想和技术，以致在维纳的《控制论》一书发表后的几十年中，各种冠以控制论名称的边缘科学如雨后春笋般生长出来。而管理更是控制论应用的一个重要领域。甚至可以这样认为，人们对控制论原理最早的认识和最初的运用是在管理方面。

(2) 反馈

控制论的基本原理，同时也是管理控制职能最基本的原理就是反馈的机理。所谓反馈，是指系统的输出信息返送到输入端，与输入信息进行比较，并利用二者的偏差进行控制的过程。如果输出信息的作用是抵消输入信息，称为负反馈；若其作用是增加输入信息，则称为正反馈。反馈不仅是管理系统，也是自然界和人类社会中普遍存在的一种现象。例如，驾驶汽车就是一个不断反馈的过程。开车时，司机的眼睛紧盯着前方的道路，手握方向盘，一旦前方道路上出现障碍，就随时调整行车方向或速度。这就是反馈。

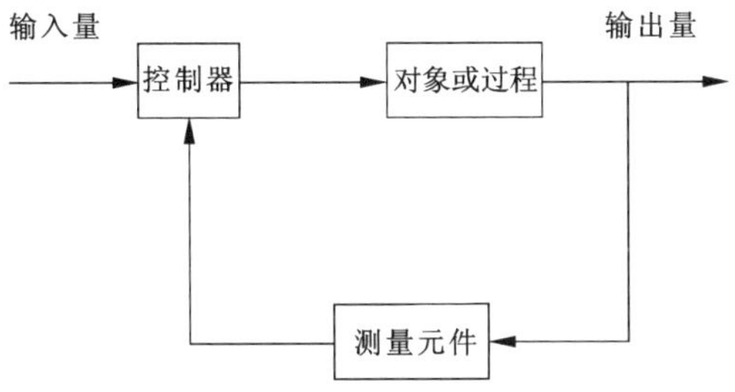

图 2.7 反馈控制系统

① 反馈控制系统的要素组成

a. 标准。标准是系统的输入信息，是控制要达到的目的。

b. 传感器。测量系统的输出信息，将其作必要的转换后返送到输入端的装置。

c. 控制器。将输出信息与输入信息进行比较，求其偏差，并利用偏差信息对系统进行调节，使之达到期望输出的装置。反馈控制系统如图 2.7 所示。

② 反馈控制的性质

a. 使系统稳定。例如使蒸汽机转速保持恒定，使电冰箱保持恒温等。

b. 跟踪目标。例如导弹打飞机以及猛兽追踪猎物。

c. 抗干扰。例如电冰箱恒温系统可以很快消除由于外界传导、开闭箱门或放入的食品对箱内温度的扰动。利用反馈控制的抗干扰性质，有可能采用不太精密的成本低的元件，构成精确的控制系统。这一点对设计管理系统也有重要意义。

(3) 时滞

时滞即时间延迟，是控制系统普遍存在的一种现象。从测量信息、传递信息、找出偏差、采取纠正措施使系统恢复到预定状态，这一过程中的每个环节都需要时间，这些时间加在一起就构成了系统的时滞。时滞对一个系统的控制影响是很大的，它可能造成系统输出的剧烈波动和不稳定；由于不能及时采取纠正措施或由于纠正措施实际生效需要一定的时间，使得在这段时间内，系统的状况可能继续恶化。时滞的存在给实现理想中的实时控制造成了困难。

管理控制系统的时滞说明，仅仅用系统输出信息的反馈，并通过衡量这一输出与预定目标之间的偏差作为控制手段是不够的。要使控制有效，就必须采取一种面向未来的控制方法。换句话说，只有当主管人员能够对于即将出现的偏差有所觉察并及早采取某些措施时，他们才能进行更有效的控制。

(4) 控制工作的类型

目标工作一旦付诸实施，就会产生许多信息。这些信息以不同的方式，通过不同的渠道反映到各级主管人员那里，经过分析、整理，主管人员对不同的控制对象确定了不同的控制工作重点，并采用不同的控制工作类型进行控制。控制工作的类型按照不同的标志可分成许多种。例如按照业务范围可把控制工作分为生产(作业)控制、质量控制、成本控制和资金控制等；按照控制对象的全面性，又可分为局部控制和全面控制。从理论上划分，则按照下述两种分类标准：

① 根据纠正措施的作用环节不同，将控制工作分为现场控制、反馈控制和前馈控制三类；

② 根据主管人员改进他们将来工作的方式不同，将控制工作分为间接控制和直接控制。

2.3.1.2　现场控制，反馈和前馈控制

现场控制，反馈和前馈控制的工作关系如图2.8所示。

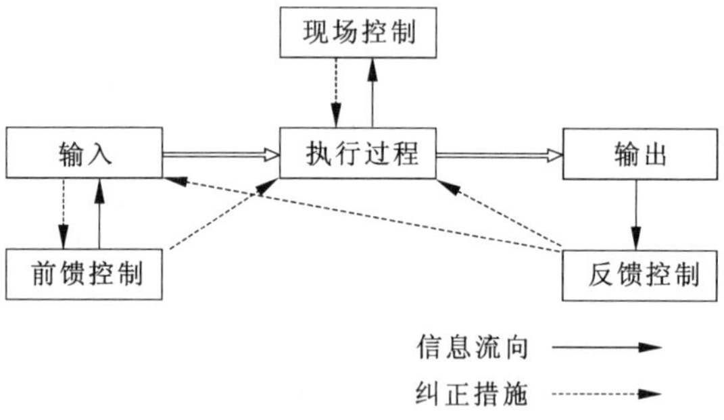

图2.8　前馈、反馈过程

(1) 现场控制

这类控制工作的纠正措施是作用在正在进行的计划执行过程。它是一种主要为基层主管人员所采用的控制工作方法。主管人员通过深入现场亲自监督检查、指导和控制下属人员的活动。它包括的内容有：①向下级指示恰当的工作方法和工作过程；②监督下级保证计划目标的实现；③发现不合标准的偏差时，立即采取纠正措施。

在现场控制中，组织机构授予主管人员的权力使他们能够使用经济的和非经济的手段来影响其下属。控制活动的标准来自计划工作所确定的活动目标和政策、规范和制度。控制工作的重点是正在进行的计划实施过程。控制的有效性取决于主管人员的个人素质、个人作风、指导的表达方式以及下属对这些指导的理解程度。其中，主管人员的"言传身教"具有很大的作用。

在进行现场控制时，要注意避免单凭主观意志进行工作。主管人员必须加强自身的学习和提高，亲临第一线认真仔细地观察和监督，以计划(或标准)为依据，服从组织原则，遵从正式指挥系统的统一指挥，逐级实施控制。

(2) 反馈控制

反馈控制是管理控制工作的主要方式。我们已经从反馈控制的观点分析了管理控制工作过程的三个基本步骤或要素。实际的控制过程要比这三个要素所描述的情况复杂得多。

反馈控制既可用来控制系统的最终成果，也可用来控制系统的中间结果，前者称为端部反馈，后者称为局部反馈。局部反馈对于改善管理控制系统的功能起着重要作用。通过各种局部反馈，可以及时发现问题，排除隐患，避免造成严重后果。例如工序质量控制、月度检查、季度检查等，就属于局部反馈。它们对于保证最终产品的质量和保证年度计划的实现无疑起着重要作用。局部反馈与端部反馈之间是一种多重嵌套关系。这种结构是复杂的动态系统的一个主要特征。

反馈控制具有稳定系统、跟踪目标和抗干扰的特性。这些主要的性质可以用来改善管理控制工作，即可以利用反馈控制具有稳定系统的作用，当系统不稳定时，就加强反馈控制。还可以利用反馈控制的随机性质，想要控制某个变量时，就以这个变量作为反馈变量；还可以利用反馈控制抗干扰的性质，对某个受到多种不肯定性干扰影响的环节，不一定要逐一地去排除干扰，而是设法建立一个局部反馈回路，将此环节置于其中。

(3) 前馈控制

仅仅用系统的输出作为反馈信息的缺点是，只有当输出量偏离目标时，校正作用才能开始产生。因

此，这是一种事后控制。特别是对于系统最终成果的反馈控制，由于系统存在时滞，所以待偏差出现之后，再采取纠正措施，在有些情况下，可能造成损失已既成事实，无可挽回了。主管人员更需要这样的控制系统：它能在还来得及采取纠正措施时就告诉主管人员信息，使他们知道如再不采取措施就会出问题了。“防患于未然”不仅是对计划工作的要求，也是对控制工作的要求。

① 抵消系统时滞和改善反馈控制的方法

a. 采用基于预测的反馈控制。也就是在获取了系统输出的最新变化信息之后，对系统输出的未来变化趋势进行预测，然后将预测结果与计划目标相比较，在此基础上采取措施消除系统将要出现的偏差。这里预测期限的长短取决于系统时滞的大小。工程中、生活中可以找到大量基于预测的反馈控制的例子。如温度控制系统一般都存在较大的热惯性，所以在升温时，必须在温度还未达到预定目标值之前就停止加温。

b. 采用前馈控制。所谓前馈控制，就是观察那些作用于系统的各种可以测量的输入量和主要扰动量，分析它们对系统输出的影响关系，在这些可测量的输入量和主要扰动量的不利影响产生以前，通过及时采取纠正措施，来消除它们的不利影响。工程中广泛地利用前馈控制的优点，将其与反馈控制结合在一起，构成复合控制系统，以改善控制的效果。

② 前馈控制与反馈控制的主要区别

反馈控制是以系统输出的变化信息作为馈入信息，其目的是防止已经发生或即将出现的偏差继续发展或今后再度发生。前馈控制则是以系统的输入或主要扰动的变化信息作为馈入信息，其目的是防止所使用的各种资源在质和量上产生偏差，在系统运行过程的输出结果受到影响所带来的缺陷，并且前馈控制的纠正控制往往是预防式的，作用在计划执行过程的输入环节上。也就是说，在控制原因，而不是控制行动结果。

前馈控制系统是相当复杂的，因为它不仅要输入各种影响计划执行的变量，还要输入影响这些变量的各种因素，同时还必须注意“干扰”因素——一些意外或无法预计的因素。但是，所有这些并不妨碍前馈控制的广泛的应用。

③ 前馈控制应满足的必要条件

a. 必须对计划和控制系统作出透彻的、仔细的分析，确定重要的输入变量。

b. 建立前馈控制系统的模式。

c. 要注意保持该模式的动态特性，也就是说，应当经常检查模式以了解所确定的输入变量及其相互关系是否仍然反映实际情况。

d. 必须定期地收集输入变量的数据，并把它们输入控制系统。

e. 必须定期地估计实际输入的数据与计划输入的数据之间的偏差，并评价其对预期的最终成果的影响。

f. 必须有措施保证。前馈控制的作用同任何其他的计划和控制方法一样，其所能完成的任务就是向人们指出问题，同时还要采取措施来解决这些问题。

2.3.2 监理的目标控制

2.3.2.1 控制的程序和基本环节工作

(1) 控制的程序

从图 2.9 中可以看出控制过程：控制是在事先制订的计划基础上进行的。将计划所需的人力、材料、设备、机具、方法等资源和信息进行投入，于是计划开始运行，工程开始实施。随着工程的实施和计划的运行，不断输出实际的工程状况和实际的投资、进度、质量目标。控制人员要收集工程实际情况和目标值以及其他有关的工程信息，将它们进行加工、整理、分类和综合，提出工程状态报告。控制部门根据工程状态报告将项目实际的投资、进度、质量目标状况与相应的计划目标进行比较，确定实际目标是否偏离了计划目标。如果未偏离，那么就按原计划继续运行；反之，就需要采取纠正措施。或改变投入，或修改计划或采取其他纠正措施，使计划呈现一种新状态，使工程能够在新的计划状态下进行。

一个工程项目目标控制的全过程就是由这样的一个个循环过程组成的。循环控制要持续到项目建成

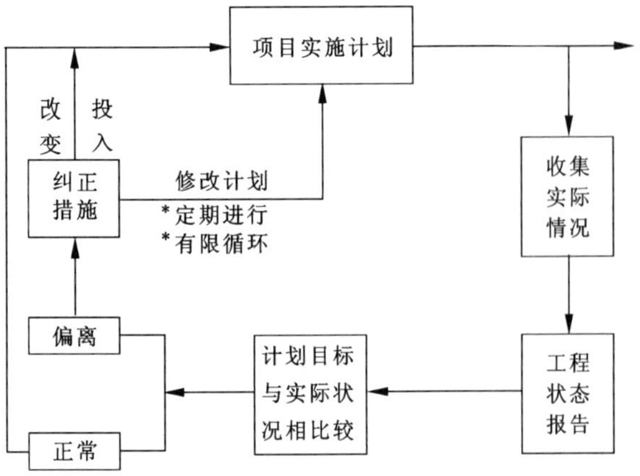

图 2.9 控制的程序图

动用，控制贯彻项目的整个建设过程。

(2) 基本环节工作

每一个控制过程都要经过投入、变换、反馈、对比、纠正等基本步骤。因此，做好投入、转换、反馈、对比、纠正各项工作就成了控制过程的基本环节工作。

① 按计划要求做好投入的控制工作

控制首先从做好投入开始。要按计划所要求的人力、财力、物力进行投入，保证各种投入品的数量、质量，以及投入的时间和顺序符合计划的要求。这是使实际目标符合计划目标的基本控制工作。

② 做好由投入到输出的转换过程的控制工作

只有经过转换过程，才能使投入的材料、劳力、资金、方法、信息转变为产出品[如设计图纸、分项(分部)工程、单位工程、单项工程、最终输出完整的工程项目]。在转换过程中，计划的运行往往会受到来自外部环境和内部系统多因素干扰，造成实际工程偏离计划轨道。而这类干扰往往是潜在的，未被人们所预料或人们无法预料的。同时，由于计划本身不可避免地存在着程序不同的问题，因而造成期望的输出与实际输出之间发生偏离。

监理工程师在转换过程中的控制工作包括跟踪了解工程进展情况，掌握工程转换的第一手资料，为今后分析偏差原因、确定纠正措施提供可靠依据。

③ 做好控制过程的信息反馈工作

必须在计划实施与控制之间建立密切的联系，需要及时联系捕捉工程信息并反馈给控制部门来为控制服务。

反馈给控制部门的信息既应包括已发生的工程状况、环境变化等信息，还应包括对未来工程预测的信息。

控制部门需要什么信息，取决于监理的需要。信息管理部门和控制部门应当事先对信息进行规划，这样才能获得控制所需要的全面、准确、及时的信息。

为使信息反馈能够有效配合控制的各项工作，使整个控制过程流畅地进行，需要事先建立信息来源和供应程序，使每个控制和管理部门都能及时获得它们所需要的信息。

④ 对比实际目标与计划目标确定是否偏离

对比是将实际目标成果与计划目标比较，以确定是否偏离。对比工作的第一步是收集实际目标成果并加以分类、归纳，形成与计划目标相对应的目标值，以便进行比较。对比的第二步是对比较结果的判断。必须事先确定衡量目标偏离的标准。

⑤ 采取纠正措施

对于偏离计划的情况要采取措施加以纠正，以力求实现计划目标。一般来说，如果是轻度偏离，通常可采用较简单措施进行纠偏。比如，对进度稍许拖延的情况，可适当增加人力、机械、设备等的投入量就可以解决；如果目标有较大偏离，则需要改变局部计划；如果原计划目标已经不能实现，则需要重新制定目标，并根据新目标制订新计划，使工程在新的计划状态下运行。当然，最好的纠偏措施是把管理的各项职能结合起来，采取系统的办法实施纠偏。

2.3.2.2 主动控制与被动控制

(1) 主动控制

所谓主动控制就是预先分析目标偏离的可能性，并拟订和采取各项预防性措施，以使计划目标得以实现。

主动控制是一种面对未来的控制，它可以解决传统控制过程中存在的时滞影响，尽最大可能改变偏差已经成为事实的尴尬局面，从而使控制更为有效。

主动控制是一种前馈式控制。当它根据已掌握的可靠信息，经过分析预测得出偏离的结论后，就将防偏措施向系统输入，以使系统避免或减少目标的偏离。

主动控制是一种事前控制。它必须在事情发生之前采取控制措施。

主动控制的措施包括：

① 详细调查并分析研究外部环境条件，以确定影响计划目标实现和计划运行的各种有利和不利因素，并将它们考虑到计划和其他管理工作当中。

② 识别风险，努力将各种影响目标实现和计划执行的潜在因素揭示出来，为风险分析和管理提供依据，并在计划实施过程中做好风险管理工作。

③ 用科学的方法制订计划。做好计划的可行性分析工作，消除各种不可行的因素、错误和缺陷，保障工程的实施能够有足够的时间、空间、人力、物力和财力，并在此基础上力求使计划优化。计划制订得越明确、完善，就越能使控制产生更好的效果。

④ 高质量地做好组织工作。使组织与目标和计划高度一致，把目标控制的任务与管理职能落实到适当的机构和人员，做到职权与职责明确，使全体成员能够通力协作为实现目标而努力。

⑤ 制订必要的备用方案。一旦发生情况，则有应急措施做保障，从而可以减少偏离量，或避免发生偏离。

⑥ 计划应有适当的松弛度。这样，可以减少那些经常发生，又不可避免的干扰对计划的不断影响，减少“例外”情况产生的数量，使管理人员处于主动地位。

⑦ 沟通信息流通渠道，加强信息收集、整理和研究工作，为预测工程未来发展状况提供全面、及时、准确的信息。

(2) 被动控制

被动控制是指当系统按计划进行时，管理人员对计划的实施进行跟踪，把它输出的工程信息经过加工、整理，传递给控制部门，使控制人员可以从中发现问题，找出偏差，寻求并确定解决问题和纠正偏差的方案，然后再回送给计划实施系统付诸实施，使得计划目标出现偏离就能得以纠正。这种从计划的实际输出中发现偏差，及时纠正的控制方式称为被动控制。

被动控制是一种反馈控制。它按图 2.10 所示的过程实施控制。

在管理过程中，控制往往形成图 2.11 所示的反馈闭合回路。这就是被动控制的闭合循环特征。

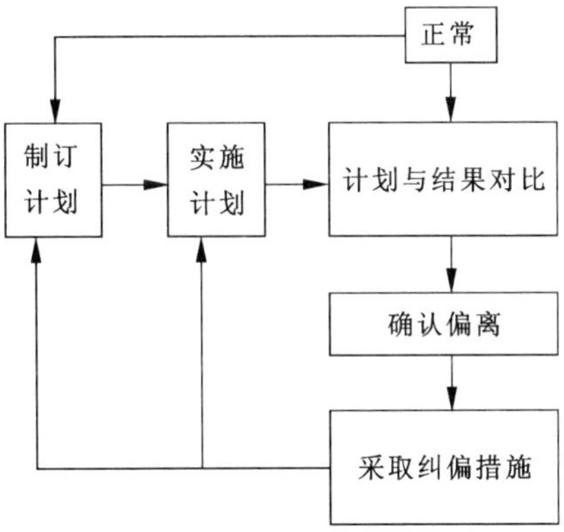

图 2.10　反馈过程图

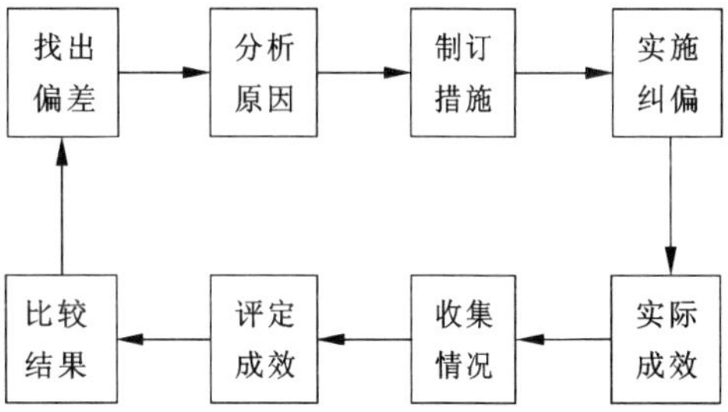

图 2.11　被动控制的闭合回路

不能把被动控制视为一种消极的控制，它是一种极其重要的控制方式，而且是管理过程中永远离不开的控制方式。

(3) 主动控制与被动控制的关系

主动控制与被动控制都是监理工程师实现项目目标所必须采用的控制方式。有效的控制是将主动控制与被动控制紧密地结合起来，力求增大主动控制在控制过程中的比例，同时进行定期、连续的被动控制。只有如此，方能完成项目目标控制的根本任务。图 2.12 表明了它们的关系。

实际上，所谓主动控制与被动控制相结合也就是要求监理工程师在进行目标控制的过程中既要实施反馈控制又要实施前馈控制，既要根据实际输出的工程信息又要根据面对未来的工程信息实施控制，并将它们有机融合在一起。要做到这一点，关键有两条，一要扩大信息来源，即不仅从被控系统内部获得工程

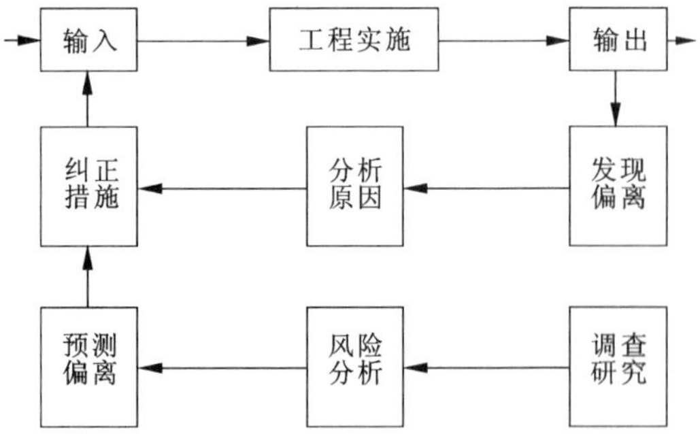

图 2.12　主动控制与被动控制相结合
注:图中“纠正措施”包括主动控制采取的防偏措施和被动控制采取的纠偏措施

信息,还要从外部环境获得有关信息;二要把握住输入这道关,即输入的纠正措施应包括两类,既有防止将要发生偏差的措施又有纠正已经发生偏差的措施。

(4) 目标控制的措施

为了取得目标控制的理想成果,应当从多方面采取措施实施控制。通常可以将这些措施归纳为若干方面,如组织方面措施、经济方面措施、技术方面措施、合同方面措施等。

① 组织措施。例如,落实投资控制、进度控制、质量控制的部门人员,确定控制部门和人员的任务、工作和管理职能分工,制订目标控制的工作流程,对工作进行考评,采取各种激励手段以调动和发挥控制人员实现目标的积极性、创造性,以及培训人员等等。这些都是在控制当中需要考虑采取的组织措施。

② 技术措施。控制在很大程度上要通过技术来解决问题。实施有效控制,如果不对多个可能的主要技术方案作技术可行性分析,不对各种技术数据进行审核、比较,不通过科学试验确定新材料、新工艺、新方法的适用性,不对各投标文件中的主要施工技术方案作必要的论证,不对施工组织设计进行审查,不想方设法在整个项目实施阶段寻求节约投资、保障工期和质量的技术措施……那么目标控制也就毫无效果可谈。使计划能够输出期望的目标正是依靠掌握特定技术的人,不应用工程技术,不采取一系列有效的技术措施就难以进行有效的目标控制。

③ 经济措施。一项工程的建成动用,归根结底是一项投资的实现。从项目提出到项目的实现,始终贯穿着资金的筹集和运用工作。无论对投资实施控制,还是对进度、质量实施控制,都离不开经济措施。为了理想地实现工程项目,监理工程师要收集、加工、整理工程经济信息和数据,要对各种实现目标的计划进行资源、经济、财务诸方面的可行性分析,要对经常出现的各种设计变更和其他工程变更方案进行技术经济分析以力求减少对计划目标实现的影响,要对工程概、预算进行审核,要编制资金使用计划,要对工程付款进行审查等。如果监理工程师在目标控制时忽视了经济措施,那么不但投资目标难以实现,而且进度目标和质量目标也同样难以实现。

④ 合同措施。工程项目建设需要设计单位、施工单位和材料设备供应单位进行设计、施工和供应,没有这些工程建设行为项目就无法建成动用。在市场经济条件下,这些承建商是根据与业主签订的设计合同、施工合同和供销合同来参与项目建设的。监理工程师实施目标控制也是紧紧依靠工程建设合同来进行的。因此,协助业主确定对目标控制有利的工程承发包模式和合同结构,拟订合同条款,参加合同谈判,处理合同执行过程中的问题,做好防止和处理索赔的工作等都是监理工程师重要的目标控制措施。所以,目标控制离不开合同措施。

【案例 2.4】 某建设项目,建设单位与监理单位签订了施工监理委托合同。监理单位委派了总监理工程师,组建了项目监理机构。总监理工程师组织专业监理工程师编写监理规划时提出如下要求:

(1) 实施监理中应严格遵守监理的实施原则,应写入监理规划中。

(2) 根据业主要求,监理工作目标包括施工安全生产目标,应在监理规划中作为监理工作目标。

(3) 监理规划的监理工作方法及措施中,应根据风险管理原理制订相应的风险防范措施。

(4) 监理工作制度是监理规划的重要内容,其中项目监理的文档管理是监理形象的表现之一。除要按规范对现场第一手资料严格要求外,还要作好监理会议纪要、监理月报和监理总结。

在监理的目标控制分析中,提出监理的目标控制分为主动控制和被动控制。主动控制是事前控制、前馈控制;被动控制是事中控制、事后控制和反馈控制。对于建设工程目标控制来说,主动控制和被动控制两者缺一不可。因此,绘制了目标控制的程序框图,并进行了风险分析,对目标实施中的风险提出了相应的风险回避、损失控制和风险转移的风险对策。

问题:

1. 总监理工程师对编制监理规划所提出的要求，哪些正确？哪些不妥？不妥的请说明理由。

2. 监理的实施原则有哪些？

3. 监理月报编制后应履行哪些手续？监理工作总结有哪几类？其中，竣工总结应有哪些内容？

4. 请给出监理规划中目标控制的程序框图。

5. 请说明损失控制与风险转移的基本方式。

【解析】

1. 对总监理工程师在编制监理规划时所提出要求分析如下：

(1) 不妥，根据监理规范关于监理规划的内容要求，监理实施原则是基本要求，不必写入监理规划。

(2) 不妥，依据《中华人民共和国建筑法》、《建设工程质量管理条例》及监理规范等法规，施工生产安全责任应由施工单位负责。

(3)、(4)正确。

2. 监理的实施原则有：(1)公正、独立、自主的原则；(2)权责一致的原则；(3)总监理工程师负责制的原则；(4)严格监理、热情服务的原则；(5)综合效益的原则。

3. 监理月报编制由项目总监理工程师组织编写，由总监理工程师签认，报送建设单位和本监理单位。

监理工作总结有工程竣工总结、专题报告、月报总结三类。

竣工总结的内容有：(1)工程概况；(2)监理组织机构、监理人员和投入的监理设施；(3)监理合同履行情况；(4)监理工作成效；(5)施工过程中出现的问题及其处理情况和建议；(6)工程照片(有必要时)。

4. 目标控制的程序如图 2.13 所示。

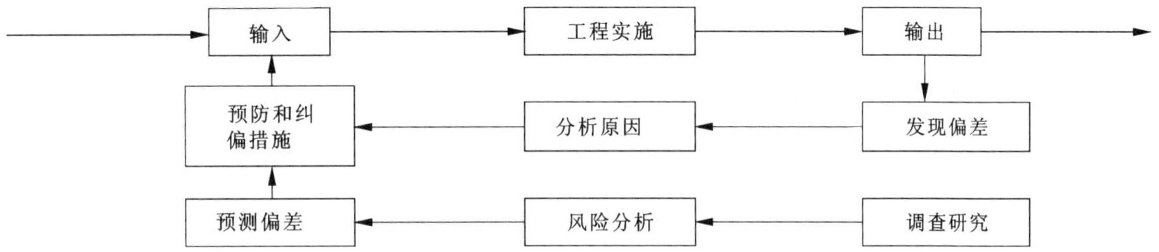

图 2.13　目标控制的程序框图

5. 损失控制的基本方式是预防损失和减少损失。风险转移的基本方式是非保险转移和保险转移。

思　考　题

2.1　工程项目的目标有哪些？试说明它们的相互关系。

2.2　何为目标管理？目标管理的程序有哪几个阶段？

2.3　合同的内容一般包括哪些内容？

2.4　什么情况下合同无效？无效合同的法律效力怎样？

2.5　试说明勘察合同双方的义务。

2.6　试说明设计合同双方的义务。

2.7　施工发包方的工作有哪些？

2.8　施工承包方的工作有哪些？

2.9　施工合同中的工程师为何概念？

2.10　试说明委托监理合同双方的权利与义务。

2.11　何为控制论？

2.12　请论述现场控制、反馈控制和前馈控制。

2.13　何为时滞？其作用怎样？

2.14　试说明监理的目标控制原理。

2.15　何为被动控制？何为主动控制？

2.16　监理目标控制的措施有哪些方面？

3 工程项目建设监理组织

本章提要

本章介绍组织的定义、组织结构的基本内容、组织设计的依据和原则，结合组织活动的基本原理，阐述了工程项目建设监理实施的组织和一般情况下工程建设监理组织形式、人员配备、岗位分工的情况。工程项目建设监理组织很大程度上受工程项目承发包模式的影响，根据不同的工程项目承发包模式和合同体系、管理特点，需要采用相适应的工程项目建设监理组织模式。工程项目实施监理要按照一定的步骤，根据工程项目具体情况，形成适合的组织形式。适合的组织形式需要在合理的人员配备和岗位设置、职责分工下才能按照公正、独立、自主的原则高效地开展和完成项目建设监理的任务。

3.1 组织的基本原理

组织职能是管理职能中的一项重要的基本职能。社会不断发展使人们的需求日趋复杂化、多样化，单靠个人努力是无法满足这种需求的，因此不得不依靠众人的共同努力，故此形成了组织。

"组织"一词从不同的侧面包含两种不同的含义。其一，作为一个实体，组织是为了达到自身的目标而结合在一起的具有正式关系的一群人。对于正式组织，这种关系是反映人们正式的、有意形成的职务和职位结构。组织必须具有目标且为了达到自身的目标而产生和存在。在组织中工作的人们必须承担某种职务且承担的职务需要进行刻意的设计，规定所需各项活动有人去完成，并且确保各项活动协调一致，使人们在集体中工作得顺利，有效率，而且效率高。其二，组织是一个过程，主要指人们为了达到目标而创造组织结构，为适应环境的变化而维持和调整组织结构，并使组织发挥作用的过程。管理者要根据工作的需要，对组织结构进行精心设计，明确每个岗位的任务、权力、责任和相互关系以及信息沟通的渠道，使人们在实现目标的过程中，能够发挥比合作个人总和更大的能量。管理者还要根据环境变化对组织结构进行改革和创新或再构造。合理的组织结构只是为了达到某种目标提出了一个前提，要有效地完成组织的任务，还需要各层管理者能动地、合理地协调人力、物力、财力和信息，使组织结构得以高效地运行。

组织作为生产要素之一，与其他要素相比有明显特点：其他要素可以互相替代，如增加机器设备等劳动手段可以替代劳动力，而组织不能替代其他要素，也不能被其他要素所替代，它只是使其他要素合理配合而增值的要素，也就是说组织可以提高其他要素的使用效益。

3.1.1 组织结构

组织结构就是一个组织内构成要素之间确定的较为稳定的相互关系及其联系方式，或是组织内部各要素的排列组合方式，并且用组织图和职位说明加以表示。

组织结构内涵包括三个核心内容，即组织结构的复杂性、规范性和集权与分权性。

(1) 组织结构的复杂性

组织结构的复杂性是指一个组织中的差异性，它包括横向差异性、纵向差异性和空间分布差异性。这三个差异性中的任何一个变化都会影响到组织结构的复杂性程度的变化。组织结构的横向差异产生于组织成员之间的差异性和由于社会劳动分工所造成的专业化和部门化；纵向差异是指组织结构中纵向垂直管理层的层数及层级之间的差异程度；空间分布差异是指一个组织的管理机构、工作地点及其人员在地区分布上形成的差异程度。由于组织发展以及其他任务和管理权力在地理上的可分性，就形成其空间扩展和分布的可行性。

（2）组织结构的规范性

组织结构的规范性是指组织中各项工作的标准化程度，具体来说就是指有关指导和限制组织成员行为和活动的方针政策、规章制度、工作程序、工作过程的标准化程度。在一个组织中，其规范化程度随着技术和专业工作的不同而产生差异，还随着其管理层次的高低和职能分工而有所差异。提高组织的规范性可以给组织带来效益，工作越规范，工作自由度就小，这就意味着成本低。

（3）组织结构的集权与分权性

组织结构的集权与分权性是指组织中的决策权集中在组织结构中的哪一点上及其程度与差异。高度集权意即决策权高度集中在组织的最高管理层中；低度集权意即决策权分散在组织各管理层，乃至低层的每一个员工。因此，低度集权又被称为分权。当高层决策者控制决策过程中所有步骤时，决策是最集权的，适当分权可以使组织得到很多好处，但在某些情况下，集权会更有利。

（4）组织结构特性的关系

当组织的复杂性程度增大是由于纵向差异性和空间差异性大而引起时，一般将导致低的规范化程度；但当组织的复杂性程度高是由于横向差异性大时，如果是由于非技术性的劳动分工增加而加大时，必然导致高度的规范化，但若是由于专业技术人员的专业分工引起的，则有较高的"内在"性规范程度，组织对他们的"外在"规范化程度就低。复杂性与集权性之间成反比关系，高复杂性总是与低集权即分权相伴随。一个组织的成员以劳动工人为主，一般就会有很多规章制度来规范员工的行为，最高管理者一般采用高度规范性和集权性的组织结构方式；反之，如果一个组织成员多是专家和专业技术人员的话，就要形成低规范性和低集权的组织结构。

3.1.2 组织设计

组织设计是指对一个组织的结构进行规划、构造、创新或再构造，以便从组织结构上确保组织目标的有效实现。组织设计的流程如图 3.1 所示。

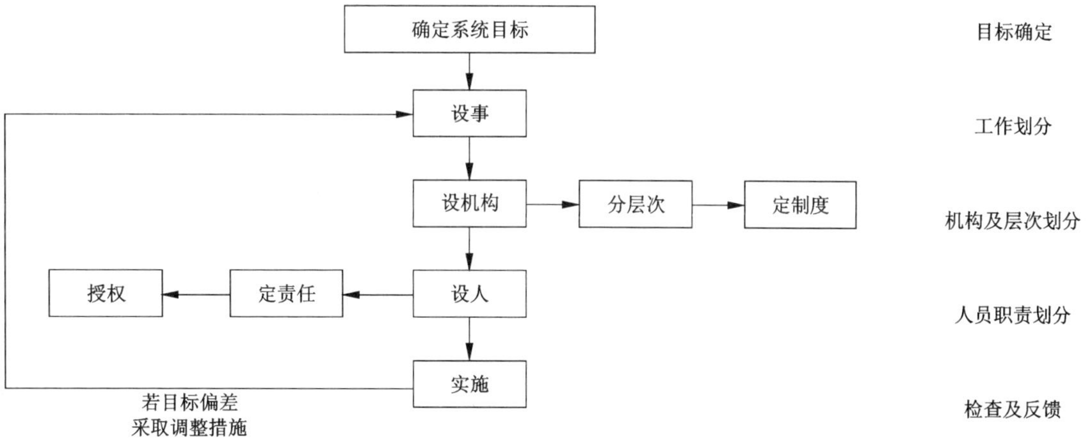

图 3.1 组织设计流程图

（1）组织设计的依据

组织学家提出，若干重要的处境性因素，包括组织战略、组织环境、组织规模和技术状况等对组织结构有明显影响，若以上因素配合得当，组织可以发挥优势，提高效率。因此，管理者需了解这些因素与不同组织结构之间的关系。

① 组织战略

在影响组织结构的各种因素中，组织战略是一个重要的因素。组织要选择一个与自己条件相适应的战略，与此同时需在组织结构上有所配合，才能令组织战略更有效地执行。

② 组织环境

一切人所在社会组织都是开放系统，它的生存和发展都直接受到其所处环境的影响。对于组织来说，环境中存在不确定因素是必然的，组织对于环境的变化只能去设法适应。因此，组织结构要随环境的变化来进行设计和调整。

③ 组织规模

组织规模对于组织结构复杂性程度产生影响。组织规模增长导致水平差异的增加，还可以使地区差异扩大；组织规模的扩大导致组织结构规范化程度的提高，而且使高层管理者难于直接控制其下属的一切活动，这样就造成分权。

④ 技术

企业的组织结构必须与采用的生产技术与方式相适应，才能令组织更有效率。常规技术易变性小，组织结构通常规范化程度高；工程型技术易变性较大，组织结构通常规范化程度较低，但集权化程度较高；工艺性技术适合组织结构具有适中的规范化程度和分权化管理；非常规技术应采取具有强制性的有机式组织结构，降低规范化程度。

(2) 组织构成的因素

组织结构通常呈金字塔的形式，从上到下权责递减，人数递增，由管理层次、管理跨度、管理部门、管理职责四大因素组成，各因素密切相关、相互制约。

① 管理层次

管理层次是指从最高管理者到实际工作人员的等级层次的数量。管理层次通常可分决策层、协调和执行层、操作层。决策层的任务是确定管理组织的目标与大政方针，它必须精干、高效；协调执行层主要是参谋、咨询和直接调动和组织人力、财力，其工作人员应具有较高的业务工作能力和实干精神并能坚决贯彻管理指令；操作层是从事操作和完成具体任务的，其人员应有熟悉的作业技能。这三个层次的职能和要求不同，标志着不同的职责和权限，同时也反映出组织系统中的权责和人数变化的规律。

管理层次应该根据组织战略、规律、环境、技术合理设置，管理层次过多会使信息传递变慢、指令走样、协调困难。

② 管理跨度

管理跨度是指一名上级管理人员所直接管理的下级人数或部门数。由于每一个人的能力和精力是有限度的，一个上级管理人员能够直接、有效地指挥下级的数目具有一定限度。

管理跨度的大小取决于需要协调的工作量，需要协调的工作量是按下级数目的几何级数变化的。管理跨度的弹性很大，影响因素很多，它与管理人员性格、才能、个人精力、授权程度以及被管理者的素质关系很大，此外还与职能难易程度、工作地点远近、工作的相似程度、工作制度和程序等客观因素有关。确定适合的管理跨度，需积累经验并在实践中进行必要的调整。通常一个组织中高、中级管理人员的有效管理跨度为3～9人(或部门)为宜，而低级管理人员的有效管理跨度则可大些。

③ 管理部门

管理部门是指组织结构中工作的人员组成的若干管理的单元。划分部门就是对管理劳动的分工，将不同的管理人员安排在不同的管理岗位和部门中，通过他们在特定环境、特定相互关系中的管理工作使整个管理系统有机地运转起来。划分部门要根据组织目标和工作内容确定，形成既相互分工又相互配合的有机系统。

组织中各部门的合理划分对发挥组织效应是十分重要的。部门划分不合理，就会造成控制、协调困难，人浮于事，浪费人力、物力、财力。

④ 管理职能

管理职能是指组织结构中各部门应完成的组织任务与目标。

组织设计中确定各部门的职能，应使纵向的领导、检查、指挥灵活，达到指令传递迅速、信息反馈及时；横向各部门联系协调一致，使各部门能够有职有责、尽职尽责。

3.2 工程建设监理实施的组织

建设监理制度的实施，使工程项目建设形成以业主、承包商、监理单位为三大主体的结构形式。三大主体在工程结构体系中是平等的关系，为实现工程项目的总目标相互联结、相互联合、相互结合在一起，形成工程项目建设的组织系统。

工程项目建设组织的结构形式很大程度上受工程项目承发包模式的影响。工程项目主要有平行承发包和工程总承包两种模式。

3.2.1 工程项目承发包模式与监理模式

工程项目承发包模式及其监理模式对项目规划、控制、协调起着重要作用，不同的模式有不同的合同体系与管理特点。

(1) 平行承发包模式与监理模式

① 平行承发包模式

平行承发包模式是业主将工程项目的施工等任务经过分解分别发包给若干施工单位，并分别与各方签订承包合同。各施工单位之间关系是平行的，如图 3.2 所示。

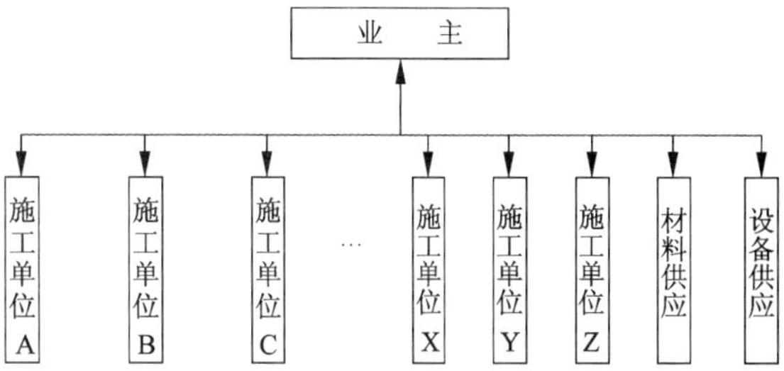

图 3.2 平行承发包模式

平行承发包模式的重点是将项目进行合理分解，分类综合，以确定每个合同的发包内容，便于择优选择承包商。在进行分解任务与确定合同数量、内容时，首先要考虑工程项目的性质、规模、结构的特点。工程项目规模大、范围广、专业多、工期长，往往合同数量较多。其次要考虑市场情况，根据承包商的专业性质、规模大小、市场分布状况，力求项目分解发包与市场结构相适应，合同任务与内容要适合大、中、小承包商参与竞争，符合市场惯例、市场范围与相关规定。最后根据项目贷款协议要求既要考虑贷款使用范围，又要考虑货款人的资格情况。

平行承发包模式有利于质量控制和缩短工期，整个工程项目分别发包给设计、施工单位，由于合同的约束和相互制约，能够使每一部分较好地注重质量要求，设计、施工阶段可以形成搭接关系，有利于整个项目工期的缩短。同时，由于合同内容单一，价值较小，有利于较大范围内择优选择承包商。但由于平行承发包模式合同数量较多，业主与承包商的合同管理麻烦，各承包商沟通与协调比较困难，可能影响整个项目进度，而且由于工程招标量大，多项合同价格需要确定，因此总合同价不易确定，增加了投资控制的难度。

② 平行承发包模式的监理模式

业主可以委托一家监理单位对整个工程项目实施监理，这种监理模式对监理单位要求较高，需要有较强的合同管理、组织协调、全面规划的能力，但业主工作量小，只要与一家监理单位协调，适用于比较简单的工程项目。相对复杂的工程项目，监理单位可根据项目承包商情况相应组建多个监理分支机构对承包商分别实施监理，由项目总监理工程师负责总体协调，保证监理工作的整体性。如图 3.3 所示。

业主也可以委托多家监理单位分别对承包商实施监理，监理单位监理对象单一，便于对承包商的管理，但项目监理工作被分解，不利于总体规划与协调，业主需要分别与各个监理单位签订合同，对各监理单位之间的协调任务重。这种模式适用于业主管理能力强，工程项目比较复杂的情况，如图 3.4 所示。

(2)工程总承包模式与监理模式

① 工程总承包模式

工程总承包就是业主把一个工程项目的全部设计任务和全部施工任务等一系列工作都发包给一个总承包单位，总承包单位可以自行完成全部设计和全部施工任务，也可以把项目的部分设计任务和部分施工任务在取得业主认可的前提下分别发给其他设计单位和施工单位。如图 3.5 所示。

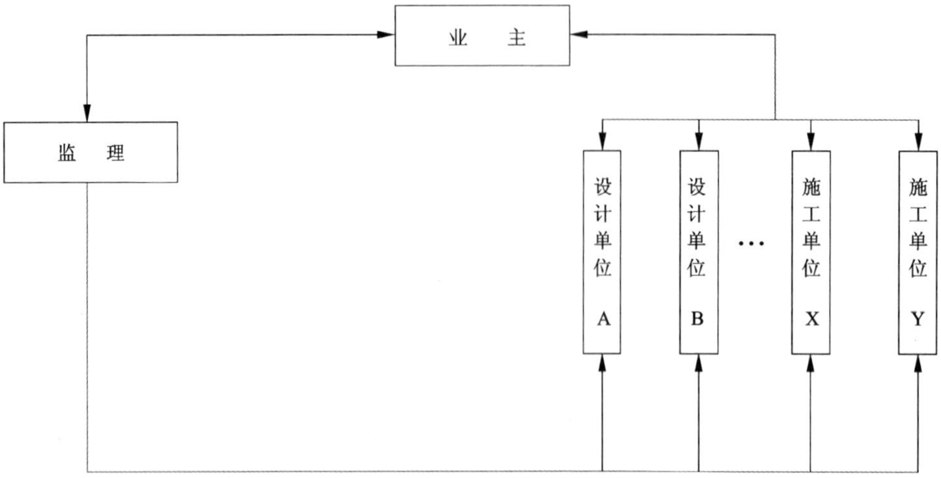

图 3.3　平行承发包模式下委托一家监理单位的监理模式

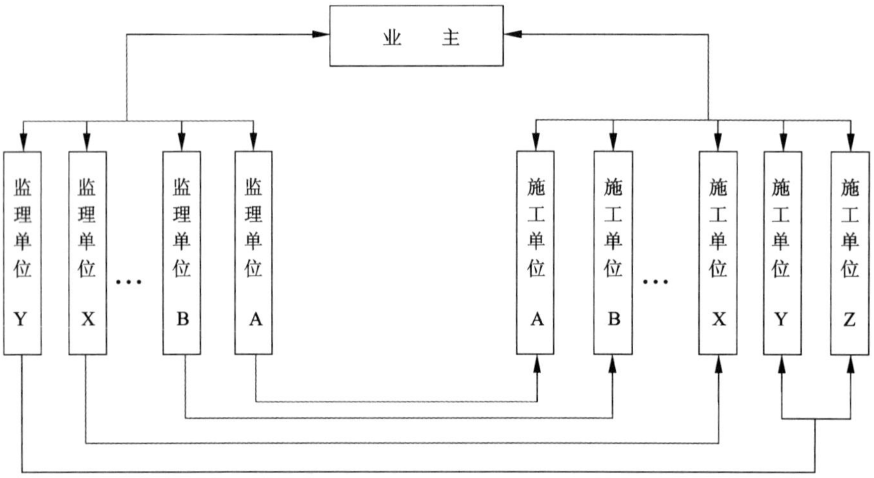

图 3.4　平行承发包模式下委托多家监理单位的监理模式

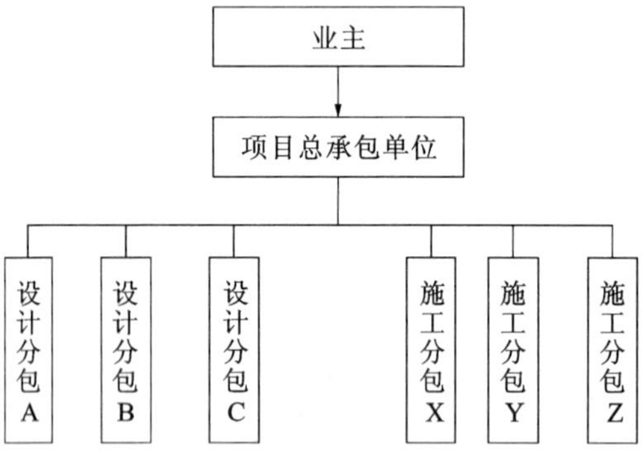

图 3.5　工程总承包模式

工程总承包模式合同管理范围整齐单一，有利于投资控制，业主与总承包单位协调工作量小，相当一部分协调工作转移给项目总承包单位内部以及他与分包单位之间，设计阶段与施工阶段一般能相互搭接，对进度控制有利。但由于合同条款不易准确确定，合同管理难度一般较大，容易引起较多合同纠纷。承包方风险大，选择总承包单位较为困难。业主主动性受到限制，工程质量标准和功能要求不易做到全面、准确。这种模式适用于简单、明确的常规性工程和一些专业性较强的工业建筑。

② 工程总承包模式的监理模式

在工程总承包模式下，只与总承包单位签订一份工程承包合同，一般宜委托一家监理单位进行监理，要求监理工程师具备较全面的知识。如图 3.6 所示。

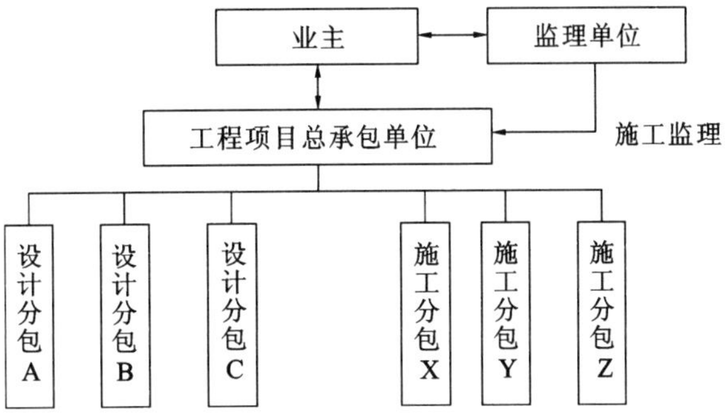

图 3.6 工程总承包模式的监理模式

3.2.2 工程项目实施建设监理程序

建设监理单位接受业主委托,选派拟任总监理工程师提前介入工程项目,一旦签订监理合同,就意味着监理业务正式成立,进入工程项目建设监理实施阶段。工程项目建设监理一般按图 3.7 所示程序实施。

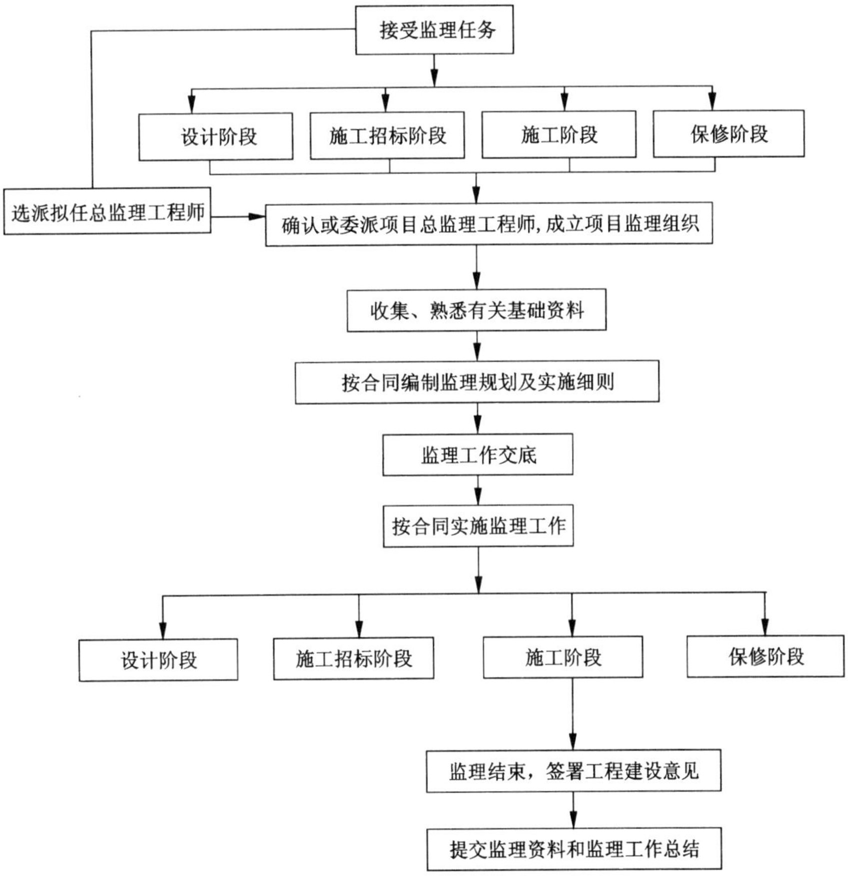

图 3.7 工程建设监理工作总程序图

(1) 确认或委派项目总监理工程师,成立项目监理组织

社会监理单位针对拟监理的工程项目的规模、性质、业主对监理的要求,委派相称职的人员担任项目的总监理工程师,代表监理单位全面负责该项目的监理工作。总监理工程师对内向监理单位负责,对外向业主负责。

在总监理工程师的具体指导下,组建项目的监理班子,并根据签订的监理合同,制订监理规划和具体的实施计划,开展监理工作。

事实上,社会监理在承接项目监理任务的投标时,已确定选派称职的人员主持监理合同的拟订和监理合同商签。在监理任务确定并签订委托合同后,该主持人即可作为项目总监理工程师,这样,由于总监理工程师提前介入工程项目,对业主的建设意图和监理工作的要求以及后续工作的衔接就能更为透彻。

(2) 收集和熟悉有关资料

监理单位形成项目监理组后，必须进一步了解和熟悉拟监理的工程项目情况，收集有关资料，以作为监理工作开展的依据。收集的资料主要有：

① 反映工程项目特征的有关批文、通知、报告、图纸及说明等有关资料；

② 反映当地工程建设政策、法规等有关资料；

③ 反映工程所在地区技术经济状况等建设条件的资料；

④ 类似工程项目建设情况的有关资料。

(3) 编制工程项目监理规划，制订监理实施细则

工程项目的监理规划，是指导项目监理组织全面开展监理活动的纲领性文件，是监理人员有效地进行监理工作的依据和指导性文件。在监理规划的指导下，为具体指导工程项目投资控制、质量控制、进度控制的进行，需要结合工程项目的实际情况，制订相应的实施细则。

(4) 监理工作交底

在监理工作实施前，一般就在监理工程项目管理工作的重点、难点以及监理工作应注意的问题，事先进行说明，增强监理工作的针对性、预见性。

(5) 按合同实施监理工作

根据制订的监理细则，规范化地开展监理工作，具体表现在各项工作都是按一定的逻辑顺序先后开展；不同专业、不同层次的专家群体职责分工严密，每项监理工作应达到措施具体、目标明确。

(6) 监理工作结束，签署工程建设意见

合同规定监理单位监理的项目完成后，要针对该项目组织预验收，在预验收中发现的问题应向被监理单位提出要求，并签署工程建设监理意见。

(7) 提交工程建设监理资料和监理工作总结

项目建设监理业务完成后，监理单位要向业主提交监理档案资料，主要有监理设计变更、工程变更资料，监理指令性文件，各类签证资料和其他约定提交的档案资料。

3.2.3 监理组织的步骤及其组织形式

(1) 监理组织的步骤

建设监理单位一般按图3.8所示步骤组织项目机构，形成监理组织。

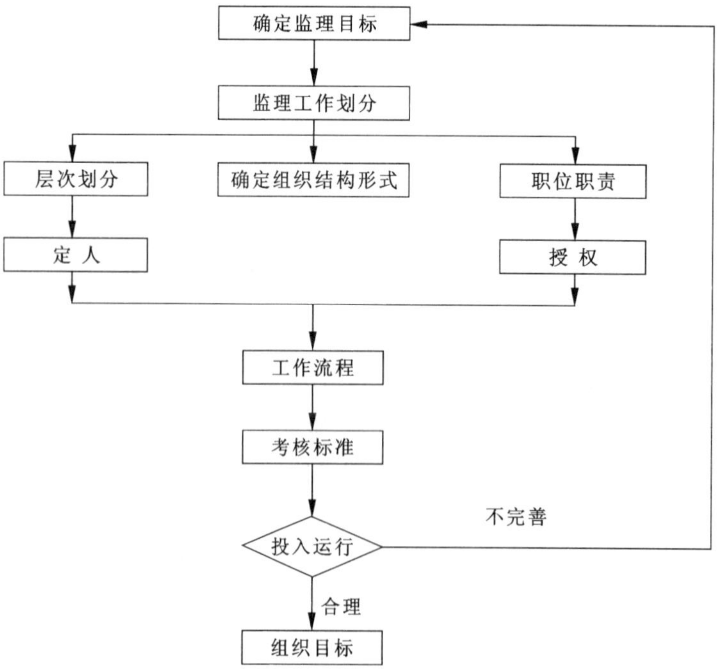

图3.8 监理组织设置步骤

① 确定建设监理目标

目标是组织存在的前提，建设监理目标是项目监理组织设立的前提。项目监理组织应根据工程建设监理合同中确定的监理目标，明确划分为分解目标。

② 确定监理工作内容与范围

确定监理工作范围就是要明确是对设计阶段、施工阶段还是对全过程进行监理。全过程监理工作划分可按设计阶段和施工阶段分别归并和组合，如图 3.9 所示。施工阶段监理可按投资、质量、进度目标进行归并与组合，如图 3.10 所示。一般在监理工作内容和监理合同规定的监理任务中明确列出。

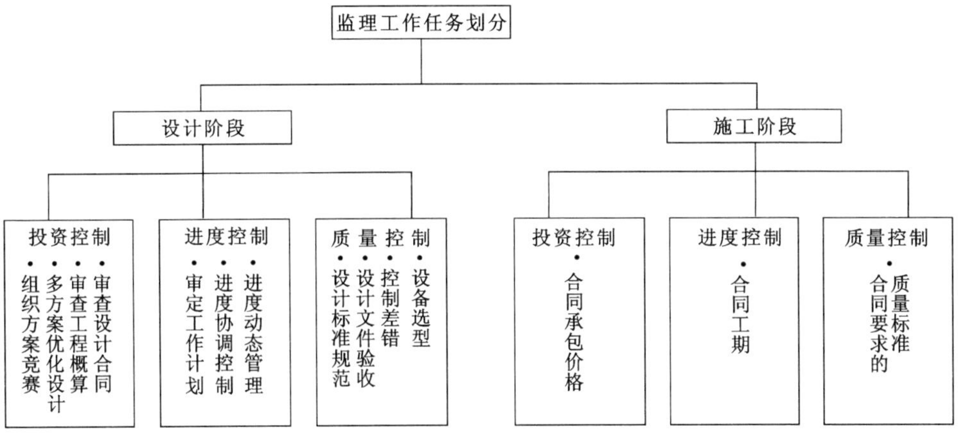

图 3.9　全过程监理工作划分

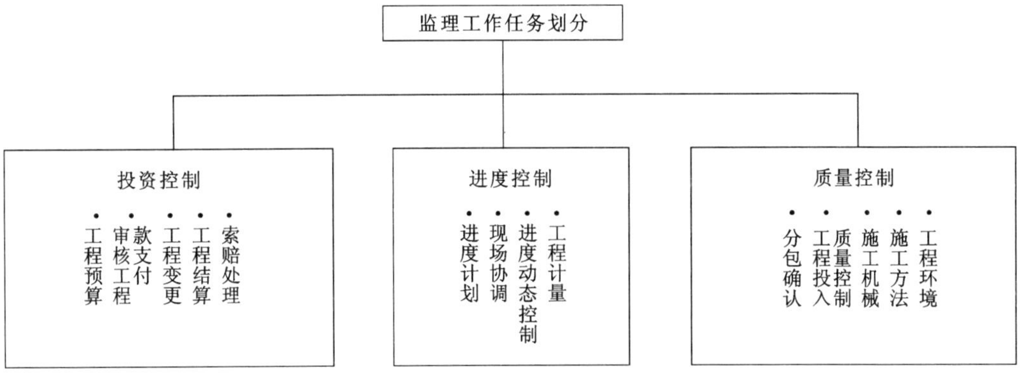

图 3.10　施工阶段监理工作划分

③ 组织结构设计

a. 确定组织结构形式

监理组织结构形式必须根据工程项目规模、性质、建设阶段等适应监理工作的需要，从有利于项目合同管理、目标控制、决策指挥、信息沟通等方面综合考虑。

b. 确定合理的管理层次

监理组织结构一般由决策层、中间控制层、作业层三个层次组成，决策层由总监理工程师和其助理组成，负责项目监理活动的决策；中间控制层即协调层与执行层，由专业监理工程师和子项目监理工程师组成，具体负责监理规划落实、目标控制和合同管理；作业层即操作层，由监理员、检查员组成，负责现场监理工作的具体操作。

c. 制定岗位职责

根据责、权、利对等原则，设置各组织岗位并制订岗位职责。岗位因事而设，进行适当的授权，承担相应的职责，获得相应的利益，避免因人设岗。

d. 选派监理人员

根据组织各岗位的需要，考虑监理人员个人素质与组织整体合理配置、相互协调，有针对性地选择监理人员。

④ 制定工作流程与考核标准

监理工作要求按照客观规律规范化地开展，必须制订科学、有序的工作流程，并且要根据工作流程对监理人员的工作进行定期考核。图 3.11 所示是施工阶段监理工作流程。

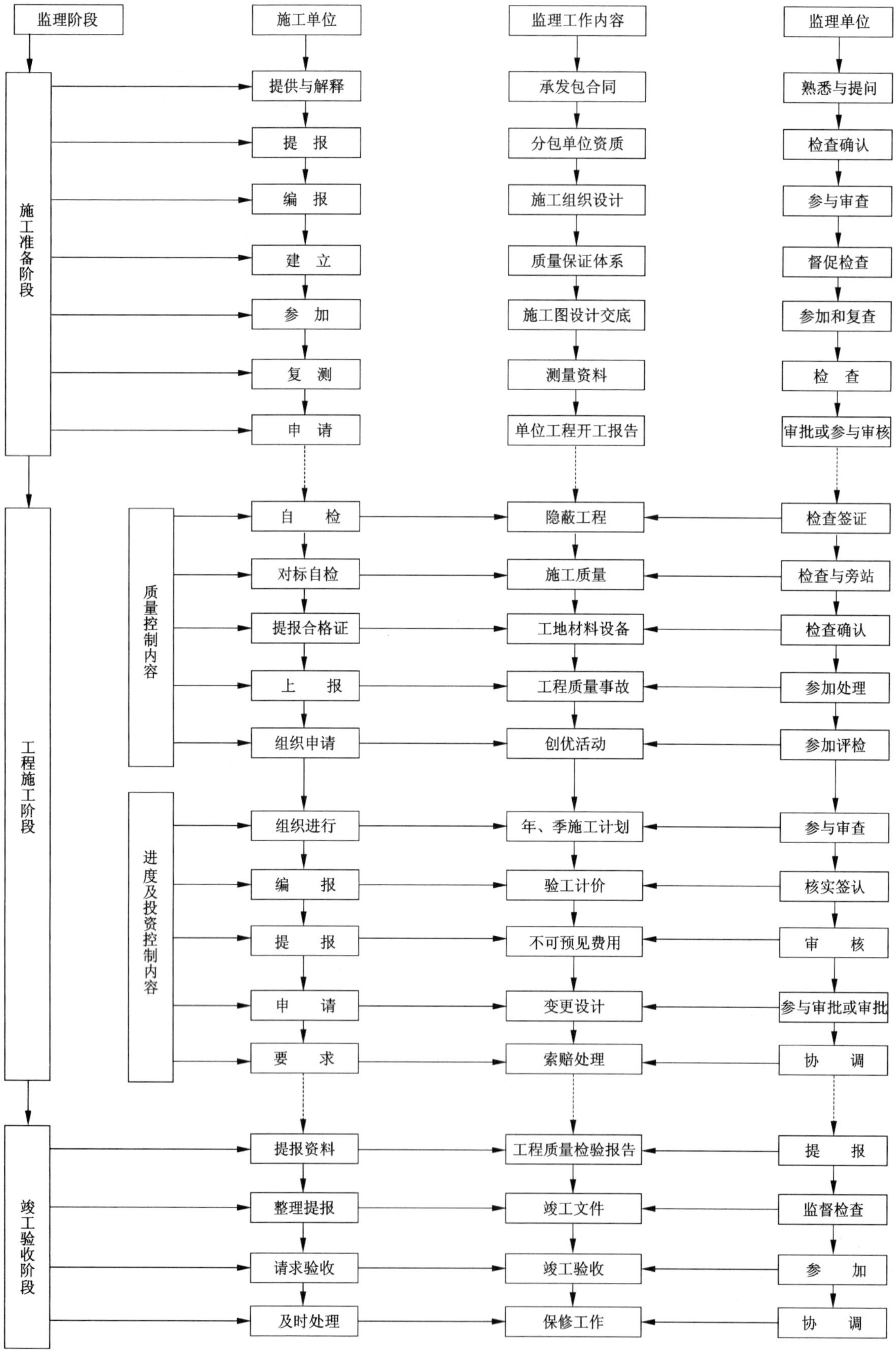

图 3.11　施工阶段监理工作流程

(2) 工程项目监理的组织形式

工程项目监理组织形式要根据工程项目的特点、承发包模式、业主委托的任务,依据建设监理行业特点和监理单位自身状况,科学、合理地进行确定。现行的建设监理组织形式主要有直线制监理组织、职能制监理组织、直线职能制监理组织和矩阵制监理组织等形式。

① 直线制监理组织

直线制监理组织形式又可分为按子项分解的直线制监理组织形式(图 3.12)和按建设阶段分解的直线制监理组织形式(图 3.13)。

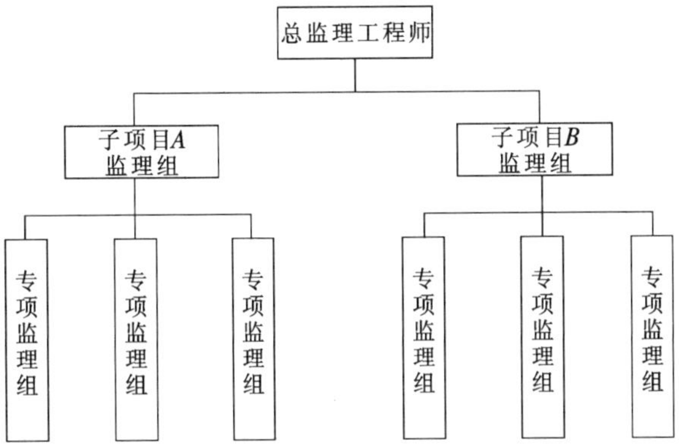

图 3.12 按子项分解的直线制监理组织形式

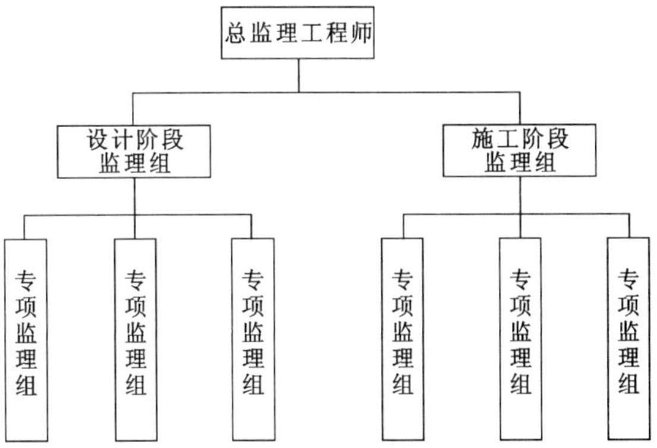

图 3.13 按建设阶段分解直线制监理组织形式

这种组织形式简单,组织中各种职位按垂直系统直线排列。总监理工程师负责整个项目的规划、组织、指导与协调,子项目监理分别负责各子项目的目标控制,具体领导现场专业或专项组的工作。

直线制监理组织机构简单、权力集中、命令统一、职责分明、决策迅速、专属关系明确,但要求总监理工程师在业务和技能上是全能式人物,适用于监理项目可划分为若干个相对独立子项的大、中型建设项目。

② 职能制监理组织

职能制监理组织形式如图 3.14 所示。

这种组织是在总监理工程师下设置一些职能机构,分别从职能的角度对专项监理组进行业务管理,职能机构通过总监理工程师的授权,在授权范围内对主管的业务下达指令。

职能制监理组织的目标控制分工明确,各职能机构通过发挥专业管理提高管理效率,总监理工程师负担减少,但容易出现多头领导,职能协调麻烦,主要适用于工程项目地理位置相对集中的工程项目。

③ 直线职能制监理组织

直线职能制监理组织形式如图 3.15 所示。

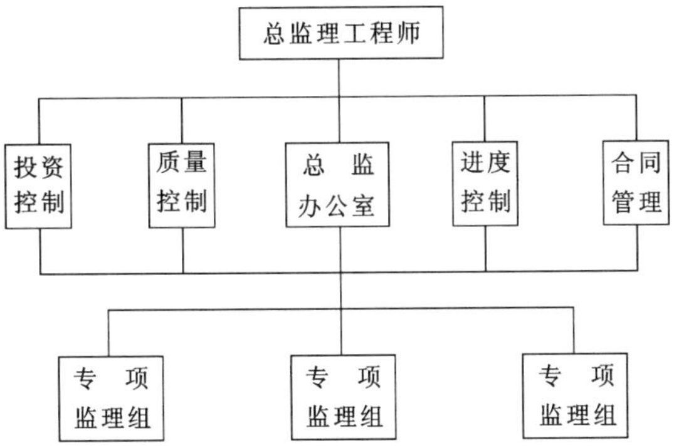

图 3.14 职能制监理组织形式

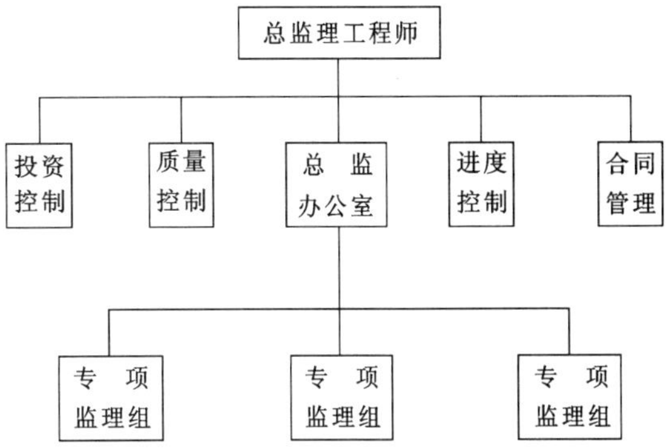

图 3.15 直线职能制监理组织形式

这种组织形式综合了直线制监理组织和职能制监理组织的优点,各职能机构通过总监理工程师办公室向专项监理组在总监理工程师授权范围内下达指令。

直线职能制组织集中领导、职责分明、管理效率高、适用较广泛,但职能部门与指挥部门易产生矛盾,是不利于信息情报传递。

④ 矩阵制监理组织

这种组织由纵向的职能系统与横向的子项目系统组成矩阵组织结构,各专业监理组同时受职能机构和子项目组直接领导,如图 3.16 所示。

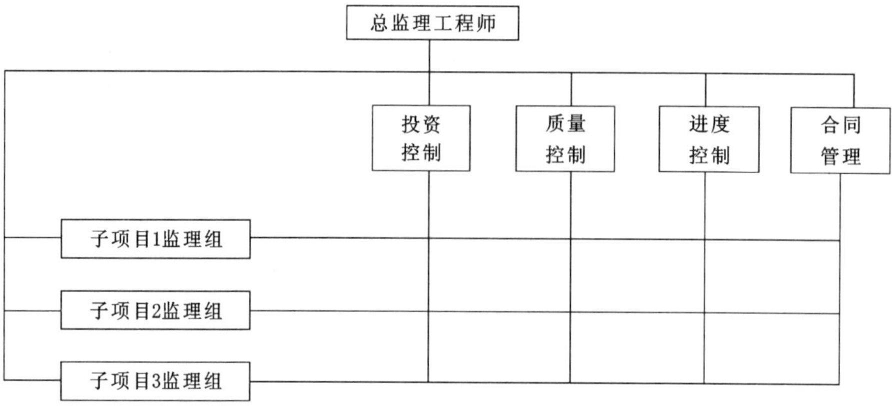

图 3.16 矩阵制监理组织形式

矩阵制组织形式加强了各职能部门的横向领导,具有较好的机动性和适应性,上下左右集权与分权达到最优结合,有利于复杂与疑难问题的解决且有利于培养监理人员业务能力,但由于纵横向协调工作量较大,容易产生矛盾,适用于较复杂的大型工程项目。

【案例 3.1】 某监理公司承担了 50km 高等级公路施工阶段的监理业务,该工程包括路基、路面、桥梁、隧道等主要项目。业主分别将路基路面工程、桥梁工程、隧道工程发包给 3 家承包商,有 3 份承包合同。针对工程特点和业主对工程的分包情况,总监理工程师应该采用何种监理组织形式?

【解析】 本工程属大中型项目,业主将工程分路基路面工程、桥梁工程、隧道工程发包给 3 家承包商,有 3 份承包合同,工程相对比较复杂。若采用矩阵组织结构形式,有利于解决复杂问题和加强各部门之间的协作且具有较大的机动性,但由于工程项目在地理位置上相对分散,不利于部门之间的配合。同样,职能制和直线职能制形式均由于工程项目在地理位置上相对分散,职能部门工作效率不佳,配合较困难。而直线制组织结构形式简单,职责分明,决策迅速,也适合大中型工程项目,特别是本例工程有 3 份承包合同,可按合同段设置执行协调层,故本例采用直线制组织结构形式最为合适。如图 3.17 所示。

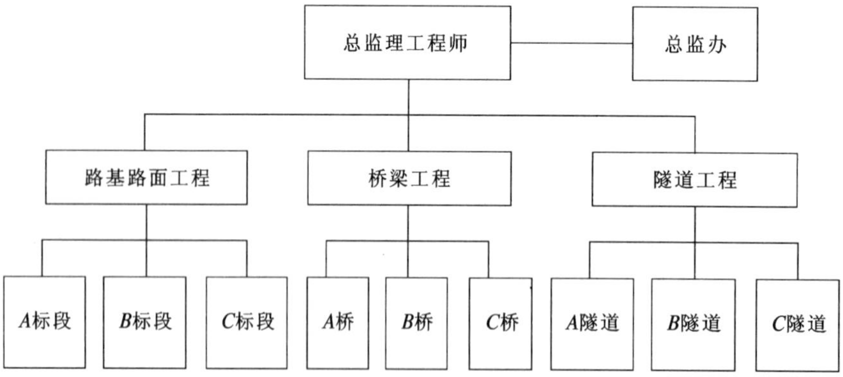

图 3.17 直线制组织结构形式

3.2.4 工程建设监理组织人员配备

工程建设监理组织形式确定后,需要对监理人员进行科学、合理的配置,以形成组合优化、结构合理、整体素质高的监理组织。

(1) 工程监理组织的人员结构

① 专业结构。项目监理人员结构应根据监理项目的性质及业主的要求进行配套。不同性质的项目和

业主对项目监理要求需要有针对性地配备专业监理人员，做到专业结构合理，适应项目监理工作的需要。

② 技术职称结构。监理组织的结构要求高、中、初级职称与监理工作要求相称，比例合理，而且要根据不同阶段的监理进行适当调整。

③ 年龄结构。监理组织的结构要做到老、中、青年龄结构合理，老年人经验丰富，中年人综合素质好，青年人精力充沛。根据监理工作的需要形成合理的人员年龄结构，充分发挥不同年龄层次的优势，有益于提高监理工作的效率与质量。

（2）监理人员数量的确定

① 确定监理人员数量需考虑的因素

确定监理人员数量需要考虑工程建设强度、工程复杂程度、监理单位的业务水平和监理组织情况等因素。

工程建设强度是指单位时间内投入的工程建设资金的数量，是衡量工程紧张程度的标准，工程强度越大，需要投入的监理人员就越多。

工程复杂程度是指设计活动多少、工程地点位置、气候条件、地形条件、工程性质、施工方法、工期要求、材料供应及工程分散程度等因素把各种情况的工程从简单到复杂划分为不同级别，简单的工程需要的人员少，复杂的工程需配置的人员较多。

监理单位由于人员素质、专业能力、管理水平、工程经验、设备手段等方面的差异导致业务水平的不同，同样的工程项目，低水平的监理单位往往比高水平监理单位投入的人力要多。

监理组织情况决定于组织结构是否合理，任务职能是否分明。当监理组织有业主方的参与和承包商的支持，则监理工作强度减少，监理人员可以适量减少。

② 确定监理人员的方法示例

【案例 3.2】 某工程由 2 个子项目组成，合同总价为 2000 万美元，其中子项目 1 合同价为 800 万美元，子项目 2 合同价为 1200 万美元，合同工期为 15 个月。

【解析】

首先，确定工程建设强度。

工程建设强度＝2000×12÷15＝1600 万美元/年

即工程建设强度为 16×100 万美元/年。

第二步，确定工程复杂程度 。

按构成工程复杂程度的 10 个因素，根据本工程实际情况分别按 10 分制打分。具体情况见表 3.1。根据计算结果，此工程列为一般复杂等级。

表 3.1　工程复杂程度等级评定表

项次	因　素	子项目 1	子项目 2
1	设计活动	6	7
2	工程位置	8	5
3	气候条件	6	6
4	地形条件	6	6
5	工程地质	5	7
6	施工方法	4	5
7	工期要求	4	6
8	工程性质	5	8
9	材料供应	6	6
10	工程分散程度	5	4
	平均分值	5.5	6.0

第三步，根据工程复杂程度和工程建设强度，参照工程建设强度定额(表 3.2)确定监理人员需要量。

从定额可查到相应定额系数：监理工程师为 0.35，监理员为 1.10，行政文秘人员为 0.25。各类监理人员数量：监理工程师 0.35×16=5.6 按 6 人考虑，监理员 1.1×16=17.6 按 18 人考虑，行政文秘人员 0.25×16=4 按 4 人考虑。

表 3.2　监理人员需要量定额(100 万美元/年)

工程复杂程度	监理工程师	监理员	行政文秘人员
简单	0.20	0.75	0.1
一般	0.25	1.00	0.1
一般复杂	0.35	1.10	0.25
复杂	0.50	1.50	0.35
很复杂	0.50+	1.50+	0.35+

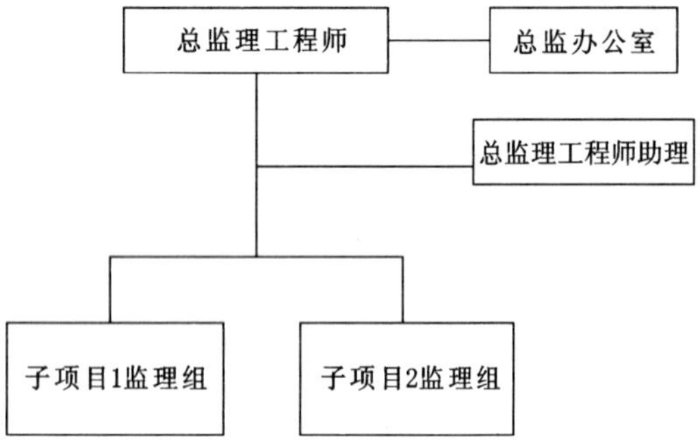

图 3.18　监理组织结构图

第四步，根据实际情况确定监理人员数量。本工程项目的监理组织结构如图 3.18 所示。

根据监理组织结构情况决定每个机构各类监理人员数量如下：

监理总部：监理工程师 2 人，监理员 4 人，行政文秘人员 1 人。

子项目 1 监理组：监理工程师 2 人，监理员 6 人，行政文秘人员 1 人。

子项目 2 监理组：监理工程师 2 人，监理员 8 人，行政文秘人员 2 人。

思考题

3.1　什么是组织？组织结构的影响因素有哪些？

3.2　组织设计要遵循哪些基本原则？

3.3　工程项目承发包模式有哪些？它们的特点及与之相应的监理模式是什么？

3.4　建立项目监理组织有哪些主要步骤？各监理组织形式有什么特点？

4　施工准备阶段的监理

本 章 提 要

工程开工前(即施工准备阶段)的监理工作是实现项目目标最重要的事前控制工作。本章着重介绍了项目监理机构的运行、监理规划与监理实施细则、第一次工地会议、施工图会审与设计交底、施工组织设计(方案)审查、工程开工令等项目监理机构应履行的相应工作。

4.1　项目监理机构的运行

4.1.1　项目监理机构

4.1.1.1　项目监理机构的要求

项目监理机构是工程监理单位派驻工程施工现场、负责履行建设工程监理合同的组织机构。

工程监理单位履行施工阶段监理合同时,必须在施工现场建立项目监理机构。项目监理机构在完成委托监理合同约定的监理工作后可撤离施工现场。项目监理机构的组织形式和规模,应根据委托监理合同规定的服务内容、服务期限、工程类别、规模、技术复杂程度、工程环境等因素确定。

工程监理单位在参与监理项目投标时,应根据工程项目的规模、特点和招标文件要求,在投标文件中明确现场项目监理机构关键岗位人员(总监理工程师、专业监理工程师和监理员)的配备情况。关键岗位人员数量不得低于相应的规定,并应持有相应的岗位资格证书。

有的地方政府建设主管部门规定:评标过程中,评标委员会应将投标人现场项目监理机构关键岗位人员配备情况纳入评审内容。招标人在中标通知书中应注明现场项目监理机构关键岗位人员配备名单及证号。建设工程招投标监管机构应加强招标文件备案管理和评标过程监管。建设工程委托监理合同中应明确现场项目监理机构关键岗位人员配备情况,且应与投标文件相符。建设工程合同主管部门应加强合同备案管理,对合同中未明确现场项目监理机构关键岗位人员配备或关键岗位人员与中标通知书不一致的,不予备案,并责令改正。

除不可抗力因素外,中标单位自投标截止之日起至完成合同约定工程量之日止,不得更换和撤离总监理工程师。对擅自更换或撤离的,按骗取中标处理,其中标结果无效,并承担由此造成的损失。

现场项目监理机构其他关键岗位人员应保持稳定。中标单位自投标截止之日起至完成合同约定工程量之日止,不得擅自更换和撤离关键岗位人员。下列情形除外:

(1)因身体原因无法坚持施工现场管理工作的。

(2)不履行岗位职责、工作失误等原因不宜继续担任施工现场管理工作的。

(3)本人所承担的专业业务已完成的。

(4)非本单位原因工程项目延期开工或停工时间达 3 个月以上的。

(5)因违法违规行为不能继续担任施工现场管理工作的。

(6)因人员调动不能在本单位执业的。

更换人员的资格等级不得低于更换前,并应符合招标文件要求,人员更换的比例原则上不得超过现场项目监理机构关键岗位总人数的 50%。

4.1.1.2 项目监理机构的建立

项目监理机构的建立应遵循适应、精简、高效的原则，要有利于建设工程监理目标控制和合同管理，要有利于建设工程监理职责的划分和监理人员的分工协作，要有利于建设工程监理的科学决策和信息沟通。

项目监理机构的监理人员由1名总监理工程师、若干名专业监理工程师和监理员组成，且专业配套、数量满足监理工作和建设工程监理合同对监理工作深度及建设工程监理目标控制的要求。下列情况的项目监理机构可设置总监理工程师代表：

(1)工程规模较大、专业较复杂，总监理工程师难以处理多个专业工程时，可按专业设总监理工程师代表；

(2)一个建设工程监理合同中包含多个相对独立的施工合同，可按施工合同段设总监理工程师代表；

(3)工程规模较大、地域比较分散，可按工程地域设总监理工程师代表。

除总监理工程师、专业监理工程师和监理员外，项目监理机构还可根据监理工作需要，配备文秘、翻译、司机和其他行政辅助人员。

监理人员的组合应合理。如公路工程规定：总监理工程师办公室各专业部门负责人及驻地监理工程师等各类高级监理人员，一般应占监理总人数的10%以上；各类专业监理工程师等中级专业监理人员，一般应占监理总人数的40%；各类工程师助理及辅助人员等初级监理人员，一般应占监理总人数40%；行政及事务人员一般应控制在监理总人数的10%以内。

监理人员的数量要满足对工程项目进行质量、进度、费用监理和合同管理的需要，一般应按每年计划完成的投资额并结合工程的技术等级、工程种类、复杂程度、设计深度、通行条件、当地气候、工地地形、施工工期、施工方法等项实际因素，综合进行测算确定；若按道路工程的施工里程计算，平均每千米一般应按0.5～1.2人配备，其中高速公路和一级公路平均每千米应不少于1人。表4.1是湖南省现场监理部关键岗位人员配备标准，可供参考。

表4.1 湖南省现场监理部关键岗位人员配备标准

<table>
<tr><th rowspan="2">工程类别</th><th rowspan="2">工程规模</th><th rowspan="2">施工准备阶段</th><th colspan="3">施工阶段</th><th rowspan="2">竣工阶段</th></tr>
<tr><th>基础阶段</th><th>主体阶段</th><th>安装、装修阶段</th></tr>
<tr><td rowspan="8">建筑工程、装修工程</td><td rowspan="2">建筑面积≤1万m²</td><td>2人</td><td>3人</td><td>3人</td><td>3人</td><td>3人</td></tr>
<tr><td>总监1人、专监1人</td><td>总监1人、专监1人、监理员1人</td><td>总监1人、专监1人、监理员1人</td><td>总监1人、专监1人、监理员1人</td><td>总监1人、专监1人、监理员1人</td></tr>
<tr><td rowspan="2">1万m²<建筑面积≤5万m²</td><td>2人</td><td>3人</td><td>4人</td><td>4人</td><td>3人</td></tr>
<tr><td>总监1人、专监1人</td><td>总监1人、专监1人、监理员1人</td><td>总监1人、专监1人、监理员2人</td><td>总监1人、专监1人、监理员2人</td><td>总监1人、专监1人、监理员1人</td></tr>
<tr><td rowspan="2">5万m²<建筑面积≤10万m²</td><td>3人</td><td>4人</td><td>6人</td><td>6人</td><td>3人</td></tr>
<tr><td>总监1人、专监1人、监理员1人</td><td>总监1人、专监2人、监理员1人</td><td>总监1人、专监2人、监理员3人</td><td>总监1人、专监2人、监理员3人</td><td>总监1人、专监1人、监理员1人</td></tr>
<tr><td rowspan="2">建筑面积>10万m²</td><td>4人</td><td>7人</td><td>10人</td><td>11人</td><td>6人</td></tr>
<tr><td>总监1人，专监1人，监理员2人</td><td>总监1人，专监2人，监理员4人</td><td>总监1人，专监4人，监理员5人</td><td>总监1人，专监5人，监理员5人</td><td>总监1人，专监2人，监理员3人</td></tr>
</table>

续表 4.1

工程类别	工程规模	施工准备阶段	施工阶段			竣工阶段
			基础阶段	主体阶段	安装、装修阶段	
土木工程、线路管道工程、设备安装工程	工程合同价≤5000 万元	2 人	3 人	4 人	4 人	3 人
		总监 1 人、专监 1 人	总监 1 人、专监 1 人、监理员 1 人	总监 1 人、专监 1 人、监理员 2 人	总监 1 人、专监 1 人、监理员 2 人	总监 1 人、专监 1 人、监理员 1 人
	5000 万元＜工程合同价≤1 亿元	3 人	4 人	5 人	5 人	3 人
		总监 1 人、专监 1 人、监理员 1 人	总监 1 人、专监 2 人、监理员 1 人	总监 1 人、专监 2 人、监理员 2 人	总监 1 人、专监 2 人、监理员 2 人	总监 1 人、专监 1 人、监理员 1 人
	工程合同价＞1 亿元	4 人	6 人	9 人	10 人	5 人
		总监 1 人，专监 1 人，监理员 2 人	总监 1 人，专监 2 人，监理员 3 人	总监 1 人，专监 3 人，监理员 5 人	总监 1 人，专监 4 人，监理员 5 人	总监 1 人，专监 2 人，监理员 2 人

注：①此标准为关键岗位人员最低配备标准。

②标准中总监指项目总监理工程师或总监理工程师代表，专监仅包括项目主导专业监理工程师，不包括非主导专业监理工程师。

③建筑面积超过 15 万 m^2，每增加 5 万 m^2，各阶段专业监理工程师、监理员应各增加 1 人。

④对于复杂的体育场所、综合性工程以及工期较紧、多班施工作业的工程，在以上配备标准基础上应适当增加主导专业监理工程师和监理员人数。

工程监理单位在建设工程监理合同签订后，应及时将项目监理机构的组织形式、人员构成及对总监理工程师的任命书面通知建设单位。总监理工程师可同时担任其他建设工程的总监理工程师，但最多不得超过 3 项。总监理工程师任命书应符合表 4.2 的格式。

工程开工前，建设单位应将工程监理单位的名称，监理的范围、内容和权限及总监理工程师的姓名书面通知施工单位。

项目监理机构应根据建设工程不同阶段的需要配备监理人员的数量和专业，有序安排相关监理人员进场。工程监理单位调换总监理工程师的，事先应征得建设单位同意；调换专业监理工程师的，总监理工程师应书面通知建设单位。施工现场监理工作全部完成或建设工程监理合同终止时，项目监理机构可撤离施工现场。项目监理机构撤离施工现场前，应由工程监理单位书面通知建设单位，并办理相关移交手续。

表 4.2　总监理工程师任命书

工程名称：　　　　　　　　　　　　　　　　编号：

致：________________________（建设单位）

兹任命______________（注册监理工程师注册号：______________）为我单位项目总监理工程师。负责履行建设工程监理合同、主持项目监理机构工作。

工程监理单位（盖章）

法定代表人（签字）

年　　月　　日

4.1.2 监理人员职责

本节所列各岗位监理人员职责为其基本职责，在建设工程监理实施过程中，项目监理机构还应针对建设工程实际情况，明确各岗位监理人员的职责分工，制定具体监理工作计划，并根据实施情况进行必要的调整。

4.1.2.1 总监理工程师职责

(1)确定项目监理机构人员及其岗位职责。

(2)组织编制监理规划，审批监理实施细则。

(3)根据工程进展情况安排监理人员进场，检查监理人员工作，调整监理人员。

(4)组织召开监理例会。

(5)组织审核分包单位资格。

(6)组织审查施工组织设计、(专项)施工方案、应急救援预案。

(7)审查开复工报审表，签发开工令、工程暂停令和复工令。

(8)组织检查施工单位现场质量、安全生产管理体系的建立及运行情况。

(9)组织审核施工单位的付款申请，签发工程款支付证书，组织审核竣工结算。

(10)组织审查和处理工程变更。

(11)调解建设单位与施工单位的合同争议，处理索赔。

(12)组织验收分部工程，组织审查单位工程质量检验资料。

(13)审查施工单位的竣工申请，组织工程竣工预验收，组织编写工程质量评估报告，参与工程竣工验收。

(14)参与或配合工程质量安全事故的调查和处理。

(15)组织编写监理月报、监理工作总结，组织整理监理文件资料。

4.1.2.2 总监理工程师代表职责

总监理工程师代表是经工程监理单位法定代表人同意，由总监理工程师书面授权，代表总监理工程师行使其部分职责和权力，具有工程类注册执业资格或具有中级及以上专业技术职称、3年及以上工程监理实践经验的监理人员。总监理工程师作为项目监理机构负责人，监理工作中的重要职责不得委托给总监理工程师代表。下列工作不得委托给总监理工程师代表：

(1)组织编制监理规划，审批监理实施细则。

(2)根据工程进展情况安排监理人员进场，调整监理人员。

(3)组织审查施工组织设计、(专项)施工方案、应急救援预案。

(4)签发开工令、工程暂停令和复工令。

(5)签发工程款支付证书，组织审核竣工结算。

(6)调解建设单位与施工单位的合同争议，处理费用与工期索赔。

(7)审查施工单位的竣工申请，组织工程竣工预验收，组织编写工程质量评估报告，参与工程竣工验收。

(8)参与或配合工程质量安全事故的调查和处理。

4.1.2.3 专业监理工程师职责

(1)参与编制监理规划，负责编制监理实施细则。

(2)审查施工单位提交的涉及本专业的报审文件，并向总监理工程师报告。

(3)参与审核分包单位资格。

(4)指导、检查监理员工作，定期向总监理工程师报告本专业监理工作实施情况。

(5)检查进场的工程材料、设备、构配件的质量。

(6)验收检验批、隐蔽工程、分项工程。

(7)处置发现的质量问题和安全事故隐患。

(8)进行工程计量。

(9)参与工程变更的审查和处理。

(10)填写监理日志,参与编写监理月报。

(11)收集、汇总、参与整理监理文件资料。

(12)参与工程竣工预验收和竣工验收。

监理日志是项目监理机构在实施建设工程监理过程中形成的文件,不能等同于监理人员的个人日记。

4.1.2.4 监理员职责

(1)检查施工单位投入工程的人力、主要设备的使用及运行状况。

(2)进行见证取样。

(3)复核工程计量有关数据。

(4)检查和记录工艺过程或施工工序。

(5)处置发现的施工作业问题。

(6)记录施工现场监理工作情况。

4.1.3 监理设施

建设单位应提供委托监理合同约定的满足监理工作需要的办公、交通、通信、生活设施。项目监理机构应妥善保管和使用建设单位提供的设施,并应在完成监理工作后移交建设单位。

项目监理机构应根据工程项目类别、规模、技术复杂程度、工程项目所在地的环境条件,按委托监理合同的约定,配备满足监理工作需要的常规检测设备和工具。项目监理机构宜实施建设工程监理信息化。在大中型项目的监理工作中,项目监理机构应实施监理工作的计算机辅助管理。

实施建设工程监理的主要依据是:①法律法规及建设工程相关标准;②建设工程勘察设计文件;③建设工程监理合同及其他合同文件。项目监理机构应作好相应的资料准备。

公路工程监理规定:必须在监理单位所承担的工程项目工地配备足够数量的监理设备,以保证质量控制的检验测试及各项管理工作的需要。监理设备一般应按以下方式准备和提供:

监理设备包括办公设施及其用品,住房设施及其用品,中心实验室设施及其仪器,测量和气象仪器,监理用车、通信设备等。各种监理设备的规格和数量可根据工程规模、工程种类及通行条件等实际情况由监理单位与建设单位商定,在施工合同文件或监理合同文件中详细列明。监理设备一般应在施工合同文件中规定由承包人提供,也可根据监理合同由建设单位直接提供。监理设备的产权归建设单位所有。监理设备一般应在施工合同规定的实际开工期以前基本准备完善,保证工作使用。如建设单位或承包人不能如期提供,而监理单位根据工程的实际计划安排需要使用某些设备,则可要求建设单位或承包人提供等效的临时设备以满足使用。

4.2 监理规划与实施细则

4.2.1 监理规划

监理规划是指导项目监理机构全面开展监理工作的纲领性文件。

监理规划应明确项目监理机构的工作目标,确定具体的监理工作制度、内容、程序、方法和措施,并具有指导性和针对性。

监理规划应在签订建设工程监理合同及收到工程设计文件后编制,在召开第一次工地会议前报送建设单位。

(1)监理规划编审程序

①总监理工程师组织专业监理工程师编制。

②总监理工程师签字后由工程监理单位技术负责人审批。

(2)监理规划主要内容

①工程概况。

②监理工作的范围、内容、目标。

③监理工作依据。

④监理组织形式、人员配备及进场计划、监理人员岗位职责。

⑤工程质量控制。

⑥工程造价控制。

⑦工程进度控制。

⑧合同与信息管理。

⑨组织协调。

⑩安全生产管理职责。

⑪监理工作制度。

⑫监理工作设施。

在监理工作实施过程中，如实际情况或条件发生变化而需要调整监理规划时，应由总监理工程师组织专业监理工程师修改，经工程监理单位技术负责人批准后报建设单位。

4.2.2 监理实施细则

监理实施细则是针对某一专业或某一方面监理工作的操作性文件。

监理实施细则应符合监理规划的要求，应结合工程特点，具有可操作性。采用新材料、新工艺、新技术、新设备的工程以及专业性较强、危险性较大的分部分项工程，应编制监理实施细则。监理实施细则应在相应工程施工开始前由专业监理工程师编制，并报总监理工程师审批。

对于房屋建筑工程与市政工程，危险性较大的分部分项工程见表 4.3。

(1)监理实施细则编制依据。

①监理规划。

②相关标准、工程设计文件。

③施工组织设计、专项施工方案。

(2)监理实施细则主要内容

①专业工程特点。

②监理工作流程。

③监理工作要点。

④监理工作方法及措施。

在监理工作实施过程中，监理实施细则可根据实际情况进行补充、修改，经总监理工程师批准后实施。

表 4.3 危险性较大的房屋建筑与市政分部分项工程

分部分项工程	一般危险性分部分项工程	重大危险性分部分项工程
土方开挖、支护、降水工程	(1)开挖深度超过 3m(含 3m)或虽未超过 3m 但地质条件和周边环境复杂的基坑(槽)支护、降水工程。(2)开挖深度超过 3m(含 3m)的基坑(槽)的土方开挖工程	(1)开挖深度超过 5m(含 5m)的基坑(槽)的土方开挖、支护、降水工程。(2)开挖深度虽未超过 5m，但地质条件、周围环境和地下管线复杂，或影响毗邻建筑(构筑)物安全的基坑(槽)的土方开挖、支护、降水工程
模板工程及支撑体系	(1)各类工具式模板工程：大模板、滑模、爬模、飞模等工程。(2)混凝土模板支撑工程：搭设高度 5m 及以上；搭设跨度 10m 及以上；施工总荷载 $10kN/m^2$ 及以上；集中线荷载 15kN/m 及以上；高度大于支撑水平投影宽度且相对独立无联系构件的混凝土模板支撑工程。(3)承重支撑体系：用于钢结构安装等满堂支撑体系	(1)大型工具式模板工程：滑模、爬模、飞模工程。(2)混凝土模板支撑工程：搭设高度 8m 及以上；搭设跨度 18m 及以上；施工总荷载 $15kN/m^2$ 及以上；集中线荷载 20kN/m 及以上。(3)承重支撑体系：用于钢结构安装等满堂支撑体系，承受单点集中荷载 700kg 以上

续表 4.3

分部分项工程	一般危险性分部分项工程	重大危险性分部分项工程
起重吊装及安装拆卸工程	(1)采用非常规起重设备、方法，且单件起吊重量在10kN及以上的起重吊装工程。(2)采用起重机械进行安装的工程。(3)起重机械设备自身的安装、拆卸	(1)采用非常规起重设备、方法，且单件起吊重量在100kN及以上的起重吊装工程。(2)起重量在300kN及以上的起重设备安装工程；高度200m及以上内爬起重设备的拆除工程
脚手架工程	(1)搭设高度在24m及以上的落地式钢管脚手架工程。(2)附着式整体和分片提升脚手架工程。(3)悬挑式脚手架工程。(4)吊篮脚手架工程。(5)自制卸料平台、移动操作平台工程。(6)新型及异型脚手架工程	(1)搭设高度在50m及以上落地式钢管脚手架工程。(2)提升高度在150m及以上附着式整体和分片提升脚手架工程。(3)架体高度在20m及以上悬挑式脚手架工程
拆除、爆破工程	(1)建筑物、构筑物拆除工程。(2)采用爆破拆除的工程	(1)采用爆破拆除的大型工程。(2)码头、桥梁、高架、烟囱、水塔或拆除中容易引起有毒有害气(液)体或粉尘扩散、易燃易爆事故发生的特殊建、构筑物的拆除工程。(3)可能影响行人、交通、电力设施、通信设施或其他建、构筑物安全的拆除工程。(4)文物保护建筑、优秀历史建筑或历史文化风貌区控制范围的拆除工程
其他	(1)建筑幕墙安装工程。(2)钢结构、网架和索膜结构安装工程。(3)人工挖扩孔桩工程。(4)危险性较大的地下暗挖、顶管及水下作业工程。(5)预应力工程。(6)采用新技术、新工艺、新材料、新设备及尚无相关技术标准的危险性较大的分部分项工程	(1)施工高度50m及以上的建筑幕墙安装工程。(2)跨度大于36m及以上的钢结构安装工程、跨度大于60m及以上的网架和索膜结构安装工程。(3)开挖深度超过16m的人工挖孔桩工程。(4)危险性大的地下暗挖工程、顶管工程、水下作业工程。(5)采用新技术、新工艺、新材料、新设备及尚无相关技术标准的危险性大的分部分项工程

(3)监理实施细则编制要点

①在编制监理实施细则之前，认真审核相关资料、建设合同，认真学习设计文件中的本专业设计说明书。要求本专业内每个监理人员对本专业的设计图纸不仅要熟悉，还必须深入了解和掌握技术复杂程度及其质量安全监理的难点、关键工作点和工序；同时对合同、设计等文件中存在的问题和合理化建议形成书面意见交总监理工程师，重大问题必须在编制监理实施细则之前得到答复和解决。

②在编制监理实施细则之前专业监理工程师组织本专业内人员参与熟悉所监理项目周围环境的现场勘查，了解与本专业有影响的外部因素，并进行分析，在监理实施细则中应有应对措施。

③对本专业监理的重点、难点问题进行分析，绘制鱼刺图，针对每项有关影响因素制定具体保障措施和方法，确保工程质量和防范事故发生。明确关键工序和关键点，明确本专业旁站范围；对于新技术、非常见的突出问题等，如果在本企业内不能解决，要提请建设单位聘请专家，召开专家研讨会，研究出解决办法；

4.3 第一次工地会议

4.3.1 第一次工地会议的内容

工程开工前，总监理工程师及有关监理人员应参加由建设单位主持召开的第一次工地会议，会议纪要由项目监理机构负责整理，与会各方代表会签。

由建设单位主持召开的第一次工地会议是建设单位、工程监理单位和施工单位对各自人员及分工、开工准备、监理例会的要求等情况进行沟通和协调的会议。总监理工程师应介绍监理工作的目标、范围和内容，项目监理机构及人员职责分工，监理工作程序、方法和措施等。第一次工地会议主要内容包括：

(1)建设单位、施工单位和工程监理单位分别介绍各自驻现场的组织机构、人员及其分工。

(2)建设单位介绍工程开工准备情况。

(3)施工单位介绍施工准备情况。

(4)建设单位代表和总监理工程师对施工准备情况提出意见和要求。

(5)总监理工程师介绍监理规划的主要内容。

(6)研究确定各方在施工过程中参加监理例会的主要人员，召开监理例会的周期、地点及主要议题。

(7)其他有关事项。

4.3.2 第一次工地会议的组织

(1)如果建设单位委托监理单位召集开会，项目监理机构应在会议开始之前的合理时间内，将召集会议的通知，包括会议议程等书面文件送达与会各方，以便准备会议所需各项资料。

(2)如果需要，由企业分管本项目负责人带队，包括现场监理机构所有人员准时到达指定的会议室，并由企业分管本项目负责人在会上介绍监理方人员。

(3)第一次工地会议上，建设单位应对总监理工程师进行授权，按合同明确监理的权限范围和内容。会议上，总监理工程师应介绍监理的准备情况和监理规划主要内容，会议之前总监理工程师应精心准备，会议上用适当的时间把主要内容介绍完毕。必要时，总监理工程师应对承包单位进行简要的监理工作交底，交底的主要内容包括：承包单位应按规定执行报批、报检、报验等程序，未经监理批准不得开工，未经监理验收不得进行下一道工序，不得擅自更改已批准的施工方案和设计图纸，接受监理工程师指令，按规定书面回复“监理工程师通知单”，对监理要求回复的问题在规定的时间内做出回复等，并将《监理工作要求交底》递交承包单位。

(4)安排文秘能力强的人员为主记录员，要求其他人员辅助记录，保证记录全面、准确。

(5)各专业监理工程师应将本专业的问题(包括建设单位、施工单位准备工作的缺陷)清楚地记录在监理日记上。

(6)对建设单位准备工作的不足提出完善的建议，对施工单位准备工作中的不足和缺陷，首先由总监理工程师提出，由各专业监理工程师补充，并要求在规定的时间内改进和完善。对各方提出的有关问题经讨论后要力争达成一致意见。

(7)与建设单位、承包单位共同协商确定工地例会的周期、地点及主要议题，确定各方参加工地例会的主要人员、工作联系人和其他规定。

(8)会议结束前由主记录员和总监理工程师一道拟出会议纪要，供各方讨论并达成一致意见。

(9)监理机构打印正式会议纪要，并将会议签到作为附件，由各方负责人签字并盖章。

【案例 4.1】 某建筑工程项目总监理工程师为及时有效地开展监理工作，在参加第一次工地会议之前就监理的重点工作和对施工承包单位的一些要求形成《监理工作要求交底》，并在第一次工地会议时以书面形式向施工承包单位进行了交底。请根据自己监理工作经验拟定一份《监理工作要求交底》。

【解析】(示例)

根据__________工程委托监理合同，我公司将按建设单位的委托对该工程的建设进行施工阶段监理。为圆满完成该工程的建设任务，实现施工承包合同约定的工期、质量、造价、安全等管理控制目标，要求施工单位严格按照与建设单位签订的施工承包合同要求和监理单位的监管要求，认真组织管理与施工。以下是现场监理部监督监管要求：

(1)施工单位应在工程开工前书面报告或报验施工项目部的质量管理制度与保证体系、安全管理制度与保证体系，包括本项目组织机构(施工项目部)的关键岗位人员的资料(含姓名、年龄、性别、职称、相关证书、手机号等)以及专职管理人员和特种作业人员的资格证、上岗证。项目经理作为施工单位代表，在整个施工合同执行期间行使合同赋予的权力、履行合同义务、负责签发来往信函，离开工地应向总监理工程师请假。

(2)施工单位应按合同要求的时间开工，并于开工前提出开工报审表，获得总监理工程师批准后方可开工。有困难时，应提前7天以书面形式向总监理工程师提出申请，获准后可延期开工。

(3)开工前应将正式的施工组织设计报送监理部审批，无施工组织设计或未经总监理工程师审定的不得开工。

(4)图纸会审应在建设单位要求的时间内进行，一般在收到图纸后10～15日进行，施工单位应组织有关技术人员抓紧熟悉图纸，汇总图纸中存在的问题并提出相应的意见，提前做好图纸会审的准备工作。

(5)施工用材料、构配件、设备均须向监理部报验(包括报验申请表、报验清单、自检结果、材质证明及有关技术资料、复检时的见证取样单和样品检试验报告)，经监理部审核批准后方可使用。变更用材时，需事前按程序征得同意，否则不予签证。

(6)施工单位使用专业分包队伍时，须在分包合同签定前报送分包单位报验申请表及有关资料(包括资质证、安全施工许可证、关键岗位人员资格证、质量和安全管理与保证体系、近期业绩和不良行为记录等)，经专业监理工程师审核、总监理工程师批准后才可与专业分包队伍签约。

(7)各类配合比、钢材焊接或其他施工新材料、新技术、新工艺的使用，须在事前报送试配、试焊结果或施工新材料、新技术、新工艺的有关鉴定文件等技术资料，经监理部审核批准后方可使用。

(8)施工单位应在每道工序前进行施工技术交底，每一工序(检验批)完成后进行质量自检，自检合格并将质量验收记录呈报监理工程师核验，经监理工程师验收签认后方可进行下道工序施工。

(9)隐蔽工程完成后，施工单位应在认真自检合格的基础上，提前24小时书面通知监理部进行验收，否则不允许隐蔽。

(10)监理工程师对某些质量有疑问，要求施工单位复测复检时，施工单位应给予积极配合。并对检验仪器的借用或见证取样提供方便。

(11)施工单位应及时向监理工程师报送分部分项工程质量自检资料和混凝土、砂浆强度试验检测报告。

(12)使用商品混凝土时，施工单位应提供混凝土搅拌厂所使用的原材料质量证明、每罐(随车)混凝土的出窑时间与运输时间，对于混凝土成品除搅拌厂按规定自行抽样制作试块送检外，施工单位还应按留设规定在监理见证下现场抽样制作同条件的标准养护试块并送检，同时随机抽检混凝土的坍落度是否符合使用标准。

(13)现场出现质量事故后，施工单位应及时报告监理工程师，并严格按照总监理工程师或建设单位的要求进行处理。任何质量缺陷均不得瞒着监理工程师自行处理。

(14)监理工程师依据设计要求和施工验收规范(尤其是强制性标准条文)要求，对工程施工质量有否决权。

(15)施工单位应执行监理工程师的指令(包括口头要求、监理工程师通知单、监理工作联系单、工程暂停令等)，完成指令要求并自检合格后应及时通知监理工程师核验(对监理工程师通知单应有回复单)。如有异议时，应提出书面申述，否则监理工程师将不承认该部分工作量。

(16)合同签订1个月内，施工单位应向监理工程师报送承包工程的施工图预算。

(17)每月完成工作量及工程进度款的申报须按合同规定的时间进行。逾期不进行申报的，监理工程师不再受理。监理工程师复核已完合格工程的工程量后签发付款凭证，由建设单位按合同规定时间支付。

(18)施工单位应按有关法规和标准规范要求及业主要求做好各项安全文明施工工作。

(19)施工过程中的工程变更，施工单位应于施工前以书面形式报送工程变更申请，经监理工程师和建设单位代表事先签证，否则不予结算工程款。

(20)现场出现安全事故，施工单位应按规定及时通知监理部、建设单位并上报主管部门。

(21)施工单位于工程全部完工后，经过认真自检符合交工条件时，可向监理工程师提交验收申请，经监理工程师初验认可后(并对检查出的问题已整改合格)，转报建设单位组织正式竣工验收。

(22)施工单位申请竣工验收前7天，作为竣工验收申请的一部分，应将竣工验收技术资料交监理工程师审查。

(23)施工单位应于竣工验收后，向项目监理部报送完整的竣工结算资料，以便监理工程师协助建设单位审核竣工结算。

(24)为了对工程进行规范化管理，施工单位与监理单位的联系应采用书面方式。根据建设工程监理委托合同建设单位赋予监理的权限，施工单位应避免直接与建设单位就工程问题进行联系。

项目监理机构(章)：

总监理工程师(签名)：

日期：　　年　　月　　日

4.4 施工图会审与设计交底

4.4.1 施工图会审

(1)图纸会审的组织

①施工前，项目监理机构收受建设单位送审合格的施工图设计图纸，将施工图设计图纸及时转发施工承包单位并对施工图会审工作做出布置。

②总监理工程师应在约定的时间内，及时组织各专业监理工程师熟悉设计文件，对图纸中存在的问题提出书面意见和建议。

③监理机构组织承包单位、建设单位相关人员进行图纸会审，并整理成会审问题清单，由建设单位在设计交底前约定的时间内交设计单位。图纸会审由施工单位整理会议纪要，由与会各方会签。

(2)图纸会审的目的和内容

图纸会审的目的：一是使施工单位和各参建单位熟悉设计图纸，了解工程特点和设计意图，找出需要解决的技术难题，并制定解决方案；二是解决图纸中存在的问题，减少图纸的差错，将图纸中的质量隐患消灭在萌芽之中。

图纸会审的内容一般包括：

①审查设计图纸是否满足项目立项的功能，是否技术可靠、安全、经济适用。

②是否无证设计或越级设计，图纸是否经设计单位正式签署。

③地质勘探资料是否齐全，设计图纸与说明是否齐全，设计深度是否达到规范要求，有无分期供图的时间表。

④设计地震烈度是否符合当地要求。

⑤几个设计单位共同设计的图纸相互间有无矛盾，专业之间、平立剖面图之间有无矛盾，标注有无遗漏。

⑥总平面与施工图的几何尺寸、平面位置、标高等是否一致。

⑦防火、消防是否满足要求。

⑧各专业图纸本身是否有差错或矛盾，结构图与建筑图的平面尺寸及标高是否一致，建筑图与结构图的表示方法是否清楚，是否符合制图标准，预留、预埋件是否表示清楚，有无钢筋明细表，钢筋的构造要求在图中是否表示清楚。

⑨施工图中所列各种标准图册，施工单位是否具备。

⑩材料来源有无保证并能否代换，图中所要求的条件能否满足，新工艺、新材料、新技术的应用有无问题。

⑪地基处理方法是否合理，建筑与结构构造是否存在不能施工、不便施工的技术问题，或容易导致质量、安全水平下降，工程费用增加等方面的问题。

⑫工艺管道、电气线路、设备装置、运输道路与建筑物之间或相互间有无矛盾，布置是否合理。

⑬施工安全、环境卫生有无保证。

4.4.2 设计交底

(1)设计交底的组织

①工程开工前，参加建设单位组织并主持召开的设计技术交底会，先由设计单位进行设计交底，后转

入图纸会审问题解释，设计单位对会审问题清单拟定解答要点。通过建设单位、设计单位、监理单位、施工单位及其他有关方研究协商，确定图纸存在的各种技术难题的解决方案。

②设计交底由设计单位整理会议纪要，由与会各方会签。

③设计交底与图纸会审中涉及设计变更的尚应按程序办理设计变更手续。

④设计交底会议纪要一经各方签认，即成为施工和监理的依据。

(2)设计交底应着重了解的内容

设计单位在设计文件交付施工时，按法律规定的义务就施工图设计文件向施工单位、建设单位和监理单位做出详细的说明，帮助施工单位和监理单位正确贯彻设计意图，加深对设计文件特点、难点、疑点的理解，掌握关键工程部位的质量要求，确保工程质量。

设计交底的主要内容一般包括施工图设计文件总体介绍，设计的意图说明，特殊的工艺要求，建筑、结构、工艺、设备等各专业在施工中的难点、疑点和容易发生的问题说明，施工单位、监理单位、建设单位等对设计图纸疑问的解释等。

监理工程师参加设计交底应着重了解的主要内容是：

①有关地形、地貌、水文气象、工程地质及水文地质等自然条件。

②主管部门及其他部门(如规划、环保、农业、交通、旅游等)对本工程的要求，设计单位采用的主要设计规范，市场供应的建筑材料情况等。

③设计意图方面：设计思想、设计方案比选情况、基础开挖及基础处理方案、结构设计意图、设备安装和调试要求、施工进度与工期安排等。

④施工应注意事项方面：基础处理的要求、对建筑材料方面的要求、主体工程设计中采用新结构或新工艺对施工提出的要求、对大型设备安装的要求、为实现进度安排而应采用的施工组织和技术保证措施等。

4.5 施工组织设计(方案)审查

施工组织设计是指导施工单位现场全面施工的实施性文件，是承包单位编制专项工程施工技术方案的基础与依据。经监理机构审查批准的施工组织设计及其专项施工技术方案是监管部门实施质量与安全监督检查的重要内容，是监理机构检查施工组织与技术管理状态，进行质量、安全、进度监督管理的依据，也是建设单位与承包单位进行工程结算的依据。通过对施工组织设计以及专项施工技术方案的审查，保证工程项目质量、安全、工期和文明施工，为控制工程成本打下坚实基础。项目建设各种风险防患于未然，是监理机构实施事前控制的一项重要内容和措施。

4.5.1 审查的主要内容

项目监理机构应审查施工单位报审的施工组织设计、专项施工方案，将符合要求的经总监理工程师签认后报建设单位。

(1)施工组织设计审查的基本内容

①编审程序应符合相关规定。

②施工进度、施工方案及工程质量保证措施应符合施工合同要求。

③资源(资金、劳动力、材料、设备)供应计划应满足工程施工需要。

④安全技术措施应符合工程建设强制性标准。

⑤施工总平面布置应科学合理。

(2)专项施工方案审查的基本内容

①编审程序应符合相关规定。

②安全技术措施应符合工程建设强制性标准。

施工组织设计(专项)施工方案报审表应符合表4.4的格式。

项目监理机构应要求施工单位按照已批准的施工组织设计、专项施工方案组织施工。施工组织设计、专项施工方案需要调整的，项目监理机构应按程序重新审查。

表 4.4 施工组织设计(专项)施工方案报审表

工程名称： 编号：

<table>
<tr><td>致：________________(项目监理机构)
我方已完成__________工程施工组织设计(专项)施工方案的编制，并按规定已完成相关审批手续，请予以审查。
附：□施工组织设计；
□专项施工方案；
□施工方案。

施工单位(盖章)
项目经理(签字)
年 月 日</td></tr>
<tr><td>审查意见：

专业监理工程师(签字)
年 月 日</td></tr>
<tr><td>审核意见：

项目监理机构(盖章)
总监理工程师(签字、加盖执业印章)
年 月 日</td></tr>
<tr><td>审批意见(仅针对超过一定规模的危险性较大的分部分项工程专项方案)：

建设单位(盖章)
建设单位代表(签字)
年 月 日</td></tr>
</table>

注：本表一式三份，项目监理机构、建设单位、施工单位各一份。

4.5.2 审查的组织

(1)受理施工组织设计。施工组织设计的审查必须是在承包单位自审手续齐全(即有编制人、承包单位技术负责人的签名和承包单位公章)的基础上，由承包单位填写“施工组织设计(专项)施工方案报审表”(表 4.4)，并按合同约定时间报送项目监理机构。对于重大危险源专项施工方案，承包单位应组织专家会审并按专家意见修改后，报送项目监理机构审批。

(2)总监理工程师应在约定的时间内，组织各专业监理工程师进行审查，专业监理工程师在报审表上签署审查意见后，总监理工程师审定批准。需要承包单位修改施工组织设计时，由总监理工程师在报审表上签署意见，发回承包单位修改。承包单位修改后再报审，总监理工程师应重新组织审定。

(3)监理机构应将审查承包单位施工组织设计的情况，特别是要求发回修改的情况及时向建设单位通报；应将已审定的施工组织设计及时报送建设单位。涉及增加工程措施费的项目，必须与建设单位协商，并征得建设单位的同意。

(4)对规模大、结构复杂或属新结构、特种结构的工程，项目监理机构应在审查施工组织设计后，报送监理单位技术负责人审查把关，其审查意见由总监理工程师综合后签发报审表。必要时与建设单位协商，组织有关专家会审。

(5)经审查批准的施工组织设计，承包单位应认真贯彻实施，不得擅自任意改动。若需做较大的调整、补充或变动，须报项目监理机构审查同意。如果承包单位擅自改动，监理机构应及时发出监理工程师通知单，要求按程序报审。

(6)规模较大、工艺较复杂的工程，群体工程或分期出图的工程，经总监理工程师同意，可分阶段报批施工技术方案。

(7)技术复杂或采用新技术的分项分部工程，承包单位应编制分项分部工程施工技术方案，报项目监理机构审查批准。

(8)施工单位的施工组织设计文件连同"施工组织设计(专项)施工方案报审表"均应作为项目监理机构正式技术资料归档文件。

4.5.3 审查工作的重点

(1)施工管理组织机构的审查

①施工管理组织所确定的目标应满足合同要求。

②施工管理组织机构的设立应与工程承包范围、工程量及工作强度、施工难易程度等相一致。组织机构的形式应与施工项目管理的复杂性相适应，大型复杂项目施工管理组织机构宜采用矩阵式，中小型项目施工管理组织机构一般采用直线式。

③施工管理组织内部的每个岗位职务和职责是否明确，责任与权利是否一致，配套的规章和制度是否健全。

④查验承包单位的企业资质、关键岗位人员和特殊工种人员的数量、资格证等级与所报施工组织设计资料、投标文件等是否相符。

(2)施工技术方案的审查

①施工技术方案与本工程特征、复杂程度、所处的地理环境及合同要求是否一致。

②施工程序和顺序是否依据设计要求、国家技术规范和合同条件，结合工程工艺与组织特点和承包单位的施工经验作出安排。

③施工流水段的确定是否结合工程特点，划分是否合理。

④选用的施工机械，在设备的技术性能、使用效率、利用程度、配套运行方面是否合理，是否与投标文件一致或更加优化。

⑤主要施工方法的审查。施工部署是否合理，施工方法是否可行，工艺操作是否可靠。对"新材料、新结构"所涉及的"新技术、新工艺"等先进的施工方法，承包单位应有可靠的技术资料、成熟的经验和相应的施工与管理水平及市场条件，对承包单位没有把握的施工方法不予批准。

⑥技术组织措施的审查。应对工程施工的进度、质量、安全文明生产的保证有可靠的针对性措施，应有可靠的季节性施工和成品保护措施。

(3)施工进度计划、施工资源计划的审查

①施工进度计划工期应满足合同工期的要求，审查施工进度关键节点工作的安排是否与建设单位工程总进度控制节点工作相吻合，各专业工程进度计划是否与工程总进度相协调，计划安排上是否留有一定的调节余地或调整补救措施。

②审查劳动量的安排、工程材料与施工周转材料的安排、施工机械设备的配置与进出场等资源计划是否与施工进度计划相协调。

(4)施工质量计划的审查

①应对各专业施工质量的特点进行分析，有确保达到质量标准的控制重点。

②应对各专业影响施工质量的关键环节、部位和工序设置质量控制点。

③各专业应有对进场工程材料、构件和设备进行检查验收的措施，应有分部工程、分项工程、检验批质量控制的措施，以及质量控制点的跟踪监控办法。

④审查施工质量管理与保证体系。

(5) 施工安全计划的审查

①施工安全组织机构(安全组织机构形式、安全职责和权限、安全管理人员、安全管理规章制度)和安全资源配置等是否齐全、完善，对新工艺、新施工方法和使用新材料的部位或工作是否有岗前培训计划。审查有重大质量安全隐患的工程施工方案是否安排了专家论证。

②审查承包单位的安全生产许可证、现场相关管理人员的安全生产考核合格证以及特种作业人员的特种作业证与所报资料是否相符。

③审查安全技术措施是否依据工程性质和结构特征及施工特征等有针对性的编制，并是否符合国家建设工程强制性标准。

④项目监理机构应审查施工组织设计中的生产安全事故应急预案，重点审查应急组织体系、相关人员职责、预警预防制度和应急救援措施。

(6)施工环保计划的审查

①审查施工环保目标是否符合有关法规和当地政府的规定，是否有相应的环保组织机构。

②审查确定的施工环保事项内容是否与工程性质、建造地点特征及施工特征相符，对施工现场防治扬尘、噪声、固体废物、水污染采取的环境保护措施是否切实可行进行审查。

a. 审查在组织上是否建立一套环保自我监控体系，责任落实到人。

b. 审查施工现场主要道路是否进行硬化处理；施工现场是否有覆盖、固化、绿化、洒水等有效措施。

c. 审查建筑物内的施工垃圾清运是否采用封闭式专用垃圾道或封闭式容器吊运的技术措施。

d. 审查从事土方、渣土和施工垃圾的运输，是否使用密闭式运输车辆；施工现场出入口处是否设置冲洗车辆的设施。

e. 审查市政道路施工铣刨作业，是否有冲洗等控制扬尘污染措施。

f. 审查现场存放油料，是否对库房进行防漏处理，储存和使用是否有防止油料泄漏、污染土壤水体的措施；化学用品、外加剂等是否有妥善保管、防止污染环境的措施。

g. 审查工地临时厕所、化粪池是否有防止渗漏、防蝇、灭蛆等防止污染水体和环境的措施；审查中心城市施工现场的水冲式厕所是否有防止污染水体和环境保护措施。

h. 审查施工现场是否有遵循《中华人民共和国建筑施工场地噪声限值》制定降噪措施。

(7)施工成本计划的审查

如果建设合同约定合同价款的结算采用按实结算的方式，施工组织设计的审查应结合施工单位编制的资金使用计划和成本控制措施进行，重点审查影响现场签证的技术方案与技术措施的经济合理性，包括涉及工程变更、现场洽商及合同外的增量与涨价因素。

(8)施工总平面图的审查

①平面图布置的内容是否全面。包括已建及拟建的永久性建筑物、构筑物及地下管线，材料仓库、堆场、加工场地及工棚、搅拌场地、生活及行政办公用房，施工机械设备工作位置及行走路线，临时道路及可利用的永久性道路、临时水电气管网、变电站、泵房、消防设施位置、临时排水沟管、临时围护设施及传达室，测量轴线及定位线标志、永久性水准点位置等。

②在满足现场施工要求的前提下，施工平面图是否布置紧凑、便于管理、尽可能减少施工用地。

③是否最大限度地减少场内运输，减少场内二次搬运；机械工作覆盖面是否满足使用要求。

④临时设施的布置是否利于施工管理及工人生产和生活。

⑤是否符合劳动保护、保安、防火的要求，是否满足防洪泄洪的要求。

⑥涉及交通通行的工程，是否能保证施工期不中断社会交通通行。

⑦是否按施工期分阶段进行平面布置，满足并充分反映施工条件的改变。

⑧各种临时设施是否满足安全文明施工和卫生生活要求，且费用合理，施工现场周边应设置临时围护设施，临街脚手架、高压电缆、起重机回转半径伸至街道的应设置安全隔离棚，危险品库附近应有明显标志

及围挡设施，施工现场通道、消防出入口、紧急疏散楼道等均应有明显标志。

(9)审查监理单位认为应审查的其他内容

总监理工程师汇集各专业的审查意见，进行整理后提交承包单位和建设单位并存档。对承包单位修改的施工组织设计按程序再次进行审查，达到要求后方可签署监理机构意见，并盖有监理部的公章。

4.6 工程开工令

总监理工程师应组织专业监理工程师审查施工单位报送的开工报审表(表4.5)及相关资料，同时具备以下条件的，由总监理工程师签署审查意见，报建设单位批准后，总监理工程师签发开工令(表4.6)：

(1)设计交底和图纸会审已完成。

(2)施工组织设计已由总监理工程师签认。

(3)施工单位现场质量、安全生产管理体系已建立，管理及施工人员已到位，施工机械具备使用条件，主要工程材料已落实。

(4)进场道路及水、电、通信等已满足开工要求。

表4.5 开工报审表

工程名称：　　　　　　　　　　　　　　　　　　编号：

致：____________________(建设单位) ____________________(项目监理机构) 我方承担的__________工程，已完成相关准备工作，具备开工条件，特此申请于____年____月____日开工，请予以审批。 附件：证明文件资料。 施工单位(盖章) 项目经理(签字) 年　月　日
审查意见： 项目监理机构(盖章) 总监理工程师(签字) 年　月　日
审批意见： 建设单位(盖章) 建设单位代表(签字) 年　月　日

注：本表一式三份，项目监理机构、建设单位、施工单位各一份。

表 4.6 开工令

工程名称：　　　　　　　　　　　　　　　　　　　　　　　　编号：

致：________________________（施工单位） 经审查，本工程已具备施工合同约定的开工条件，现同意你方开始施工，开工日期为：____年____月____日。 附件：开工报审表。   项目监理机构 总监理工程师（签字、加盖执业印章） 年　　月　　日

注：本表一式三份，项目监理机构、建设单位、施工单位各一份。

4.6.1 承包单位资质与人员资格查验

(1)工程开工前，项目总监理工程师应该组织监理工程师对承包单位申报的资质、人员持证上岗情况进行严格审核并现场验证。

(2)专业监理工程师在工程开工前验证承包单位申报的单位资质、关键岗位人员、特殊工种作业人员上岗证，对资质的承包范围是否与承接业务相符、单位资质和人员证件是否在有效期内进行审核验证。在施工期间应将承包方申报的人员资质与现场实际施工人员进行对照，同时将关键岗位人员与投标文件进行对照，并在施工过程中定期核验，确保人证合一，持证上岗，各类证件在有效期期内。专业监理工程师对审核合格的证件签署“原件已核、人证相符、证件有效”等意见。

(3)施工项目部关键岗位及相关人员应与投标文件或与报建设主管部门施工合同备案人员相一致，如果出现变动，必须符合建设主管部门对关键岗位及相关人员变动的规定。

(4)总监理工程师根据专业监理工程师审核情况对其审批。

(5)项目监理机构查验承包单位相关证书时，发现如下不合格或不符合要求的，应分别予以处理：

①对单位资质等级、承包范围不符合该单位在本工程中所承接的工程要求的，对缺少本工程必需的特殊施工、安装许可证的，对缺少单位安全生产许可证的，总监理工程师应以“监理工作联系单”向建设单位书面提出更换承包单位的建议。

②对单位资质证书超过其有效期限的，应要求其尽快办理延期换证手续并呈报监理部复审，否则也应向建设单位建议将其清退出场。

③承包单位资质证书不符合要求的，不准其开工并应禁止其进行施工准备工作。

④对承包单位管理人员无执业资格证、安全培训合格证，或其证过期的，应要求承包单位更换人员或尽快补办延期手续后呈报监理部复审。

⑤对持证上岗作业人员的个人上岗证过期未办理复审延期或重新办证的、人证不符的、应持证上岗而无证作业的，应下达“监理工程师通知单”，要求承包单位将其清退出场并更换持有效证件人员上岗作业。

⑥对工程进程中承包单位补增或调换的需持证上岗作业人员的，如监理工程师核查其无证或持过期证件的，也应按上述方法处理。

4.6.2 施工质量与安全保证体系审查

(1)施工质量管理与保证体系审查的主要工作

①查验承包单位质量保证体系认证书。

②查验承包单位质量负责人和本项目质量负责人的执业证书。

③检查施工项目负责人、技术负责人、质量负责人的执业证书。

④查验项目组织机构和质量管理制度。

⑤查验施工质量关键岗位人员执业证书。

⑥查验检测、试验、测量人员执业证书。

⑦查验检测、试验、测量和施工设备情况。

⑧查验施工质量、检测、测量等人员培训记录。

⑨审查分包单位资质及质量保证体系。

⑩审查分包单位项目负责人、技术负责人和质量负责人的执业证书。

(2)施工安全生产管理与保证体系审查的主要工作

①查验承包单位安全生产许可证书和安全标准化认证证书。

②查验承包单位职业健康与安全保证体系认证书。

③查验承包单位安全负责人和本项目安全负责人执业证书。

④查验施工项目负责人和安全管理负责人执业证书。

⑤查验项目安全管理组织机构和安全管理制度。

⑥查验施工安全管理人员执业证书。

⑦查验施工职业健康和环境人员执业证书。

⑧查验项目重大危险源清单和应急预案。

⑨查验施工安全投入和经费使用情况。

⑩查验施工人员安全培训情况及记录。

⑪审查分包单位资质及其职业健康与安全生产保证体系。

⑫审查分包单位项目负责人、安全负责人的安全执业证书。

(3)审查的组织

总监理工程师组织监理机构人员召开施工质量与安全生产保证体系审查会议,大型复杂项目要求企业技术部门安排人员参加,按照国家、地方(行业)相关规定,对审查工作进行部署,指出审核工作的重点,提出要求,明确责任,规定完成时间。专业监理工程师必须有书面审查意见交总监理工程师。

①审查施工质量与安全生产保证体系文件。

a. 组织文件的审查:核查承包单位是否按相关规定和项目情况建立了组织机构,关键岗位人员的配置是否符合建设主管部门的规定,职责是否明确,制度(特别是定期自查、自纠、自验制度)是否健全。

b. 技术文件的审查:核查承包单位对施工"新技术、新工艺、新方法和新材料"的使用是否有相应的技术管理制度;对常发质量与安全事故的工序和工作点是否建立有相应的预防制度;对重大危险源的控制是否建立有相应的管理制度与应急预案;是否建立有安全台账。

c. 经济文件的审查:对投入的预防质量与安全事故的装备、资金、培训是否有计划,从管理层到操作层是否建立了严格的质量与安全奖惩制度。

②审查施工质量与安全生产负责人及关键岗位人员的资质,抽查有关施工人员的执业证书是否与投标文件、施工组织设计及报送的资料相符。

③核对施工质量与安全生产保证体系有关施工、检测、测量、防火、防毒、卫生防疫设施施工准备情况,组织验收已完成安全设施,并记录存档。

④必要时约见施工项目负责人、质量负责人和安全生产负责人,向其了解具体情况并听取他们的汇报。

⑤考核施工质量管理人员、安全生产管理人员了解相应职责和相关制度的情况,核实施工质量与安全生产保证体系措施的落实情况。

⑥核查施工质量与安全生产保证体系在施工准备阶段落实和运行情况。

4.6.3 建筑机械核查

(1)施工机械设备的进场核查

①施工机械设备进场前，要求承包单位向监理机构报送“进场施工机械设备报验单”，列出进场机械设备的型号、用途、规格、数量、技术性能（技术参数）、设备状况、进场时间，并给监理机构留有充足的审核时间。

②核查施工机械设备的选型。主要核查施工机械的技术性能、工作能力、设备质量（可靠性及维修难易性、能源消耗）、设备数量以及安全性等，确保施工机械设备满足对施工质量、安全、进度等方面的需要。

③机械设备进场后，根据承包单位报送的清单，监理工程师进行现场核对，核查是否和施工组织设计中所列内容或与承包单位投标书附表所列清单相符。

（2）机械设备安装、拆卸和工作状态的核查

监理工程师应核查作业机械的安装、拆卸、使用、保养记录，检查其工作状况；重要的工程机械，监理工程师还应经常了解施工作业中机械设备的工作状况，防止带病运行。发现问题，指令承包单位及时修理，以保持良好的作业状态。对核查工作应有监理工作记录。

①核查起重机械安装、拆卸专项施工方案及施工方案审批程序是否符合相关规定。

②监督施工单位执行起重机械设备等安装、拆卸专项施工方案的执行情况。

③起重机械第一次在现场安装完成后，必须经过当地质量技术监督检验部门的鉴定，取得机械安全检验合格证后方可允许投入使用。

④监督检查建筑起重机械的使用情况，发现存在生产安全事故隐患的、要求限期整改拒不整改的应及时向建设单位报告。

（3）建筑起重机械等设备安全运行的核查

对于建筑起重机械设备和自升式架设设施等有特殊安全要求的设备，进入现场后，在使用前必须经检验检测，监理工程师核实符合要求并办好相关备案手续后方可允许承包单位投入使用。

监理机构应查验承包单位拟在工程项目中使用的施工起重机械设备、整体提升脚手架、模板等自升式架设设施和安全设施的相关证件和资料是否符合规定。审查施工起重机械设备、整体提升脚手架、模板等自升式架设设施的检验检测报告和进场验收手续。参与施工起重机械设备、整体提升脚手架、模板等自升式架设设施的试运行和安装验收，督促承包单位及时办理相关设备设施的使用登记手续。

（4）大型施工设备的核查

大型设备使用前，承包单位必须取得相应安全职能部门的审查批准，办好相关手续后，监理工程师方可批准投入使用。

（5）其他检查要求

①核查各种施工机械设备的进场时间及周转计划是否能满足工程进度计划（尤其是网络计划中的关键路线）的要求。

②对数量不足或不配套的施工机械设备，应限期让承包单位补足和配套；对审验不合格的施工机械设备，应限期让承包单位撤离工地；承包人要求替代或更换的施工机械设备，应事先得到监理工程师的同意。

③已运入现场并经监理工程师审查的施工机械设备，未征得同意不得运出工地或更换。

④对容易发生安全事故的施工设备，核查其安全防护措施与设备同期配套后才能投入使用。核查承包单位的设备管理机制是否已建立，责任是否明确到人。

4.6.4 施工条件核查

在签发开工令之前，监理机构还应根据项目特点、建设环境以及工程建设合同要求等核查建设单位负责提供的场外进场道路及水、电、通信等是否已满足开工要求，承包单位负责的场内“三通一平”是否已满足开工要求；根据合同与施工要求，核查承包单位在开工前应完成的试验条件、工地现场定位与放线等测量工作是否完成，施工作业人员和工程材料的进场是否满足开工条件以及专业分包单位是否开始落实等工作。

【案例 4.2】 某建设单位开发建设一栋 24 层综合办公写字楼，委托 A 监理公司进行监理，经过施工招标，建设单位选择了 B 建筑公司承担工程施工任务。B 建筑公司拟将桩基工程分包给 C 地基基础工程公司，拟将暖通、水电工程分包给 D 安装公司。

在总监理工程师组织的现场监理机构工作会议上，总监理工程师要求监理人员在B建筑公司进入施工现场到工程开工这一段时间内，要熟悉有关资料，认真审核施工单位提交的有关文件、资料等。请问：

(1)在这段时间内监理工程师应熟悉哪些主要资料？

(2)监理工程师应重点审核施工单位哪些技术文件与资料？

【解析】

(1)监理工程师应熟悉的资料包括：

①工程项目有关批文、报告文件(各种批文、可行性研究报告、勘察报告等)。

②工程设计文件、图纸等。

③施工规范、验收标准、质量评定标准等。

④有关法律、法规文件。

⑤合同文件(监理合同、承包合同等)。

(2)监理工程师在施工单位进入施工现场到工程开工这一阶段应重点审查：

①施工单位编制的施工方案和施工组织设计文件。

②施工单位质量保证体系或质量保证措施文件。

③分包单位的资质。

④进场工程材料的合格证、技术说明书、质量保证书、检验试验报告等。

⑤主要施工机具、设备的组织配备和技术性能报告。

⑥审核拟采用的新材料、新结构、新工艺和新技术的技术鉴定文件。

⑦审核施工单位开工报告，检查核实开工应准备的各项条件。

思考题

4.1　项目监理机构的组成应满足哪些基本要求？

4.2　试述施工准备阶段监理的主要工作。

4.3　如何进行设计图纸的交底？

4.4　试述施工组织设计审查的程序和要求。

4.5　审查承包人的质量管理与保证体系应从哪些方面着手？

5 施工阶段的监理

本章提要

施工阶段的监理是工程监理全过程中经历时间最长的阶段，也是工作量极大的阶段。目前，我国建设领域施工阶段监理工作也基本上走上制度化、规范化与程序化，逐步进入了成熟阶段。因此，学习施工阶段监理工作的知识，在有利于掌握监理工作业务的同时，还可帮助我们熟悉施工中的有关管理工作。本章分别阐述了监理工作的质量控制、进度控制和造价控制的各项主要内容和设备采购监理与设备监造，以及工程质量的验评和施工安全监督，同时介绍了围绕目标控制中的合同管理、工程变更、工程索赔与延期的处理。最后还介绍了FIDIC合同条件下监理工作的基本运作方法。

5.1 工程质量控制

5.1.1 分包单位资格审核

分包工程开工前，项目监理机构应审核施工单位报送的“分包单位资质报审表”(表5.1)，专业监理工程师提出审核意见后，由总监理工程师签发。

(1)审核的基本内容

分包单位资格审核的基本内容有：

①营业执照、企业资质等级证书；

②安全生产许可文件；

③类似工程业绩；

④专职管理人员和特种作业人员的资格证书。

(2)审核的工作要点

①合格性审查，包括：

a.分包单位资质材料审查。按中华人民共和国建设部令(第159号)颁布的《建筑企业资质管理规定》，查验经建设行政主管部门进行资质审查核发的，具有相应承包企业资质和建筑业劳务分包企业资质的“建筑业企业资质证书”、“企业法人营业执照”和“安全生产许可证”。注意拟承担分包工程内容与资质等级、营业执照是否相符。需要时一并审查特种行业施工许可证、国外(境外)企业在国内承包工程许可证。

b.分包单位近年来类似工程业绩，要求提供工程名称、工程质量验收等证明文件。

c.审查拟分包工程的内容和范围。注意承包单位的发包性质，禁止转包、肢解分包、层层分包等违法行为。注意分包是否符合施工合同规定。

d.审查关键岗位人员和特种作业人员的资格证、上岗证。

e.施工合同中已明确分包单位的，该分包单位的资格审查不报审。但承包单位应采用“承包单位报审表”提供该分包单位的营业执照、资质证书、关键岗位人员和特种作业人员的资格证、上岗证，由专业监理工程师进行认真的验证。

②专业监理工程师对分包单位的各种资质文件要查看原件，审查证件的有效期及载明的经营范围和承包工程范围，并留存复印件，复印件上要加盖其单位公章，法人代表要对施工现场的负责人出具法人授权委托书。

表 5.1　分包单位资质报审表

工程名称：　　　　　　　　　　　　　　　　　　　　　　　　　　　　　编号：

致：______________________________（项目监理机构）

经考察，我方认为拟选择的____（分包单位）具有承担下列工程的施工/安装资质和能力，可以保证本工程按施工合同第_______条款的约定进行施工/安装。分包后，我方仍承担本工程施工合同的全部责任。请予以审查。

分包工程名称（部位）	分包工程量	分包工程合同额
合　　　　计		

附：1. 分包单位资质材料；
2. 分包单位业绩材料；
3. 施工单位对分包单位的管理制度。

施工单位（盖章）
项目经理（签字）
年　　月　　日

审查意见：

专业监理工程师（签字）
年　　月　　日

审核意见：

项目监理机构（盖章）
总监理工程师（签字）
年　　月　　日

注：本表一式三份，项目监理机构、建设单位、施工单位各一份。

③专业监理工程师对“分包单位资质报审表”审查时，主要是审查施工承包合同是否允许分包，分包的范围和工程部位是否允许进行分包，分包单位是否具有按工程承包合同规定的条件完成分包工程任务的能力，必要时可以会同承包单位进行实地考察和调查，核实承包单位申报材料与实际是否相符。

④审查、控制的重点一般是分包单位施工组织者、管理者的资格与质量管理水平，特殊专业工种和关键施工工艺或新技术、新工艺、新材料等应用方面操作者的素质与能力。

⑤若专业监理工程师认为该分包单位基本具备分包条件，则应在进一步调查后由总监理工程师予以书面确认。

5.1.2　施工控制测量成果的复核

(1)复核的内容

施工承包单位应向项目监理机构报送“施工控制测量成果报验表”(表5.2),专业监理工程师应检查、复核施工单位报送的施工控制测量成果及保护措施,签署意见。检查、复核的内容包括:

①施工单位测量人员的资格证书及测量设备检定证书;

②施工平面控制网、高程控制网和临时水准点的测量成果及控制桩的保护措施。

专业监理工程师应对施工单位在施工过程中报送的施工测量放线成果进行查验。专业监理工程师应审核施工单位的测量依据、测量人员资格和测量成果是否符合规范及标准要求,符合要求的由专业监理工程师予以签认。

表5.2　施工控制测量成果报验表

工程名称:　　　　　　　　　　　　　　　　　　　　　　　编号:

致:____________________(项目监理机构) 我方已完成____________________的施工控制测量,经自检合格,请予以查验。 附:1. 施工控制测量依据资料; 2. 施工控制测量成果表。 施工单位(盖章) 项目经理(签字) 年　　月　　日
审查意见: 项目监理机构(盖章) 专业监理工程师(签字) 年　　月　　日

注:本表一式三份,项目监理机构、建设单位、施工单位各一份。

(2)复核的工作要点

专业监理工程师应在合同规定的时间内或在施工单位的施工定线进行之前的合理时间内,会同建设单位向施工单位书面提供原始基准点、基准线、基准高程的方位和数据,并对施工单位的施工定线进行检查验收。

①专业监理工程师应对建设单位提供的或图纸上的原始定线资料进行复核,对无力消除的差错应通过建设单位予以纠正。

②若原始基准点或基准高程发生损坏或丢失,当失控点连续在两个以上时,应通过建设单位予以补定;一个点失误时,可直接由施工单位予以补定,专业监理工程师复核认定。

③专业监理工程师应对施工单位以加密控制、定线和施工放样为目的的测量工作进行现场监督、检查并复核认定。

④专业监理工程师应指示并检查施工单位对所有测量控制点进行有效的保护,直到工程竣工验收结束。

对于公路工程，还应验收施工单位测定的地面线。专业监理工程师应要求施工单位对全部工程或开工段落的原始地面线进行实际测定，并对测定工作进行检查验收，以作为路基横断面施工图和土石方工程计量的依据。

①施工单位的测定工作应在原始地面线未被施工扰动以前进行；测定所使用的仪器精度及操作方法应符合勘测设计要求与规定。

②专业监理工程师的检查与复核测量应伴随施工单位的测量同步或平行进行。复测频率应能判定施工单位测定结果是否真实可靠。

③专业监理工程师应对施工单位旨在影响土石方工程数量的任何纵向加桩及横向测点的不合理加以纠正，使纵向的加桩连线和横向的测点连线与实际地面线相符合。

④专业监理工程师应要求施工单位根据施工合同文件中标准横断面图、纵断面图及实际测定的地面线资料，提交出用于施工放样的横断面施工图和用于确定实际土石方工程数量的土石方计算表以供审核。

⑤对于建设单位已经移交了工程场地占用权，但施工单位尚不施工或尚未测定的施工段落，专业监理工程师应要求施工单位对工程场地的地面线进行有效的保护，不得随意开挖或倾倒垃圾，由此而发生的工程数量或工程费用也不应认可。公路工程等线路工程还应检查承包人占用的工程场地。

在合同规定的开工令发出之前及各项工程开工前合理的时间里，专业监理工程师应督促建设单位将全部工程或施工段落的工程场地移交给施工单位使用。

①专业监理工程师应要求施工单位提出工程场地占用计划(附图)，并把占地计划提供给建设单位，以便建设单位在合理的时间内完成工程场地的准备。

②对建设单位难以按工程进度计划及场地占用计划提供工程场地的段落，专业监理工程师应通过与施工单位协商，对施工段落的顺序安排作出合理的解释。

③工程场地交接应在工程现场进行并履行必要的文字手续，各有关的代表应在交接文件上签字。

④专业监理工程师应要求施工单位对已占有的工程场地埋置永久性的界桩，并对场地进行看管。

5.1.3 施工单位试验与计量设施的检查

(1)检查的内容

专业监理工程师应检查施工单位的实验室。施工单位的实验室是指施工单位自有的实验室或委托的实验室。检查的内容包括：

①实验室的资质等级及试验范围。

②法定计量部门对试验设备出具的计量检定证明。

③实验室管理制度。

④试验人员资格证书。

另外，专业监理工程师应要求施工单位定期提交影响工程质量的计量设备的检查和检定报告。计量设备是指施工中使用的衡器、量具、计量装置等设备。施工单位应按有关规定定期对计量设备进行检查、检定，确保计量设备的精确性和可靠性。

(2)资质文件及内业资料考核

专业监理工程师通过对资质文件原件和内业资料的查阅，考核承包单位施工实验室、委托试验检测机构的业绩、管理的规范性和人员状况。考核内容包括：

①施工实验室人员持试验资格证书的真实性和有效性。

②申报持证人员信息登记情况。

③母体(一般指本实验室的授权单位)试验检测机构试验检测等级证书、计量认证合格证书的真实性和有效性。

④母体试验检测机构授权书的真实性和规范性，授权范围的合法性。

⑤施工实验室的管理制度和质量管理体系文件。

⑥取样、留样运转体系。

⑦本工程的试验项目及其要求。

(3)承包单位施工实验室、委托试验检测机构管理制度的审查

承包单位施工实验室、委托试验检测机构管理制度应健全。审查的内容包括：

①组织与管理结构图。

②工作程序与质量管理。

③岗位责任制。

④仪器设备操作规程、保养维修及管理。

⑤仪器设备的计量检定、校准及管理。

⑥实验室管理制度，环境卫生、安全管理。

⑦样品、资料、档案管理制度。

⑧实验室、养护室温度管理。

⑨有关试验检测标准、规范、规程、方法等技术文件齐全。

【案例 5.1】 监理机构通过现场符合性检查，考核试验检测机构仪器设备配备、环境设施等实际状况是否与承包单位申报的内容一致，是否满足施工实验室的要求。监理机构应从哪些方面核查仪器设备配置是否齐全及其环境条件情况。

【解析】

(1)监理机构应从以下几项核查仪器设备配置齐全情况：

①施工实验室仪器设备根据现场试验检测项目和施工承包合同要求配置到位。

②实验室试验检测仪器设备具有法定计量部门出具的计量鉴定证书或设备标定证明文件，且在时效范围内。

(2)监理机构应从以下几项核查环境条件情况：

①实验室房屋结构牢固，试验操作平台砌筑平整、稳固，实验室面积大小与试验检测项目相匹配，遵循仪器设备布局合理、方便试验操作的原则，实验室保持干净整洁。

②室内通风、采光好，根据试验检测项目需要配置通风设备。

③实验室必须综合考虑供电、排水等措施，具有完善的消防设施。

④实验室遗弃的废液等有害物质的处理符合环保要求。

5.1.4 工程材料与工程设备的质量控制

专业监理工程师应审查施工单位报送的新材料、新工艺、新技术和新设备的质量认证材料和相关验收标准的适用性，必要时，应要求施工单位组织专题论证，审查合格后报总监理工程师签认。

项目监理机构应审查施工单位报送的“工程材料/设备/构配件报审表”(表 5.3)及质量证明文件，并按照有关规定或建设工程监理合同约定，对用于工程的材料进行见证取样、平行检验。

未经项目监理机构检验的工程设备、材料、构配件，项目监理机构应拒绝签认；对已进场经检验不合格的工程材料、设备、构配件，项目监理机构应要求施工单位限期将其撤出施工现场。

(1)设备、材料、构件保证资料核查

①对用于工程的主要材料，进场时监理工程师应核查厂家生产许可证、出厂合格证、材质化验单及性能检测报告，审查不合格者一律不准用于工程。

②在现场配制的材料，承包单位应进行级配设计与配合比试验，经试验合格后才能使用。

对于混凝土工程中砂、石骨料本身的组分级配，道路工程中路基填料的级配、配合及拌制，路面工程中沥青摊铺料的级配配比等，使用的原材料除材料本身质量要符合规定要求外，材料本身的级配也必须符合相关规定。

对于混凝土、砂浆拌制等材料配合比，根据设计要求，承包单位首先进行理论配合比设计，进行试配试验后，确认 2～3 个能满足要求的理论配合比提交监理工程师审查。报送的理论配合比必须附有原材料的质量证明资料(现场复验及见证取样试验报告)、现场试块抗压强度报告及其他必需的资料。监理工程师经审查后确认其符合设计及相关规范的要求后，予以批准。以混凝土配合比审查为例，应重点审查水泥品种、水泥最大用量、粉煤灰掺入量、水胶比、坍落度、配制强度、使用的外加剂、砂的细度模数、粗骨料的最大

粒径限制等。

表 5.3　工程材料/设备/构配件报审表

工程名称：　　　　　　　　　　　　　　　　　　　　　　　　　　编号：

致：________________________（项目监理机构） 我方于_____年_____月_____日进场的用于工程__________部位的__________（工程材料/设备/构配件），已完成自检。现将相关资料（见附件）报上，请予以审查 附件：1. 工程材料/设备/构配件清单； 2. 质量证明文件； 3. 自检结果。 施工单位（盖章） 项目经理（签字） 年　　月　　日
审查意见： 项目监理机构（盖章） 专业监理工程师（签字） 年　　月　　日

注：本表一式两份，项目监理机构、施工单位各一份。

③对于进口材料、构配件和设备，监理工程师应要求承包单位报送进口商检证明文件，并会同建设单位、承包单位、供货单位等相关单位按合同约定进行联合检查验收。联合检查由承包单位提出申请，监理单位组织，建设单位主持。

④对于工程采用新设备、新材料，还应核查相关部门鉴定证书或工程应用的证明材料、实地考察报告或专题论证材料。

（2）设备、材料、构配件质量的检验

①工程设备检查验收前，设备安装单位应提交设备检查验收方案，包括验收方法、质量标准、检查验收的依据，经监理工程师审查同意后实施。

②原材料、（半）成品、构配件进场时监理工程师应检查其尺寸、规格、型号、产品标志、包装等外观质量，并判定其是否符合设计、规范、合同等要求。

③对进场的工艺设备，监理工程师应会同供货商等进行开箱检验，检查其是否符合设计文件、合同文件和规范等所规定的厂家、型号、规格、数量、技术参数等，检查设备图纸、说明书、配件是否齐全。

a. 对整机装运的新购设备，应进行运输质量及供货情况的检查。对有包装的设备，应检查包装是否受损；对无包装的设备，则可直接进行设备外观检查及附件、备品的清点。对进口设备，则要进行开箱全面检查。若发现设备有较大损伤，应做好详细记录或拍照，并要求承包单位尽快与运输部门或供货厂家交涉处理。

b. 对解体装运的自组装设备，在对总成、部件及随机附件、备品进行外观检查后，应尽快组织工地组装并进行必要的检测试验。

c. 工地交货的机械设备，一般都由制造厂在工地进行组装、调试和生产性试验，自检合格后才提请订货单位复验，待试验合格后，才能签署验收。

d. 调拨的旧设备的测试验收，应基本达到“完好设备”的标准。全部验收工作，应在调出单位所在地进行，若测试不合格就不装车发运。

e. 对于永久性或长期性的设备改造项目，应按原批准方案的性能要求，经一定的生产实践考验并鉴定合格后才予验收。

f. 对于自制设备，在经过 6 个月的生产考验后，按试验大纲的性能指标测试验收，决不允许擅自降低标准。

④对所有进场材料或构件必须按规范规定确定抽检比例或全检方式，抽检取样和送检必须有专业监理工程师在场见证，必要时监理工程师应采取平行检验。

⑤对于不能送实验室检验的设备、构配件等，应按规范规定的办法进行现场检验或实验，监理机构应进行监督。

⑥凡标志不清或怀疑质量有问题的材料、保证资料、与合同规定不符的一般材料等，应进行抽样检验。进口材料和重要工程或关键部位所用的材料应全数检验。

(3)设备、材料、构配件堆放的审查

监理工程师应对承包单位在原材料、(半)成品、构配件的存放、保管条件及时间方面进行审查。应当根据它们的特点、特性以及对防潮、防晒、防锈、防腐蚀、通风、隔热等方面的不同要求，审查存放条件，以保证存放质量。如果存放、保管条件不良，监理工程师应要求施工承包单位加以改善并达到要求。

(4)见证取样与送检

材料质量检验的取样必须有代表性，在采取试样时，必须按国家或地方(行业)的试验取样办法规定的部位、数量及采选的操作要求进行。

见证是指由监理工程师现场监督承包单位某工序全过程完成情况的活动。见证取样则是指对工程项目使用的材料、半成品、构配件的现场取样及工序活动效果的检查实施见证。见证取样和送检是对建筑材料质量把关的重要科学手段，通过检测试验证明材料质量的合格性，保证使用的建筑材料符合设计要求和规范与规程的规定。在房屋建筑工程与市政工程项目中，对工程材料、承重结构的混凝土试块、承重墙体的砂浆试块、结构工程的受力钢筋(包括接头)、钢结构构件等实行见证取样。

①掌握实施见证取样的要求。

a. 实验室要具有相应的资质并进行备案、认可。

b. 负责见证取样的监理工程师要具有材料、试验等方面的专业知识。

c. 承包单位从事取样的人员一般应是实验室人员，或专职质检人员担任。

d. 送往实验室的样品，要填写“送验单”，送验单要盖有“见证取样”专用章，并有见证取样监理工程师的签字。

e. 实验室出具的报告应一式两份，分别由承包单位和项目监理机构保存，并作为归档材料，是工序产品质量评定的重要依据。

f. 见证取样的频率，国家或地方(行业)主管部门有规定的，执行相关规定；施工承包合同中如有明确规定的，执行施工承包合同的规定。见证取样的频率和数量，包括在承包单位自检范围内，一般所占比例为 30%(要求全检的除外)。

g. 实行见证取样，决不可代替承包单位应对材料、元件、构配件进场时必须进行的自检。自检频率和数量要按相关规范要求执行。

② 要求取样人员按规定编制工程材料、构配件、设备、元件、(半)成品等的试块、试件、试样见证取样和送检计划表。

③ 见证人员建立工程材料、构配件、设备、元件、(半)成品等的试块、试件、试样见证取样和送检监理监督台账表，核对受检试块、试件、试样等的数量与近期工程实际所需工程材料、构配件、设备、元件、(半)成品等的试块、试件、试样等的数量是否吻合，防止漏报避检。

④见证人员接到报验通知书后立即做好准备并及时参与见证取样和送检。

⑤同一厂家、类别、型号、批号、规格等的材料、元件、构配件、试块、试件等每次进场都要坚持分别见证取样和送检。

⑥现场预留制作试块、试件时，见证人员要进行旁站监督。

⑦时效性强和对存储环境要求较高的材料、元件、构配件等，长时间停放后恢复使用时要再次进行见证取样和送检。

【案例 5.2】 请简述监理机构对发包方供应材料、设备时的质量控制要点以及供应材料、设备与约定不符时的处理方法。

【解析】

(1)监理机构对发包方供应材料、设备的质量控制要点

① 发包方供应材料、设备的一览表

对于由发包方供应的材料、设备，应当约定发包方供应材料、设备的一览表。一览表的内容应当包括材料、设备的种类、规格、型号、数量、单价、质量等级、提供的时间和地点。发包方按照一览表的约定提供材料、设备。

② 发包方供应材料、设备的验收

发包方应当向承包方提供其供应材料、设备的产品合格说明，并对这些材料、设备的质量负责。发包方应在其所供应的材料、设备到货前 24 小时，以书面形式通知监理人和承包方，与发包方共同清点。

③ 材料设备验收后的保管

发包方供应的材料、设备经共同验收后由承包方妥善保管，发包方支付相应的保管费用。因承包方的原因发生损坏丢失，由承包方负责赔偿。发包方不按规定通知承包方验收，发生的损坏丢失由发包方负责。

④ 发包方供应材料、设备使用前的检验或试验

发包方供应的材料、设备进入施工现场后需要在使用前检验或者试验的由承包方负责，费用由发包方承担。即使在承包方检验通过之后，如果又发现材料、设备有质量问题的，发包方仍应承担重新采购及拆除重建的追加合同价款，并相应顺延由此延误的工期。

(2)发包方供应材料、设备与约定不符时的处理

发包方供应的材料、设备与约定不符时，应当由发包方承担有关责任，具体按照下列情况进行处理：

① 材料、设备单价与合同约定不符时，由发包方承担所有差价。

② 材料、设备的种类、规格、型号、数量、质量等级与合同约定不符时，承包方可以拒绝接收保管，由发包方运出施工场地并重新采购。设备到货时如不能开箱检验，可只验收箱子数量。承包方开箱时须请发包方到场，出现缺件或者质量等级、规格与合同约定不符的情况时，由发包方负责补足缺件或者重新采购。

③ 发包方供应材料的规格、型号与合同约定不符时，承包方可以代为调剂串换，发包方承担相应的费用。

④ 到货地点与合同约定不符时，发包方负责运至合同约定的地点。

⑤ 供应数量少于合同约定的数量时，发包方将数量补齐；多于合同约定的数量时，发包方负责将多出部分运出施工场地。

⑥ 到货时间少于合同约定时间，发包方承担因此发生的保管费用；到货时间迟于合同约定的供应时间，由发包方承担相应的追加合同价款。发生延误，则相应顺延工期，发包方赔偿由此给承包方造成的损失。

【案例 5.3】 请简述监理机构对承包方采购材料、设备的质量控制要点。

【解析】

对于合同约定由承包方采购的材料、设备，应当由承包方选择生产厂家或者供应商，发包方不得指定生产厂家或者供应商，可以对生产厂家范围作出要求。

① 承包方采购材料、设备的验收

承包方根据约定及设计和有关标准采购工程需要的材料、设备，并提供产品合格证明。承包方在材料、设备到货前 24 小时通知监理工程师验收。这是监理工程师的一项重要职责，监理工程师应当严格按照合同约定、有关标准进行验收。

② 承包方采购的材料、设备与要求不符时的处理

承包方采购的材料、设备与设计或者标准要求不符时，监理工程师可以拒绝验收，由承包方按照监理工程师要求的时间运出施工场地，重新采购符合要求的产品，并承担由此发生的费用，由此延误的工期不予顺延。

监理工程师发现材料、设备不符合设计或标准要求时，应要求承包方负责修复、拆除或者重新采购，并承担发生的费用，由此造成工期延误不予顺延。

③ 承包方使用代用材料

承包方需要使用代用材料时，须经监理工程师认可方可使用，由此增减的合同价款由双方以书面形式议定。

④ 承包方采购的材料、设备在使用前检验或试验

承包方采购的材料、设备在使用前，承包方应按监理工程师的要求进行检验或试验，不合格的不得使用，检验或试验费用由承包方承担。

5.1.5 巡视与旁站

监理人员应对施工过程进行巡视，并对关键部位、关键工序的施工过程进行旁站，填写旁站记录。旁站记录的格式见表5.4。

(1)巡视检查的内容

对正在施工的部位或工序的质量、进度及安全文明生产、项目施工状况等进行巡视检查。检查的主要内容有：

①正在施工的部位或工序是否按照设计文件、施工规范和批准的施工方案进行。

②使用的材料、构配件是否合格和施工机械设备运行是否正常，不合格材料、构配件和设备是否退出施工现场。

③施工现场关键岗位人员，尤其是质量、安全员是否到岗到位，施工人员数量是否发生大的变化。

④施工操作人员的技术水平、操作条件是否满足施工工艺要求，特种操作人员是否持证上岗。

表5.4 旁站记录

工程名称：　　　　　　　　　　　　　　编号：

<table>
<tr><td>施工单位</td><td colspan="3"></td></tr>
<tr><td>旁站的关键部位、关键工序</td><td colspan="3"></td></tr>
<tr><td>旁站开始时间</td><td>年 月 日 时 分</td><td>旁站结束时间</td><td>年 月 日 时 分</td></tr>
<tr><td colspan="4">旁站的关键部位、关键工序施工情况：</td></tr>
<tr><td colspan="4">旁站的情况：</td></tr>
<tr><td colspan="4">意见和建议：

旁站监理人员(签字)：
年 月 日</td></tr>
</table>

注：本表一式一份，项目监理机构留存。

⑤施工环境是否对工程质量产生不利影响。

⑥已施工部位是否存在质量缺陷，是否做好成品保护措施。

⑦施工操作人员的安全防护措施是否到位，新出现的安全隐患危险源是否采取了防护措施和标识。

⑧被整改项目是否整改到位，未经批准复工的工程是否擅自恢复施工。

⑨上道工序未经验收是否已开展下道工序施工。

⑩发生异常变化状况（天气、环境、事故等），是否采取了紧急防范和保护措施。

(2)巡视检查的组织

①总监理工程师制定巡视制度，责任人按制度开展定时常规巡视，总监理工程师（总监理工程师代表）对巡视工作实施检查、考勤。

②项目监理机构监理人员按巡视计划和巡视检查要点每天定时巡视施工现场。首先采取记录、拍照、摄影、封存原样等方式留存原始记录资料，然后依据监理权限对现场巡视发现的问题进行整改与报告。

③对于巡视中发现的问题，监理人员应根据发生的时间、部位、性质及严重程度等情况采取口头（有些问题可以当场当面指出）或书面形式（监理工作联系单或监理工程师通知单）及时通知施工单位相关人员进行整改处理；对于不按图和方案施工，材料未经检测合格或擅自使用或其他存在严重隐患，可能造成或已经造成安全、质量事故的，及时向总监理工程师或上级责任人报告，总监理工程师按程序及时签发“工程暂停令”，要求施工单位停工整改。同时将相关问题及处理情况在“监理日志”及其他文件中做好记录，以备相关问题的处理及验证。

【案例 5.4】 某房屋建筑工程项目监理机构拟对现场监理的巡视提出工作要点，请你草拟一份现场巡视监理工作要点。

【解析】

现场巡视监理工作要点如下：

(1)原材料

施工现场原材料、构配件的采购和堆放是否符合施工组织设计（方案）要求；其规格、型号等是否符合设计要求；是否已见证取样，并检测合格；是否已按程序报监理工程师验收并允许使用；有无使用不合格材料、质量合格证明资料欠缺的材料等。

(2)施工人员

①施工现场管理人员，尤其是质检员、安全员等关键岗位人员是否在岗到位，是否合格，其内部配合和工作协调是否正常，能否确保各项管理制度和质保体系的及时落实且稳定有效。

②特种作业人员是否持证上岗，人证是否相符，是否进行了相应的教育培训和安全、技术交底并有记录。

③现场施工人员组织是否充分、合理，能否符合工期计划要求，是否按业主审批的施工组织设计（方案）和设计文件施工等。

④现场施工人员是否按照规定着装，是否按规定佩戴安全防护用品，如安全帽、口罩、手套和雨靴等。

(3)施工机械

机械设备的进场、安装、验收、保管、使用等是否符合要求和规定，其数量、性能是否满足施工要求，运转是否正常，有无异常现象发生。

(4)深基坑土方开挖工程

①土方开挖前的准备工作是否到位、充分，开挖条件是否具备。

②土方开挖顺序、方法是否与设计要求一致，是否符合“开槽支撑、先撑后挖、分层开挖、严禁超挖”的要求。

③挖土是否分层、分块进行，分层高度和开挖面放坡坡度是否符合要求，垫层混凝土的浇注是否及时。

④基坑边和支撑上的堆载是否允许，是否存在安全隐患。

⑤挖土机械有无碰撞或损伤基坑围护和支撑结构、工程桩、降压（疏干）井等现象。

⑥挖土机械如果在已浇注的混凝土支撑上行走时，设计是否允许，有无采取覆土、铺钢板等措施，是否有在底部掏空的支撑构件上行走与操作的现象。

⑦是否限时开挖，尽快形成围护支撑，尽量缩短围护结构无支撑暴露时间，挖土、支撑要连续施工。

⑧对围护体表面的修补、止水帷幕的渗漏及处理是否有专人负责，是否符合设计和技术处理方案的要求。

⑨每道支撑底面黏附的土块、垫层、竹笆等是否及时清理，避免落下伤人。

⑩每道支撑上的安全通道和临边防护的搭设是否及时且符合要求。

⑪挖土机械工是否有专人指挥，有无违章、冒险作业现象。

(5)施工现场拌制的砂浆、混凝土等混合料配合比检查

①是否使用有资质的材料检测单位提供的正式配合比，是否根据实际含水量进行了配合比调整。

②现场配合比标牌的制作和放置是否规范、耐用、美观，内容是否齐全、清楚，具有可操作性。

③是否有专人负责计量，能否做到"车车计量"，尤其是外加剂和水的掺量是否严格控制在允许范围之内，计量记录是否真实、完整。

④计量衡器是否有合格证，物与证是否相符，是否已经法定计量检定部门鉴定合格并在有效期内使用，其使用和保管是否正常，有无损坏、人为拆卸调整现象。

(6)砌体工程

①基层清理是否干净，是否按要求用细石混凝土进行了找平。

②是否有"碎砖"集中使用和外观质量不合格的块材使用现象。

③是否按要求使用皮数杆，墙体拉结筋型式、规格、尺寸、位置是否正确，砂浆饱满度是否合格，灰缝厚度是否超标，有无透明缝、"瞎缝"和"假缝"。

④墙上的架眼，工程需要的预留孔、预埋件等有无遗漏等。

(7)钢筋工程

①钢筋有无锈蚀、被隔离剂和淤泥等污染的现象，是否已清理干净。

②垫块规格、尺寸是否符合要求，强度能否满足施工需要，有无用木块、大理石板等代替水泥砂浆(或混凝土)垫块的现象。

③钢筋搭接长度、位置、连接方式是否符合设计要求，搭接区段箍筋是否按要求加密；对于梁柱或梁梁交叉部位的"核心区"有无主筋被截断、箍筋漏放等现象。

(8)模板工程

①模板安装和拆除是否符合施工组织设计(方案)的要求，支模前隐蔽工程是否经监理工程师验收合格。

②模板表面是否清理干净，有无变形损坏，是否已涂刷隔离剂，模板拼缝是否严密，安装是否牢固。

③拆模是否事先按程序和要求向监理工程师报审并经签认同意，拆模有无违章冒险行为；模板捆扎、吊运、堆放是否符合要求。

(9)混凝土工程

①现浇混凝土结构构件的保护是否符合要求，现场是否允许堆载、踩踏。

②混凝土构件拆模后构件的尺寸偏差是否在允许范围内，有无质量缺陷，其修补处理是否符合要求。

③现浇构件的养护措施是否有效、可行、及时等。

④采用商品混凝土时，是否留置标养试块和同条件试块，是否抽查混凝土原材料如砂与石子的含泥量和粒径等。

(10)钢结构工程

主要检查钢结构零部件加工条件(如场地、温度、机械性能等)是否合格，安装条件(如基础是否已经验收合格等)是否具备；施工工艺是否合理、符合相关规定；钢结构原材料及零部件的加工、焊接、组装、安装及涂饰质量是否符合设计文件和相关标准的要求等。

(11)屋面工程

①基层是否平整坚固、清洁干净。

②防水卷材搭接部位、宽度、施工顺序、施工工艺是否符合要求，卷材收头、节点、细部处理是否合格。

③屋面块材搭接、铺贴质量如何，有无损坏现象等。

(12)装饰装修工程

①基层处理是否合格，是否按要求使用垂直、水平控制线，施工工艺是否符合要求。

②需要进行隐蔽的部位和内容是否已经按程序报验并通过验收。

③细部制作、安装、涂饰等是否符合设计要求和相关规定。

④各专业之间工序穿插是否合理，有无相互污染、相互破坏现象等。

(13)安装工程及其他

重点检查是否按规范、规程、设计图纸、图集和经监理工程师审批的施工组织设计(方案)施工，是否有专人负责，施工是否正常等。

(14)安全文明施工

①各项应急救援方案是否切实可行，是否已通过监理工程师审批，是否已准备充分。

②施工现场是否存在安全隐患，各项施工有无违章、冒险作业。

③安保体系和设施是否齐全、有效、充分，相关安全检查和记录内容是否真实、及时。

(15)施工环境

①施工环境和外界条件是否对工程质量、安全、进度、投资等造成不利影响，施工单位是否已采取相应措施，是否安全、有效、符合规定和要求等。

②各种基准控制点、周边环境和基坑自身监测点的设置、保护是否正常，有无被压(损)现象，被压(损)坏监测点是否有人在清理和恢复，能否及时完成，监测工作能否正常进行等。

③季节性天气中，工地是否采取了相应的季节性施工措施，比如暑期、冬季和雨季施工等。

(3)旁站工作的内容

旁站是指监理人员在施工过程中，对建设工程关键部位、关键工序的施工质量实施全过程的现场跟班监督活动。旁站工作的主要内容有：

①编制监理规划时，制定旁站监理方案，明确旁站监理的范围、内容、程序和旁站监理人员职责等。

②根据旁站方案实施旁站监理。监督关键部位和工序的施工按照规程、规范、技术标准和批准的设计文件、施工组织设计、专项施工方案等进行。

③监督使用合格材料、构配件和设备，现场搅拌的混凝土按设计配比进行并严格计量。

④要求施工单位关键岗位人员必须在岗，特种操作人员必须持证上岗。

⑤检查施工操作人员的技术水平、操作条件是否满足施工工艺要求。

⑥保证送样样品受检无误。要求试验人员必须持证上岗，试验、试车全过程必须按照试验、试车规程进行，并观察、记录试验及试车情况。

⑦观察施工环境对工程质量和安全生产的影响。

⑧督促施工方的人力投入和施工进度满足工程质量的要求。

⑨发生异常情况是否采取防护和保护措施。

⑩及时发现和处理施工过程中出现的质量问题和安全隐患。

⑪如实做好旁站监理记录。

(4)旁站工作的组织

①总监理工程师组织并主持编制监理规划，制定旁站监理方案，明确旁站监理的范围、内容、程序和旁站监理人员职责等。

②项目开工前监理机构按监理规划旁站监理方案明确的关键部位和工序旁站范围，制定“关键部位和工序的旁站清单表”，经总监理工程师审批后给建设单位和施工企业各送一份。旁站监理方案及“关键部位和工序的旁站清单表”按要求抄送工程所在地的相应建设主管部门或其委托的工程质量监督机构。

③监理机构以监理工作联系单的形式发送给施工单位，告知施工单位在实施旁站监理的关键部位或工序作业时，必须提前48小时书面通知项目监理机构。

④接到施工单位书面通知后，项目监理机构落实旁站监理人员，并提前24小时将信息反馈施工单位。

⑤旁站监理人员提前对施工单位关键岗位人员、机械、材料及施工方案、安全措施及上一道工序质量报验等进行检查。

⑥具备施工条件后，旁站监理人员实施旁站监理，并做好旁站监理记录。

(5)旁站的方法与措施

①编制监理规划制定旁站监理方案时，应明确旁站监理的范围、内容，并结合具体的工程对象制定旁站监理程序和旁站监理人员职责。

a. 房屋建筑工程旁站监理的关键部位、关键工序，在基础工程方面包括：土方回填，混凝土灌注桩浇筑，地下连续墙、土钉墙、后浇带及其他结构混凝土、防水混凝土浇筑，卷材防水层细部构造处理，钢结构安装；在主体结构工程方面包括：梁柱节点钢筋隐蔽工程，混凝土浇筑，预应力张拉，装配式结构安装，钢结构安装，网架结构安装，索膜安装。

其他工程的关键部位、关键工序，可参照以上思路确定。

b. 旁站监理人员的主要职责是：

ⓐ检查施工单位现场质检人员到岗、特殊工种人员持证上岗及施工机械、建筑材料准备情况。

ⓑ在现场跟班监督关键部位、关键工序的施工执行情况以及工程建设强制性标准执行情况。

ⓒ核查进场建筑材料、构配件、设备和商品混凝土的质量检验报告等，并可在现场监督施工单位进行检验或者委托具有资格的第三方进行复验。

ⓓ做好旁站监理记录和监理日记，保存旁站监理原始资料。

②接到施工单位关键部位或工序施工通知后，旁站人员应熟悉旁站项目的设计图纸、旁站方案、规程规范、技术及质量验收标准等文件资料，为现场旁站监理做好准备。

③检查施工准备情况，包括人员到位情况、施工机械准备情况、施工材料准备情况和上一工序验收情况，只有在施工准备情况完全符合要求时才允许施工。

④旁站人员全过程跟班监督，严格执行旁站监理方案。

⑤根据气候等情况，判断是否具有关键部位或工序作业要求的气候条件或根据气象情况等要求施工单位采取相应的作业措施。如大风、暴雨天气不宜浇筑混凝土，雨天要防止保温材料进水等。

⑥检查使用的材料是否符合要求，如有偏差应立即进行处理，禁止不合格的材料用在工程上。

⑦检查施工过程中的施工方法、施工工艺以及质量和安全保证措施的执行情况。如混凝土浇筑的分层厚度、浇筑顺序、施工缝的留置是否符合要求。

⑧对施工中出现的偏差及时纠正，使施工操作符合要求，保证施工质量和施工安全。

⑨危险性较大的工程施工时，旁站人员和安全员要时刻观察支撑体系等是否有异常情况发生，发现施工中出现严重异常情况隐情时，立刻采取停止施工等保护人员安全和工程质量的紧急措施，并及时通知建设方、项目负责人和总监理工程师。发生一般异常情况隐情时，暂停施工，查找原因，查找原因无果时，通知项目负责人和总监理工程师等相关人员前来处理。

⑩当能即时判断施工操作过程不符合规定的情况时，旁站监理人员可先口头指出，使其纠正，在口头指出仍不纠正时，报告总监理工程师处理。

⑪当不能即时判断施工操作过程或产品质量是否符合规定时(如各种钢结构焊接、混凝土浇灌)，应要求施工方送检。

⑫应执行旁站监理的关键部位、工序的施工，凡没有实施旁站监理或者没有旁站监理记录的，专业监理工程师或总监理工程师不得在相应文件上签字。

⑬监理机构要对旁站人员实行考勤制度，小型项目由专业监理工程师或总监理工程师不定时到现场检查旁站人员到位情况。大型项目或晚上施工时专业监理工程师或总监理工程师不定时用电话与现场施工负责人员联系，并要求旁站人员即时前来接听电话，以防止旁站人员脱岗。

⑭必要时进行拍照和摄影，记录当时的施工过程。

⑮将施工中所发生的一切异常情况及所采取的处理措施、现场检验结果等详细记录在“旁站记录表”中，以便事后备查。

⑯总监理工程师或专业监理工程师应定期检查“旁站记录表”，总结关键部位、关键工序的施工经验，与施工单位一起制定预防措施，防止再次发生偏差。

(6)旁站记录的要求

①记录内容要真实、准确、及时，并与监理日记相符合。

②对旁站的关键部位或关键工序，应按照时间或工序形成完整的记录。

③未经旁站人员和施工单位质检人员签字不得进入下道工序施工。

④“旁站的部位或工序”按旁站监理方案确定的旁站监理项目填写，包括隐蔽工程、关键部位、关键工序等施工项目及有关试验项目。

⑤旁站监理开始和结束时间均应填写年、月、日、时、分。

⑥记录表内施工情况应填写施工或试验准备工作完成情况后，施工设备、试验仪器配备情况，使用材料是否经检验合格，施工单位质检员是否在岗，质检员、试验人员、特殊工种人员是否持证上岗，施工全过程是否按照规范、规程、技术标准和标准的施工图纸、施工组织设计进行，是否出现质量或安全问题；试验的全过程是否按照试验规程进行，是否出现过异常情况等。

⑦旁站的情况主要记录旁站人员、时间、旁站监理内容、对施工质量检查情况、监理的意见与建议等。

⑧施工或试验过程中若出现质量、安全或其他异常情况的，应在“意见和建议”栏如实填写有关处理情况。若一切正常，则应填写“无”。

⑨其他栏目要填写完整。

5.1.6 检验批、隐蔽工程、分项工程和分部工程的验收

专业监理工程师应根据施工单位报验的检验批、隐蔽工程、分项工程进行验收，提出验收意见。总监理工程师应组织监理人员对施工单位报验的分部工程进行验收，签署验收意见。

对验收不合格的检验批、隐蔽工程、分项工程和分部工程，项目监理机构应拒绝签认，并严禁施工单位进行下一道工序施工。

检验批、隐蔽工程、分项工程报验表应符合表5.5的格式，分部工程报验表应符合表5.6的格式。

表5.5 ______________报验表

工程名称：　　　　　　　　　　　　　　　　　　　　编号：

致：______________________________（项目监理机构） 　　我方已完成______________________工作，现报上该工程报验申请表，请予以审查、验收。 附：□检验批/分项工程质量自检结果； 　　□关键部位或关键工序的质量控制措施； 　　□其他。 施工单位（盖章） 项目经理（签字） 年　　月　　日
审查、验收意见： 项目监理机构（盖章） 专业监理工程师（签字） 年　　月　　日

注：本表一式两份，项目监理机构、施工单位各一份。

5.1.6.1 检验批的验收

检验批是指按相同的生产条件或按规定的方式汇总起来供检验用的，由一定数量样本组成的检验体。它是工程质量验收划分中的最小验收单位。

(1)检验批验收的内容

主要核查该检验批的质量保证资料、施工操作依据、质量检查纪录是否齐全完整，对满足要求的检验批按质量验收记录表中所列的主控项目和一般项目进行实体验收。其中主控项目是指对安全、卫生、环境保护和公众利益起决定性作用的检验项目，一般项目是指除主控项目以外的检验项目。

表 5.6 分部工程报验表

工程名称： 编号：

致：__________________(项目监理机构) 我方已完成__________________(分部工程)，现将有关资料(见附件)报上，请予以审查、验收。 附件：□分部工程质量检验表； □分部工程质量资料。 施工单位(盖章) 项目经理(签字) 年 月 日
检查意见： 专业监理工程师(签字) 年 月 日
验收意见： 项目监理机构(盖章) 专业监理工程师(签字) 年 月 日

注：本表一式三份，项目监理机构、建设单位、施工单位各一份。

(2)检验批验收的组织

①施工承包单位“自检”、“互检”、“专检”三检评定合格，由项目专业质量检查员填写检验批质量验收记录并与项目技术负责人分别签字后向项目监理机构提出验收申请并提交检验批质量验收记录表及相关资料。

②相关专业监理工程师组织相关现场监理员核查质量保证资料、施工操作依据和质量检查纪录，资料齐全和完整后组织施工项目部技术负责人、项目专业质量检查员(视情况确定施工员、相关班组长是否参加)以及建设单位项目技术负责人或专业工程师(按约定参加)到验收现场进行主控项目和一般项目的实体验收。

③验收合格由专业监理工程师签署验收意见并签名，准许进行下道工序施工；如不同意验收应当场指出存在的问题并责令整改，并严禁下道工序施工。

【案例 5.5】 请说明房屋建筑工程检验批的划分原则。

【解析】

房屋建筑工程检验批的划分原则如下：

(1)各建(构)筑物的定位、放线、标高划分为一个检验批。

(2)多层及高层建筑工程中主体分部的分项工程可按楼层或施工段划分检验批，单层建筑工程中的分项工程可按变形缝等来划分检验批。

(3)地基与基础分部工程中的分项工程一般划分为一个检验批，有地下层的基础工程可按不同地下层划分检验批。

(4)屋面分部工程中的分项工程不同楼层屋面可划分为不同的检验批，同一层屋面也可按变形缝再划分检验批。

(5)其他分部工程中的分项工程，一般按楼层划分检验批，楼层面积大的可按施工段划分多个检验批。

(6)对于工程量较少的分项工程可统一划为一个检验批。

(7)安装工程一般按一个设计系统或设备组别划分一个检验批。

(8)室外工程统一划分为一个检验批。

(9)散水、台阶、明沟等均含在地面检验批中，不另列检验批。

5.1.6.2 隐蔽工程的验收

隐蔽工程是指后续工程完成后被掩盖的分部分项工程和检验批。隐蔽工程完成施工后将被覆盖，由于工程施工过程的不可逆性，及时按规定对隐蔽工程验收是保证整个工程质量、进度的可靠手段。

(1)隐蔽工程验收的内容

对属于隐蔽工程的分部分项工程和检验批进行检查、验收，并签署施工单位提交的报验申请表，验收的隐蔽工程包括：①基坑、基槽工程；②地基工程；③基础工程；④钢筋工程；⑤混凝土等承重结构工程；⑥防水工程；⑦工艺设备、管道油漆保温工程；⑧墙体工程；⑨国家规定必须实行隐蔽工程验收的其他检验批、分项工程、分部工程。

(2)隐蔽工程验收的组织

①施工单位开展隐蔽工程自行检查评定。

②施工单位自行检查评定合格后填写隐蔽工程报验表(表 5.5)。

③监理工程师组织现场检查验收。

④验收合格，监理工程师签署验收结论。

⑤隐蔽工程在隐蔽前应由施工单位通知有关单位进行验收(特别是地基与基础工程、主体结构工程等的隐蔽工程应通知监督工程师、勘测工程师和设计工程师等参加)，并应形成验收文件。

⑥经验收合格的工序可通知进入下道工序，否则，返工整改；待整改好后再进行验收，直至合格。

【案例 5.6】 项目监理机构监理人员应熟悉隐蔽验收的各分部、分项工程及检验批，请说明房屋建筑工程隐蔽验收所对应的内容。

【解析】

房屋建筑工程隐蔽验收所对应的内容一般包括：

(1)基坑、基槽。在地基加固处理(包括加垫层、换土、夯实、固结处理和打桩等)前，按规定对开挖平整以后的基坑、基槽的土质和承载力进行检查验收。

(2)地基工程。在建造基础前，邀请质量监督机构、设计单位、建设单位在现场进行检查验收。对地基加固处理以后的施工质量进行检查验收。

(3)基础工程。按规定对吊顶骨架与间隔墙骨架、给排水、燃气管道、电气管线、通风道等的质量、构造、尺寸偏差进行检查验收。在基槽回填土前，按规定对基础工程的质量、构造、尺寸偏差等进行检查验收。

(4)钢筋等工程。在浇筑混凝土以前，在覆盖屋面保护层、地下室基槽回填土、外墙板勾缝前，按规定对钢筋骨架、管线、部件、预埋件(预留口)等的数量、尺寸偏差、构造要求、保护层厚度进行验收。

(5)承重结构工程。在地面、墙面、屋面、顶棚等进行建筑节能或装修工程施工前,按规定对承重构件(包括墙、柱、梁、板、屋架等)的质量、构造、尺寸偏差等进行检查验收。

(6)防水工程。在覆盖屋面保护层、地下室基槽回填土、外墙板勾缝前,在灌筑混凝土前,按规定对油毡或其他防水材料的质量、层数、作法或空腔防水构造等进行检查验收。

(7)工艺设备、管道油漆保温工程。按规定对油漆层、保温层和保护层的材料质量、层数、厚度、施工工序、防水构造等进行检查验收。

(8)墙体、地面和屋面工程。在内外墙、地面和屋面进行建筑节能工程施工前,按规定对墙体、地面和屋面工程的构造、强度、平整度等进行检查验收。

(9)建筑节能工程。在建筑节能工程上进行装修工程施工前,按规定对其保温效果、防水性、密度、强度等进行检查验收。

5.1.6.3 分项分部工程的验收

各专业行业部门对分项分部工程的定义与划分有所不同,因此,其验收的组织、内容和方法就大不相同。建筑工程的分项工程是按主要的工种、材料、施工工艺、设备类别等划分的一个或几个分项工程,分部工程是按不同的专业性质、建筑部位划分的由多个分项工程组成的工程。本章仅以建筑工程的分项工程和分部工程验收为例进行阐述,其他专业行业的建设项目的分项工程和分部工程应按其行业要求进行验收。

(1)分项分部工程验收的内容

①分项工程的验收

在检验批验收合格的基础上核查该分项工程的质量保证资料、施工操作依据、质量检查纪录是否齐全、完整;并对该分项工程各检验批的实体验收进行汇总和复查。

②分部(子分部)工程的验收

a. 对分部(子分部)工程所包含的所有分项工程进行核查。

b. 对分部(子分部)工程的质量控制资料进行核查。

c. 对分部(子分部)工程的安全和功能目的进行检测。

d. 对分部(子分部)工程的观感质量进行验收。

(2)分项分部工程验收的组织

①分项工程

a. 承包单位在自检评定合格后,项目专业质量检查员填写分项工程报验表(表5.5)和分项工程质量验收记录表,由项目技术负责人检查后给出评价并签字,然后向项目监理机构提出验收申请并提交相关资料。

b. 相关专业监理工程师组织监理人员逐项审查,同意项填写"合格或符合要求",不同意项暂不填写,待处理后再验收,但应作标记。注明验收和不验收的意见,如同意验收则签字确认,若不同意验收,请指出存在问题,明确处理意见和完成时间。

②分部(子分部)工程

a. 承包单位在自检评定合格后填写分部工程报验表(表5.6)和分部工程验收记录表,由项目经理交总监理工程师审查。

b. 总监理工程师仔细审查承包单位报送的资料后,对符合验收条件的分部(子分部)工程组织承包单位的项目经理、项目技术负责人,承包单位的技术、质量部门负责人(地基与基础、主体结构及重要的安装分部),勘察单位项目负责人(地基与基础),设计单位项目负责人(地基与基础、主体结构及重要的安装分部)等相关人员进行分部工程的实体验收并召开验收会议。对于地基与基础、主体结构及重要的安装分部工程,建设单位和当地建设行政主管部门相关人员也应列席参加验收。

5.1.6.4 质量不符合要求的处理

(1)经返工重做或更换器具、设备的应重新进行验收。

(2)经有资质的检测单位检测鉴定能够达到设计要求的应予以验收。

(3)经有资质的检测单位检测鉴定达不到设计要求,但经原设计单位核算认可能够满足结构安全和使用功能要求的,可予以验收。

(4)经返修或加固处理的分项分部工程虽然改变了外形尺寸但仍能满足安全使用要求,可按技术处理方案和协商文件进行验收。

(5)通过返修或加固处理仍不能满足安全使用要求的分项分部工程,严禁验收。

对需要返工处理或加固补强的质量事故,项目监理机构应要求施工单位报送质量事故调查报告和经设计等相关单位认可的处理方案,并对质量事故的处理过程进行跟踪检查,对处理结果进行验收。

项目监理机构应及时向建设单位提交质量事故书面报告,并应将完整的质量事故处理记录整理归档。

5.1.7 监理通知、工作联系单与监理报告

项目监理机构发现施工存在质量问题的,应及时签发监理通知,要求施工单位整改。整改完毕后,项目监理机构应根据施工单位报送的监理通知回复单对整改情况进行复查,提出复查意见。监理通知应符合表5.7的格式。监理通知回复单应符合表5.8的格式。

表5.7 监理通知

工程名称: 编号:

致:______________________(施工单位) 事由:______________________ ______________________ ______________________ ______________________ 内容:______________________ ______________________ ______________________ ______________________ 项目监理机构(盖章) 总/专业监理工程师(签字) 年 月 日

注:本表一式三份,项目监理机构、建设单位、施工单位各一份。

表5.8 监理通知回复单

工程名称: 编号:

致:______________________(项目监理机构) 我方接到编号为__________的监理通知后,已按要求完成相关工作,请予以复查。 附:需要说明的情况。 施工单位(盖章) 项目经理(签字) 年 月 日
复查意见: 项目监理机构(盖章) 总/专业监理工程师(签字) 年 月 日

注:本表一式三份,项目监理机构、建设单位、施工单位各一份。

监理通知是监理工程师在项目建设中对被监理单位下达指令的载体。项目监理机构与工程建设相关方之间的工作联系，除另有规定外宜采用工作联系单（表5.9）形式进行。工作联系单是项目监理机构对相关建设责任主体就有关事项实施告知、进行工作联系的载体。项目监理机构通过载体要求承包单位对施工中出现的问题进行整改或提醒其应注意的工作事项，通过工作联系单向建设单位提供需要的重要工程信息或寻求解决问题的工作汇报等。

表5.9　工作联系单

工程名称：　　　　　　　　　　　　　　　　　　　　编号：

致：＿＿＿＿＿＿＿＿＿＿＿＿＿＿＿＿＿＿＿＿   发文单位 负责人（签字） 年　　月　　日

项目监理机构在实施监理过程中，发现工程存在安全事故隐患的，应签发监理通知，要求施工单位整改；情况严重的，应签发工程暂停令，并及时报告建设单位。施工单位拒不整改或者不停止施工的，项目监理机构应及时向有关主管部门报送监理报告。监理报告应符合表5.10的格式。

表5.10　监理报告

工程名称：　　　　　　　　　　　　　　　　　　　　编号：

致：＿＿＿＿＿＿＿＿＿＿＿（主管部门） 由于＿＿＿＿＿＿＿＿＿＿＿（施工单位）施工的＿＿＿＿＿＿＿＿＿＿＿（工程部位），存在安全事故隐患。我方已于＿＿年＿＿月＿＿日发出编号为＿＿＿＿＿＿的《监理通知》/《工程暂停令》，但施工单位未（整改/停工）。 特此报告。 附件：□监理通知； □工程暂停令； □其他。 项目监理机构（盖章） 总监理工程师（签字） 年　　月　　日

注：本表一式四份，主管部门、建设单位、工程监理单位、项目监理机构各一份。

【案例5.7】 论述项目监理机构正确应用监理通知、工作联系单和监理报告处理问题的状况。

【解析】

应用监理通知、工作联系单和监理报告处理问题的状况是：

（1）对施工承包单位在施工过程中出现的违反工程设计文件、标准、规范与规程等要求，不按批准的施工组织设计、施工方案和程序施工，使用不合格或未经检验的材料、构配件、设备等，施工安全防范措施不到位或存在质量安全隐患，出现整改不到位或拒绝整改现象时，监理机构应及时向其签发监理通知，指出存在的问题并要求在规定的时间内整改到位，对监理通知作出回复。

（2）监理工程师在事前认为有必要向施工承包单位提醒一些在施工中可能遇到的质量、安全等问题，或施工过程中出现管理与技术工作的轻微偏差需要纠正，以签发工作联系单的形式，进行工作交流并提请承包单位关注与改进。

(3)项目监理机构将监理工作过程中发现建设单位需要完成或改进的工作，在口头汇报得不到重视的情况下，或建设过程中监理已经解决不了的管理工作上的一些相关事件，以工作联系单的形式及时告知建设单位。

(4)项目监理机构因监理工作需要与工程相关责任主体进行正式的书面沟通时，一般采用工作联系单。

(5)项目监理机构因建设过程中可能会出现重大质量、安全事故，或施工中存在严重的质量、安全隐患且承包单位拒绝整改，建设单位不予制止或制止不力时，以监理报告的形式及时报告相关建设主管部门。

(6)项目监理机构因监理工作受相关责任主体阻碍，无法依法依规开展监理工作，在口头汇报得不到重视的情况下，以监理报告的形式报告建设单位或相关建设主管部门。

5.1.8 工程暂停令与复工令的签发

工程暂停令应符合表5.11的格式。

总监理工程师签发工程暂停令应事先征得建设单位同意，在紧急情况下未能事先报告的，应在事后及时向建设单位作出书面报告。

监理规范规定，项目监理机构发现下列情形之一的，总监理工程师应及时签发工程暂停令，要求施工单位停工整改：

①施工单位未经批准擅自施工的。

②施工单位未按审查通过的工程设计文件施工的。

③施工单位未按批准的施工组织设计施工或违反工程建设强制性标准的。

④施工存在重大质量事故隐患或发生质量事故的。

表5.11 工程暂停令

工程名称： 编号：

致：________________(施工单位) 由于________________________________ ________________________________原因，经建设单位同意，现通知你方于____年____月____日____时起，暂停________部位(工序)施工，并按下述要求做好后续工作。 要求：   项目监理机构(盖章) 总监理工程师(签字、加盖执业印章) 年 月 日

注：本表一式三份，项目监理机构、建设单位、施工单位各一份。

暂停施工事件发生时，项目监理机构应如实记录所发生的情况。当暂停施工原因消失、具备复工条件时，施工单位提出复工申请的，项目监理机构应审查施工单位报送的复工报审表及有关材料，符合要求后，总监理工程师应及时签发复工令；施工单位未提出复工申请的，总监理工程师应根据工程实际情况指令施工单位恢复施工。

项目监理机构应对施工单位的整改过程、结果进行检查、验收，符合要求的，总监理工程师应及时签发复工令。

复工报审表应符合表5.12的格式，复工令应符合表5.13的格式。

表 5.12 复工报审表

工程名称： 编号：

致：________________（项目监理机构） 编号为________________（工程暂停令）所停工的________________部位，现已满足复工条件，我方申请于____年____月____日复工，请予以审批。 附 □证明文件资料。 施工单位（盖章） 项目经理（签字） 年 月 日
审查意见： 项目监理机构（盖章） 总监理工程师（签字、加盖执业印章） 年 月 日
审批意见： 建设单位（盖章） 建设单位代表（签字） 年 月 日

注：本表一式三份，项目监理机构、建设单位、施工单位各一份。

表 5.13 复工令

工程名称： 编号：

致：________________（施工单位） 我方发出的编号为__________停工令，要求暂停__________部位（工序）施工，经查已具备复工条件，经建设单位同意，现通知你方于____年____月____日____时起恢复施工。 附件：复工报审表。 项目监理机构（盖章） 总监理工程师（签字、加盖执业印章） 年 月 日

注：本表一式三份，项目监理机构、建设单位、施工单位各一份。

5.1.8.1 工程暂停令的签发

总监理工程师在签发工程暂停令时，应根据停工原因的影响范围和影响程度，确定工程项目停工范围。

(1)建设单位要求暂停施工

①总监理工程师应经过独立的判断，认为有必要暂停施工时，可签发工程暂停指令。若总监理工程师经过独立的判断认为没有必要暂停施工，则不应签发工程暂停令。

②总监理工程师在签发工程暂停令之前，应就有关工期和费用等事宜与承包单位进行协商。

③由于建设单位原因或非承包单位原因导致工程暂停时，一般要根据实际的工期延期和费用损失，并通过协商给予承包单位工期和费用方面的补偿，项目监理机构应如实记录所发生的实际情况以备查。

④总监理工程师在签发“工程暂停令”之后，应尽快按施工合同的规定处理因工程暂停引起的与工期、费用等有关问题。

(2)因承包单位原因要求暂停施工

①当监理工程师发现施工人员不按照设计图纸、施工规范、工艺要求、安全规程等进行施工时，在一般情况下，先是口头要求整改或以监理工作联系单或监理工程师通知单形式下达书面整改要求，并督促施工单位整改。只有当施工单位整改不力或出现下列情况之一时，监理工程师应及时报告项目总监理工程师，由总监理工程师通报建设单位后签发“工程暂停令”：

a. 不按规定提交开工报告并持续进行施工作业。

b. 不按经确认有效的图纸和方案施工且擅自变更设计。

c. 使用不合格的材料、半成品或构配件。

d. 隐蔽工程未经验收签证，擅自进行隐蔽施工。

e. 不按已经确定的停工待检点进行施工质量报验，擅自转入下道工序施工。

f. 拒绝接受监理监管，不理会监理制止，特定工种继续由无证人员操作。

g. 可能造成严重设备损坏、造成工程重大质量问题或危及人身安全。

②对于发现施工中出现了严重的安全隐患，或发生了必须暂时停止施工的紧急事件，或工程存在严重质量问题而必须停工处理时，不论建设单位是否要求停工，总监理工程师均应及时按程序签发“工程暂停令”。

③对于工程存在严重质量问题和重大安全隐患，紧急情况下总监理工程师应立即签发“工程暂停令”，并在签发后的24小时内向建设单位报告。对于建设单位不支持工程暂停，或承包单位拒绝停工，仍擅自施工时，项目监理机构应立即向政府建设主管部门、质量安全监督机构报告。

④当总监理工程师签发工程暂停令后，在签发复工令之前，承包单位擅自施工，总监理工程师应再次签发工程暂停令，并采取进一步措施保证项目施工和监理的正常秩序；当承包单位拒绝执行项目监理机构的要求或指令时，总监理工程师应视情况再次签发工程暂停令。

5.1.8.2 审核并签署复工报审表

(1)施工单位已消除停工因素、具备复工条件后，向项目监理机构提交复工报审表，报审表中应详细说明经整改已具备的复工条件，还应报送针对导致停工的原因而进行的整改工作报告等有关资料。

(2)项目监理机构收到复工报审表后，应及时派监理员进行现场核查验证是否具备复工条件，在证实具备复工条件后拟定核查意见，由项目总监理工程师签署审查意见。

(3)复工报审表经项目总监理工程师签署并加盖项目监理部印章后，连同施工单位呈报的附件，报送建设单位一份，返回施工单位一份，项目监理部存档一份。

(4)被暂停施工的工程部位复工后，监理人员应跟踪复工后的施工情况。

(5)当项目监理部或建设单位确认施工单位的停工整改不符合要求时，总监理工程师在复工报审表上签署“不同意复工，继续整改以达到要求”，监理人员应跟踪施工单位继续停工整改以达到复工要求的情况。如承包单位拒绝整改或连续整改不力时，项目监理机构应以书面形式向建设单位报告，建设单位不予制止或制止不力的，应向建设行政主管部门及其职能部门报告。

5.1.8.3 处理后续事宜

总监理工程师在签发工程暂停令到签发工程复工报审表之间的时间内，宜会同有关各方按照施工合同的约定，处理因工程暂停引起的与工期、费用等有关问题。

5.1.9 单位工程竣工验收

项目监理机构应审查施工单位提交的单位工程竣工验收报审表及竣工资料，组织工程竣工预验收。存在问题的，应要求施工单位及时整改；合格的，总监理工程师应签发单位工程竣工验收报审表(表5.14)。

表 5.14 单位工程竣工验收报审表

工程名称：　　　　　　　　　　　　　　　　　　　　　　　　　　　编号：

致：____________________（项目监理机构） 我方已按施工合同要求完成____________________工程，经自检合格，现将有关资料报上，请予以预验收。 附件：1. 工程质量验收报告； 2. 工程功能检验资料。 施工单位（盖章） 项目经理（签字） 年　　月　　日
预验收意见： 项目监理机构（盖章） 总监理工程师（签字） 年　　月　　日

注：本表一式三份，项目监理机构、建设单位、施工单位各一份

工程竣工预验收合格后，项目监理机构应编写工程质量评估报告，经总监理工程师和工程监理单位技术负责人审核签字后报建设单位。

项目监理机构应参加由建设单位组织的竣工验收，对验收中提出的整改问题，督促施工单位及时整改。工程质量符合要求的，总监理工程师应在工程竣工验收报告中签署意见。

5.1.9.1　单位工程竣工验收的监理工作

总监理工程师组织专业监理工程师，依据有关法律、法规、工程建设强制性标准，设计文件及施工合同，对承包单位报送的单位工程验收资料进行审查，并对工程质量进行预验收。对存在的问题，应及时要求承包单位整改。整改完毕后由总监理工程师签署工程竣工报验单，并应在此基础上提出工程质量评估报告。工程质量评估报告应经总监理工程师和监理单位技术负责人审核签字。

单位工程质量预验收合格后，项目监理机构参加由建设单位组织的单位工程质量的正式验收，并提供相关监理资料。对验收中提出的整改问题，项目监理机构应要求承包单位进行整改。工程质量符合要求，总监理工程师与参加验收的各方签署单位工程竣工验收报告。

5.1.9.2　单位工程竣工验收的组织

(1)单位工程的划分原则

①具备独立施工条件并能形成独立使用功能的建筑物及构筑物为一个单位工程。

②建筑规模较大的单位工程可将其能形成独立使用功能的部分作为一个子单位工程。

③室外工程可根据专业类别和工程规模划分单位工程。

(2)单位工程预验收

项目监理机构收到承包单位提交的单位工程竣工报验单及其全部质量验收资料后，开展下述工程质量预验收的工作：

①对所含分部工程逐项检查

首先由承包单位的项目经理组织有关人员对分部工程逐个进行核定填写“验收记录”栏，注明共验收几个分部工程，经验收符合标准及设计要求的多少个分部工程。核定后由项目经理提交项目监理机构验收，审查验收的分部工程全部符合要求后，由监理机构在分部工程验收结论栏内，写上“同意验收”的结论。

②质量控制资料核查

质量控制资料先由承包单位检查合格，再提交监理机构验收，其全部内容在分部工程中已经审查。单位工程质量控制资料核查，按分部工程逐项检查和审查。一个分部工程只有一个子分部工程时，子分部工程就是分部工程。一个分部工程有多个子分部工程时，可一个一个地检查和审查，也可按分部工程检查和审查。每个子分部、分部工程的名称依次填写清楚。将各子分部工程审查的资料逐项进行统计，填入验收记录栏内。审查的内容都要符合要求。如果出现有核定的项目时，应查明情况，凡是协商验收的内容，均应在验收结论栏内写明，通常严禁分部工程验收的事件留在单位工程来处理。由总监理工程师组织审查符合要求后，在验收结论栏内，写上"同意验收"的意见。

③安全和主要使用功能核查及抽查

工程安全和主要使用功能核查及抽查包括两个方面的内容：一是在分部工程进行了安全和功能检测的项目，要核查其检测报告结论是否符合设计要求；二是在单位工程进行的安全和功能抽测项目，要核查其项目是否与设计内容一致，抽测的程序、方法是否符合有关规定，抽测报告的结论是否达到设计要求及规范规定。安全和主要使用功能的核查及抽查由承包单位检查评定合格后，再提交验收，由总监理工程师组织审查，按内容逐个进行核查验收。然后统计核查的项数和抽查的项数，填入验收记录栏，并分别统计符合要求的项数，填入验收记录栏相应的空挡内。如果某些项目的抽测结果达不到设计要求，则要求返工处理，直至达到符合要求。然后，由总监理工程师在验收结论栏内填写"同意验收"的结论。如果返工处理后仍达不到设计要求，就要按不合格处理程序进行处理。

④观感质量验收

观感质量检查的方法同分部工程，单位工程观感质量检查验收不同的是项目比较多，是一个综合性验收。实际是复查各分部工程验收后到单位工程竣工时质量变化、成品保护、分部工程验收时还没有形成的观感质量等。观感质量检查验收由承包单位检查评定合格，提交验收。由总监理工程师在验收结论栏内填写"同意验收"的结论。如果有不符合要求的项目，就要按不合格处理程序进行处理。

项目监理机构在前四项内容均验收符合要求后，由总监理工程师签署单位工程竣工报审表，并向建设单位提出质量评估报告(工程质量评估报告应经总监理工程师和监理单位技术负责人审核签字)。

(3)单位工程正式验收

由建设单位组织并主持单位工程的正式验收，承包单位、监理单位、设计单位、质量监督部门等相关单位参加，主要工作如下：

①验收时，在建设单位组织下，由建设单位相关专业人员及监理单位专业监理工程师和设计单位、承包单位相关人员分别核查验收有关项目，并由总监理工程师组织进行现场观感质量检查。经各项目审查符合要求后，由监理单位在"验收结论"栏内填写"同意验收"的意见。各栏均同意验收且经各参加检查验收方共同同意商定后，由建设单位填写"综合验收结论"，可填写为"通过验收"。

②参加验收单位签名：勘察单位、设计单位、承包单位、监理单位、建设单位都同意验收时，其各单位的单位项目负责人要亲自签字，以示对工程质量的负责，并加盖单位公章，注明签字验收的年、月、日。

③质量不符合要求的处理办法：

a. 当在验收过程中发现严重问题，达不到竣工验收标准时，应责成责任单位立即整改，并宣布本次验收无效，重新确定时间组织单位工程竣工验收；

b. 当在竣工验收过程中发现一般需整改的质量问题，可形成初步验收意见，填写《单位工程竣工验收记录》，验收组人员分别签字，但各单位不加盖公章。验收组责成有关责任单位整改，并委托建设单位或者监理单位项目负责人组织复查，整改完毕符合要求后，加盖各单位公章。

【案例 5.8】 某项实施监理的钢筋混凝土高层框剪结构工程，设计图纸齐全，采用玻璃幕墙，暗设水、电管线。目前，主体结构正在施工。试问：

(1)监理工程师在质量控制方面的监理工作内容有哪些？

(2)监理工程师应对进场原材料(钢筋、水泥、砂、石等)的哪些报告、凭证资料进行确认？

(3)在检查钢筋施工过程中，发现有些部位不符合设计和规范要求，监理工程师应如何处理？

【解析】

(1) 监理工程师在该工程的质量控制方面应检查有关工程质量的技术资料，例如分项工程施工工艺方案、人员资质、机械和材料的技术资料等。检查施工单位质量保证措施，如组织措施、技术措施、经济措施、合同措施等。进行质量的跟踪监理检查，包括预检(模块、轴线、标高等)、隐蔽工程检查(钢筋、管线、预埋件等)、旁站监理等。监理工程师还应签证质量检验凭证，如预检、隐检申报表，抽检试验报告，试件、试块试压报告等。

(2) 监理工程师对进场的原材料应检查确认的报告、凭证资料主要有材料出厂证明、质量保证书、技术合格证(原材料三证)，材料抽检资料、试验报告等。

(3) 监理工程师对发现的工程质量问题应向承包单位提出整改(如要求返工)，并监督检查整改过程，对整改后的工程进行检查验收与办理签证。

5.1.10 试车验收

对于设备安装工程，应当组织试车。试车内容应与承包方承包的安装范围相一致。

(1)单机无负荷试车

设备安装工程具备单机无负荷试车条件，由承包方组织试车。只有单机试运转达到规定要求，才能进行联试。承包方应在试车前 48 小时书面通知监理工程师。通知包括试车内容、时间、地点。承包方准备试车记录，发包方根据承包方要求为试车提供必要条件。试车通过，监理工程师在试车记录上签字。

(2)联动无负荷试车

设备安装工程具备无负荷联动试车条件，由发包方组织试车，并在试车前 48 小时书面通知承包方。通知内容包括试车内容、时间、地点和对承包方的要求，承包方按要求做好准备工作和试车记录。试车通过，双方在试车记录上签字。

(3)投料试车

投料试车，应当在工程竣工验收后由发包方全部负责。如果发包方要求承包方配合或在工程竣工验收前进行时，应当征得承包方同意，另行签订补充协议。

(4)试车的双方责任

① 由于设计原因试车达不到验收要求，发包方应要求设计单位修改设计，承包方按修改后的设计重新安装。发包方承担因修改设计而拆除及重新安装的全部费用和追加合同价款，工期相应顺延。

② 由于设备制造原因试车达不到验收要求，由该设备采购一方负责重新购置和修理，承包方负责拆除和重新安装。设备由承包方采购，由承包方承担修理或重新购置、拆除及重新安装的费用，工期不予顺延；设备由发包方采购的，发包方承担上述各项追加合同价款，工期相应顺延。

③ 由于承包方施工原因试车达不到验收要求，承包方按监理工程师要求重新安装和试车，承担重新安装和试车的费用，工期不予顺延。

④ 试车费用除已包括在合同价款之内或者专用条款另有约定外，均由发包方承担。

⑤ 监理工程师未在规定时间内提出修改意见，或试车合格而不在试车记录上签字，试车结束 24 小时后，记录自行生效，承包方可继续施工或办理竣工手续。

⑥ 监理工程师要求延期试车。监理工程师不能按时参加试车，须在开始试车前 24 小时向承包方提出书面延期要求，延期不能超过 48 小时。监理工程师未能按以上时间提出延期要求，不参加试车，承包方可自行组织试车，发包方应当承认试车记录。

【案例 5.9】 某工程项目在施工阶段，建设单位与施工单位签订了施工合同，在施工过程中，监理工程师发现如下问题：

(1) 工程所需的 200 个钢门窗框是由建设单位负责供货，钢门窗框运达施工单位工地仓库，并经入库验收。施工过程中监理工程师进行质量检验时，发现有 10 个钢门窗框有较大变形，即下令施工单位拆除，经检查原因属于钢门窗框使用材料不符合要求。

请问：对此事故监理工程师应如何处理?

(2) 建设单位供货，由施工单位选择的分包商将集中空调安装完毕，进行联动无负荷试车时需电力部门和施工单位及有关外部单位进行某些配合工作。试车检验结果表明，该集中空调设备的某些主要部件存在严重质量问题，需要更换。

请问：①按照合同规定的责任，试车应由谁组织？

②监理工程师应如何处理？

【解析】

(1) 下令施工单位拆除不符合质量要求的钢门窗框，施工单位要求业主退货，重进合格产品，重新安装合格的钢门窗框，并经检查认可验收。所造成的工期和经济损失，监理工程师应予核实认可、签证，由业主负责。

(2) 联动无负荷试车应由建设单位组织，应通知监理工程师和与联动试车的有关单位和部门参加。集中空调设备主要部件存在质量问题，应由施工单位向建设单位提出更换部件要求。更换调整后再组织试车验收。因更换部件所产生的工期延误和经济损失监理工程师应予认可，由建设单位负责。

【案例 5.10】 作为一名道路测量监理工程师，进行测量的监督检查，这是现场质量控制的重要工作。那么，测量的监督检查一般应包括哪些内容？

【解析】

测量的监督检查工作应由测量监理工程师(配备必要的助手)专门负责，必须包括以下主要内容：

(1) 向承包人提供原始基准点、基准线和基准高程，并对承包人的定线控制测量进行监督检查和认可。

(2) 在各项工程开工之前，对承包人的施工放线测量进行监督检查和认可。

(3) 在各项工程的施工进行中，对控制工程的位置、高程、尺寸及其线型的准确性进行监督、检查和认可。

(4) 在各分项工程、分部工程、单位工程、工程段落或总体工程项目的中间交工和竣工验收时测量检查，汇总并提出各项工程的测量成果资料。

【案例 5.11】 试述公路工程监理中心实验室的工作内容，并论述公路工程中的试验类型。

【解析】

(1) 中心实验室工作内容

试验监督检查的任务是对各个工程项目的材料、配合比和强度进行有效的控制，以确保各项工程的物理、化学和力学性能达到规定要求。试验的监督检查工作应由试验(材料)监理工程师及其领导下的监理中心实验室专门负责，并应按以下要求进行工作：

①监理中心实验室应当是对整个工程项目进行数据控制和检验测定的中心。中心实验室的规模、试验设备的种类及数量应能满足工程中各项试验的要求，应有各项专业试验工程师及经过专门培训的试验人员，健全各种规章制度，实行明确的责任分工。

②监理中心实验室除应承担独立进行的试验项目外，还应对承包人的工地实验室和流动实验室的设备功能、人员资质、操作方法、资料管理等各项工作进行有效的监督、检查和管理。

③监理中心实验室及承包人工地实验室(流动实验室)的各种试验工作，均应统一按合同列明的或正式颁布的国家标准及行业与地方标准进行；对经监理工程师审查并经建设单位批准，承包人采用新材料、新技术或新工艺的特殊项目，当合同未曾列明或无现成标准可循时，试验监理工程师应要求承包人提供相关的科技资料及鉴定报告，拟定出符合工程实际的暂行标准或规程，经审查批准后执行。

④监理工程师应定期或不定期地对承包人的试验仪器进行检验，并监督承包人定期由政府监督部门对仪器进行评定。

⑤当监理中心实验室试验结果与承包人的试验结果出现允许误差以外的差异时，一般应以监理工程师中心实验室的试验结果为准。如果承包人拒绝接纳监理中心实验室的结果时，试验监理工程师可与承包人在有资格的政府监督部门的实验室进行校核试验，并应依此作为批准或认定的依据，其试验费用按合同条款规定处理。

(2) 试验类型

①验证试验

验证试验是对材料或商品构件进行预先鉴定，以决定是否可以用于工程。验证试验应按以下要求进行：

a.在材料或商品构件订货之前，应要求承包人提供生产厂家的产品合格证书及试验报告。必要时监理人员还应对生产厂家生产设备、工艺及产品的合格率进行现场调查了解，或由承包人提供样品进行试验，以决定是否同意采购。

b.材料或商品构件运入现场后，应按规定的批量和频率进行抽样试验，不合格的材料或商品构件不准用于工程，并应由承包人运出场外。

c.在施工进行中，应随机对用于工程的材料或商品构件进行符合性的抽样试验检查。

d.随时监督检查各种材料的储存、堆放、保管及防护措施。

②标准试验

标准试验是对各项工程的内在品质进行施工前的数据采集，它是控制和指导施工的科学依据，包括各种标准击实试验、集料的级配试验、混合料的配合比试验、结构的强度试验等。应按以下要求进行：

a.在各项工程开工前合同规定或合理的时间内，应由承包人先完成标准试验，并将试验报告及试验材料提交监理工程师中心实验室审查批准。试验监理工程师应派出试验监理人员参加承包人试验的全过程，并进行有效的现场监督检查。

b.监理中心实验室应在承包人进行标准试验的同时或以后，平行进行复核（对比）试验，以肯定、否定或调整承包人标准试验的参数或指标。

③ 工艺试验

工艺试验是依据技术规范的规定，在动工之前对路基、路面及其他需要通过预先实验方能正式施工的分项工程预先进行工艺试验，然后依其试验结果全面指导施工。工艺试验应按以下要求进行：

a.监理工程师应要求承包人提出工艺试验的施工方案和实施细则并予以审查批准。

b.工艺试验的机械组织、人员配额、材料、施工程序、预埋观测以及操作方法等应有两组以上方案，以便通过试验作出选定。

c.监理工程师应对承包人的工艺试验进行全过程的旁站监理，并应作出详细记录。

d.试验结束后应由承包人提出试验报告，并经监理工程师审查批准。

④抽样试验

抽样试验是对各项工程实施中的实际内在品质进行符合性的检查，内容应包括各种材料的物理性能、土方及其他填筑施工的密实度、混凝土及沥青混凝土的强度等的测定和试验。抽样试验应按以下要求进行：

a.监理工程师应随时派出试验监理人员，对承包人的各种抽样频率、取样方法及试验过程进行检查；

b.在承包人的工地实验室（流动实验室）按技术规范的规定进行全频率抽样试验的基础上，监理工程师中心实验室应按10%～20%的频率独立进行抽样试验，以鉴定承包人的抽样试验结果是否真实可靠。

c.当施工现场的旁站监理人员对施工质量或材料产生疑问并提出要求时，监理工程师中心实验室随时进行抽样试验，必要时还应要求承包人增加抽样频率。

⑤验收试验

验收试验是对各项已完工程的实际内在品质作出评定，应按以下要求进行：

a.监理工程师应派出试验监理人员，对承包人进行的钻芯抽样试验的频率、抽样方法和试验过程进行有效的监督。

b.监理工程师应对承包人按技术规范要求进行的加载试验或其他检测试验项目的试验方案、设备及方法进行审查批准，对试验的实施进行现场检查监督，对试验结果进行评定。

【案例5.12】 某监理单位与建设单位签订了某钢筋混凝土结构工程施工阶段的监理合同，监理部设总监理工程师1人和专业监理工程师若干人，专业监理工程师例行在现场检查，旁站实施监理工作。在监理过程中，发现以下问题：

(1) 某层钢筋混凝土墙体，由于绑扎钢筋困难，无法施工，施工单位未通报监理工程师就把墙体钢筋门洞移动了位置。

（2）某层一钢筋混凝土柱，钢筋绑扎已检查、签证，模板经过预检验收，浇筑混凝土过程中及时发现模板胀模。

（3）某层钢筋混凝土墙体，钢筋绑扎后未经检查验收，即擅自合模封闭，正准备浇筑混凝土。

（4）某层楼板钢筋经监理工程师检查签证后，立即进行楼板浇筑，混凝土浇筑完成后，发现楼板中设计的预埋电线暗管，未通知专业监理工程师检查签证。

（5）施工单位把地下室内防水工程给一专业分包单位施工，该分包单位未经资质验证认可，即进场施工，并已进行了 $200m^2$ 的防水工程。

（6）某层钢筋骨架焊接正在进行中，监理工程师检查发现有2人未经技术资质审查认可。

（7）某楼层一户住户房间钢门框经检查符合设计要求，日后检查发现门梢已经焊接，门扇已经安装，门扇反向，经检查施工符合设计要求。

问题：以上各项问题监理工程师应如何处理？

【解析】

（1）指示停工，该部位后续施工不应进行，与设计单位联系变更设计。设计变更后，通知施工单位按图返工，经隐检认可，通知施工单位认可。

（2）指示该部位停工（停止继续浇筑混凝土），检查胀模原因，对模板采取加固措施，模板经检查认可，通知继续施工，若停工时间超过终凝时间，应采取处理施工缝措施，等拆模后，剔除胀模部分混凝土，做好记录。

（3）指示停工，必须拆除封闭模板，使之满足检查要求，审查自检记录和隐检申请报告，经隐检认可，通知复工。

（4）电气专业监理工程师报总监理工程师指示停工，审查自检记录和隐检申请报告，检查电气管线施工情况，若检查电盒符合要求，埋管通过穿线符合要求，隐检认可，可以通知复工；若电盒和埋管不符合要求则应返工。

（5）通知防水分包单位立即停工，检查完成部位，责成施工单位报送分包单位资质资料。若审查合格认可，通知施工单位，分包单位可以进场施工；若审查资质不符合要求，通知施工单位，分包单位必须立即退场，对所完工程进行质量鉴定。

（6）通知该电焊工立即停止操作，检查技术资质证明，审查认可，可继续进行操作；若无技术资质证明，不得再进行电焊操作，并全部检查完成焊接质量。

（7）向建设单位汇报，与设计单位联系，要求变更设计，所造成的损失，应给予施工单位补偿。

5.2 工程造价控制

5.2.1 工程造价控制工作的要求

（1）工程计量和付款签证的程序

项目监理机构应按下列程序进行工程计量和付款签证：

①专业监理工程师审查施工单位提交的工程款支付申请。承包单位应统计经专业监理工程师质量验收合格的工程量，按施工合同的约定填报工程量清单和工程款支付申请表。

②专业监理工程师进行工程计量，对工程款支付申请提出审查意见。专业监理工程师应进行现场计量，按施工合同约定审核工程量清单和工程款支付申请表，并报以总监理工程师审定。

③总监理工程师签发工程款支付证书，并报建设单位。

验收不合格或不符合施工合同约定的工程部位，项目监理机构不进行工程计量。

工程款支付申请表应符合表5.15的格式，工程款支付证书应符合表5.16的格式。

项目监理机构应对实际完成量与计划完成量进行比较分析，发现偏差的，提出调整建议，并向建设单位报告。

（2）工程竣工结算审核的程序

表 5.15 工程款支付申请表

工程名称： 编号：

致：____________________（项目监理机构） 我方已完成____工作，按施工合同约定，建设单位应在____年____月____日前支付该项工程款共(大写)________________（小写：__________），现将有关资料报上，请予以审核。 附件：1. 工程量清单； 2. 计算方法。 施工单位(盖章) 项目经理(签字) 年 月 日

注：本表一式三份，项目监理机构、建设单位、施工单位各一份。

表 5.16 工程款支付证书

工程名称： 编号：

致：____________________（建设单位） 根据施工合同约定，经审核施工单位工程款支付申请表，扣除有关款项后，同意本期支付工程款共计（大写）____________________（小写：____________________）。按施工合同约定及时付款。 其中： 1. 施工单位申报款为： 2. 经审核施工单位应得款为： 3. 本期应扣款为： 4. 本期应付款为： 附件：1. 施工单位的工程款支付申请表及附件； 2. 项目监理机构审查记录。 专业监理工程师(签字) 年 月 日
审核意见： 项目监理机构(盖章) 总监理工程师(签字、执业印章) 年 月 日
审批意见： 建设单位(盖章) 建设单位代表(签字) 年 月 日

注：本表一式三份，项目监理机构、建设单位、施工单位各一份。

项目监理机构应按下列程序进行竣工结算审核：

①专业监理工程师审查施工单位提交的竣工结算申请，提出审查意见。

②总监理工程师对专业监理工程师的审查意见进行审核，并与建设单位、施工单位协商，达成一致意见的，签发竣工结算文件和最终的工程款支付证书，报建设单位；不能达成一致意见的，应按施工合同约定处理。

5.2.2 工程造价监理工作

5.2.2.1 工程造价监理要点

(1)项目监理机构应依据施工合同有关条款、施工图，对工程项目造价目标进行风险分析，并应制定防范性对策。

专业监理工程师进行风险分析主要是找出工程造价最易突破部分(如施工合同中有关条款不明确而造成突破造价的漏洞，施工图中的问题易造成工程变更、材料和设备价格不确定等)以及最易发生费用索赔的原因和部位(如因建设单位资金不到位，施工图纸不到位，建设单位供应的材料、设备不到位等)，从而制定出防范性对策，书面报告总监理工程师，经其审核后向建设单位提交有关报告。

(2)总监理工程师应从造价、项目的功能要求、质量和工期等方面审查工程变更的方案，并宜在工程变更实施前与建设单位、承包单位协商确定工程变更的价款。

发生工程变更，无论是由设计单位还是建设单位或承包单位提出的，均应经过建设单位、设计单位、承包单位和监理单位的代表签认，并通过项目总监理工程师下达变更指令后，承包单位方可进行施工。同时，承包单位应按照施工合同的有关规定，编制工程变更概算书，报送项目总监理工程师审核、确认，经建设单位、承包单位认可后，方可进入工程计量和工程款支付程序。

(3)项目监理机构应按施工合同约定的工程量计算规则和支付条款进行工程量计量和工程款支付。

专业监理工程师对承包单位报送的工程款支付申请表进行审核时，应会同承包单位对现场实际完成情况进行计量，对验收手续齐全、资料符合验收要求并符合施工合同规定的计量范围内的工程量予以核定。

工程款支付申请中包括合同内工作量、工程变更增减费用、经批准的索赔费用，应扣除的预付款、保留金及施工合同约定的其他支付费用。专业监理工程师应逐项审查后，提出审查意见报总监理工程师审核签认。

(4)专业监理工程师应及时建立月完成工程量和工作量统计表，对实际完成量与计划完成量进行比较、分析，制定调整措施，并应在监理月报中向建设单位报告。

(5)专业监理工程师应及时收集、整理有关的施工和监理资料，为处理费用索赔提供证据。

涉及工程索赔的有关施工和监理资料包括施工合同、协议、供货合同、工程变更、施工方案、施工进度计划，承包单位人工、材料、机械动态记录(文字、照相等)、建设单位和承包单位的有关文件、会议纪要、监理工程师通知等。

(6)项目监理机构应及时按施工合同的有关规定进行竣工结算，并应对竣工结算的价款总额与建设单位和承包单位进行协商。当无法协商一致时，应按调解合同争议的规定进行处理。

(7)未经监理人员质量验收合格的工程量，或不符合施工合同规定的工程量，监理人员应拒绝计量和拒绝该部分的工程款支付申请。

5.2.2.2 工程造价监理方法

(1)施工合同价款的约定

① 固定价格合同

固定价格合同，是指在约定的风险范围内价款不再调整的合同。这种合同的价款并不是绝对不可调整，而是约定范围内的风险由承包方承担。双方应当在专用条款中约定合同价款包括的风险费用和承担风险的范围。风险范围以外的合同价款调整方法，应当在专用条款内约定。

② 可调价格合同

可调价格合同，是指合同价格可以调整的合同。合同双方应当在专用条款约定合同价款的调整方法。

③ 成本加酬金合同

成本加酬金合同，是由发包方向承包方支付工程项目的实际成本，并按事先约定的某一种方式支付酬金的合同类型。合同价款包括成本和酬金两部分，合同双方应在专用条款内约定成本构成和酬金的计算方法。

(2)可调价格合同中合同价款的调整

① 可调价格合同中价格调整的范围

a. 国家法律、法规和政策变化影响合同价款。

b. 工程造价管理部门公布的价格调整。

c. 一周内非承包方原因停水、停电、停气造成停工累计超过8小时；

d. 双方约定的其他调整或增减。

② 可调价格合同中价格调整的程序

承包方应当在价款可以调整的情况发生后14天内，将调整原因、金额以书面形式通知监理工程师，监理工程师确认后作为追加合同价款，与工程款同期支付。监理工程师收到承包方通知之后14天内不作答复也不提出修改意见，视为该项调整已经同意。

(3)工程预付款

双方应当在专用条款内约定发包方向承包方预付工程款的时间和数额，开工后按约定的时间和比例逐次扣回。预付时间应不迟于约定的开工日期前7天。发包方收到通知后仍不能按要求预付，承包方可在发出通知后7天停止施工，发包方应从约定应付之日起向承包方支付应付款的贷款利息，并承担违约责任。

(4)工程量的确认

对承包方已完成工程量的核实确认，是发包方支付工程款的前提，其具体的确认程序如下：

① 承包方向监理工程师提交已完工程量的报告

承包方应按专用条款约定的时间，向监理工程师提交已完工程量的报告。该报告应当由“完成工程量报审表”和作为其附件的“完成工程量统计报表”组成。承包方应当写明项目名称、申报工程量及简要说明。

② 监理工程师的计量

监理工程师接到报告后7天内按设计图纸核实已完工程量(以下称计量)，并在计量前24小时通知承包方，承包方为计量提供便利条件并派人参加。承包方不参加计量，发包方自行进行，计量结果有效，作为工程价款支付的依据。

监理工程师收到承包方报告后7天内未进行计量，从第8天起，承包方报告中开列的工程量即视为已被确认，作为工程价款支付的依据。监理工程师不按约定时间通知承包方，使承包方不能参加计量，该计量结果无效。

监理工程师对承包方超出设计图纸范围和(或)因自身原因造成返工的工程量，不予计量。

(5)工程款(进度款)结算方式

① 按月结算

这种结算办法实行旬末或月中预支，月末结算，竣工后清算的办法。跨年度施工的工程，在年终进行工程盘点，办理年度结算。

② 竣工后一次结算

建设项目或单项工程全部建筑安装工程建设期较短或施工合同价较低的，可以实行工程价款每月月中预支，竣工后一次结算。

③ 分段结算

这种结算方式要求当年开工、当年不能竣工的单项工程或单位工程按照工程形象进度，划分不同阶段进行结算。分段的划分标准，由各部门和省、自治区、直辖市、计划单列市规定，分段结算可以按月预支工程款。

实行竣工后一次结算和分段结算的工程，当年结算的工程应与年度完成工程量一致，年终不另清算。

(6)工程款(进度款)支付的程序和责任

发包方应在双方计量确认后14天内，向承包方支付工程款(进度款)。同期用于工程上的发包方供应材料设备的价款，以及按约定时间发包方应按比例扣回的预付款，与工程款(进度款)同期结算。合同价款调整、设计变更调整的合同价款及追加的合同价款，应与工程款(进度款)同期调整支付。

发包方超过约定的支付时间不支付工程款(进度款)，承包方可向发包方发出要求付款的通知，发包方在收到承包方通知后仍不能按要求支付，可与承包方协商签订延期付款协议，经承包方同意后可以延期支付。协议须明确延期支付时间和从发包方代表计量签字后第15天起计算应付款的贷款利息。发包方不按合同约定支付工程款(进度款),双方又未达成延期付款协议,导致施工无法进行,承包方可停止施工,由发包方承担违约责任。

(7)施工中涉及安全施工方面的费用

承包方应按工程质量、安全及消防管理有关规定组织施工,采取严格的安全防护措施,承担由于自身的安全措施不力造成事故的责任和因此发生的费用。非承包方造成安全事故,由责任方承担责任和发生的费用。

发生重大伤亡及其他安全事故,承包方应按有关规定立即上报有关部门并通知监理工程师,同时按政府有关部门要求处理,发生的费用由事故责任方承担。

发包方应对其在施工场地的工作人员进行安全教育,并对他们的安全负责。

承包方在动力设备、输电线路、地下管道、密封防震车间、易燃易爆地段以及临街交通要道附近施工时,施工开始前应向监理工程师提出安全保护措施,经监理工程师认可后实施,防护措施费用由发包方承担。

实施爆破作业,在放射、毒害性环境中施工(含存储、运输、使用)及使用毒害性、腐蚀性物品施工时,承包方应在施工前14天以书面形式通知监理工程师,并提出相应的安全保护措施,经监理工程师认可后实施。安全保护措施费用由发包方承担。

(8)专利技术及特殊工艺涉及的费用

发包方要求使用专利技术或特殊工艺,须负责办理相应的申报手续,承担申报、试验、使用等费用。承包方按发包方要求使用,并负责试验等有关工作。承包方提出使用专利技术或特殊工艺,报监理工程师认可后实施。承包方负责办理申报手续并承担有关费用。

擅自使用专利技术侵犯他人专利权,责任者依法承担相应责任。

(9)文物和地下障碍物

在施工中发现古墓、古建筑遗址等文物及其他有考古、地质研究等价值的物品时,承包方应立即保护好现场并于4小时内以书面形式通知监理工程师,监理工程师应于收到书面通知后24小时内报建设单位并报告当地文物管理部门,并按有关管理部门要求采取妥善保护措施。发包方承担由此发生的费用,延误的工期相应顺延。

施工中发现影响施工的地下障碍物时,承包方应于8小时内以书面形式通知监理工程师,同时提出处置方案,监理工程师收到处置方案后8小时内予以认可或提出修改方案。发包方承担由此发生的费用,延误的工期相应顺延。

所发现的地下障碍物有归属单位时,发包方报请有关部门协同处置。

(10)竣工结算

① 承包方递交竣工决算报告及违约责任

工程竣工验收报告经发包方认可后,承发包双方应当按协议书约定的合同价款及专用条款约定的合同价款调整方式,进行工程竣工结算。

工程竣工验收报告经发包方认可后28天内,承包方未能向发包方递交竣工决算报告及完整的结算资料,造成工程竣工结算不能正常进行或工程竣工结算价款不能及时支付,发包方要求交付工程的,承包方应当交付;发包方不要求交付工程的,承包方承担保管责任。

② 发包方的核实和支付

发包方自收到竣工结算报告及结算资料后28天内进行核实,确认后支付工程竣工结算价款。承包方收到竣工结算价款后14天内将竣工工程交付发包方。

③ 发包方不支付结算价款的违约责任

发包方收到竣工结算报告及结算资料后28天内无正当理由不支付工程竣工结算价款,从第29天起按承包方同期向银行贷款利率支付拖欠工程款的利息,并承担违约责任。

发包方收到竣工决算报告及结算资料后28天内不支付工程竣工结算价款,承包方可以催告发包方支付结算价款。发包方在收到竣工结算报告及结算资料后56天内仍不支付的,承包方可以与发包方协议将该工程折价,也可以由承包方申请人民法院将该工程依法拍卖,承包方就该工程折价或者拍卖的价款优先受偿。

(11)质量保修金

① 质量保修金的支付

质量保修金由承包方向发包方支付，也可由发包方从应付承包方工程款内预留。质量保修金的比例及金额由双方约定，但不应超过施工合同价款的3％。

② 质量保修金的结算与返还

工程质量保证期满后，发包方应当及时结算和返还（如有剩余）质量保修金。发包方应当在质量保证期满后14天内，将剩余保修金和按约定利率计算的利息返还承包方。

【案例5.13】 某工程建设单位与承包商签订了工程施工合同，合同中含有两个子项工程，估算工程量甲项为2300m^3，乙项为3200m^3，经协商合同价甲项为180元/m^3，乙项为160元/m^3。承包合同规定：

(1)开工前建设单位应和承包商支付合同价20％的预付款；

(2)建设单位自第一个月起，从承包商的工程款中，按5％的比例扣留滞留金；

(3)当子项工程实际工程量超过估算工程量10％时，可进行调价，调整系数为0.9；

(4)根据市场情况规定价格调整系数平均按1.2计算；

(5)监理工程师签发月度付款最低金额为25万元；

(6)预付款在最后两个月扣除，每月扣除50％。

承包商每月实际完成并经监理工程师签证确认的工程量如表5.17所示。

表5.17 承包商每月实际完成工程量

工程项目 \ 月份	1	2	3	4
甲项	500	800	800	600
乙项	700	900	800	600

第一个月工程量价款为500×180＋700×160＝20.2万元。

应签证的工程款为20.2×1.2×(1－5％)＝23.028万元。

由于合同规定监理工程师签发的最低金额为25万元，故本月监理工程师不予签发付款凭证。

请问：(1) 预付款是多少？

(2) 从第二个月起每月工程量是多少？监理工程师应签证的工程款是多少？实际签发的付款凭证金额是多少？

【解析】

(1)预付款金额为(2300×180＋3200×160) ×20％＝18.52万元。

(2)第二个月：

工程量价款为800×180＋900×160＝28.8万元。

应签证的工程款为28.8×1.2×0.95＝32.832万元。

本月监理工程师实际签发的付款凭证金额为：23.028＋32.832＝55.86万元。

第三个月：

工程量价款为800×180＋800×160＝27.2万元。

应签证的工程款为27.2×1.2×0.95＝31.008万元。

应扣预付款为18.52×50％＝9.26万元。

应付款为31.008－9.26＝21.748万元。

监理工程师签发月度付款最低金额为25万元，所以本月监理工程师不予签发付款凭证。

第四个月：

甲项工程累计完成工程量为2700m^3，比原估算工程量2300 m^3超出400 m^3，已超出估算工程量的10％，超出部分其单价应进行调整。

超出估算工程量10％的工程量为2700－2300×(1＋10％)＝170m^3。

这部分工程量单价应调整为180×0.9＝162元/m^3。

甲项工程工程量价款为(600＋170)×180＋170×162＝16.614万元。

乙项工程累计完成工程量为 3000m^3，比原估算工程量 3200 m^3 减少 200 m^3，不超过工程量，其单价不予进行调整。

乙项工程工程量价款为 600×160＝9.6 万元。

本月完成甲、乙两项工程量价款合计为 16.614＋9.6＝26.214 万元。

应签证的工程款为 26.214×1.2×0.95＝29.884 万元。

本月监理工程师实际签发的付款凭证金额为 21.748＋29.884－18.52×50％＝42.372 万元。

5.3 工程进度控制

5.3.1 进度控制的基本要求

(1)施工进度计划的审查

项目监理机构应审查施工单位报审的施工总进度计划和阶段性施工进度计划，提出审查意见，由总监理工程师审核后报建设单位。

施工进度计划审查的基本内容包括：

①施工进度计划应符合施工合同中工期的约定。

②施工进度计划中主要工程项目无遗漏，应满足分批动用或配套动用的需要，阶段性施工进度计划应满足总进度控制目标的要求。

③施工顺序的安排应符合施工工艺要求。

④施工人员、工程材料、施工机械等资源供应计划应满足施工进度计划的需要。

⑤施工进度计划应满足建设单位提供的施工条件(资金、施工图纸、施工场地、物资等)。

施工进度计划报审表应符合表 5.18 的格式。

表 5.18 施工进度计划报审表

工程名称： 编号：

致：________________(项目监理机构) 我方根据施工合同的有关规定，已完成________________工程施工进度计划的编制，并经我单位技术负责人审查批准，请予以审查。 附件：□施工总进度计划； □阶段性进度计划。 施工单位(盖章) 项目经理(签字) 年 月 日
审查意见： 专业监理工程师(签字) 年 月 日
审核意见： 项目监理机构(盖章) 总监理工程师(签字) 年 月 日

注：本表一式三份，项目监理机构、建设单位、施工单位各一份。

(2)施工进度计划实施的检查

专业监理工程师在检查进度计划实施情况时应做好记录，如发现实际进度与计划进度不符时，应签发监理通知，要求施工单位采取调整措施，确保进度计划的实施。

由于施工单位原因导致实际进度严重滞后于计划进度时，总监理工程师应签发监理通知，要求施工单位采取补救措施，调整进度计划，并向建设单位报告工期延误风险。

5.3.2 进度控制的要点

(1) 对进度计划的确认或者修改意见

施工承包单位应当在合同条款约定的日期，将施工组织设计和工程进度计划提交项目监理机构。群体工程中采取分阶段进行施工的单项工程，施工承包单位则应按照发包方提供图纸及有关资料的时间，按单项工程编制进度计划，分别向项目监理机构提交。

项目监理机构接到施工承包单位提交的进度计划后，应当予以确认或者提出修改意见，时间限制则在施工合同中约定。如果监理工程师逾期不确认提出书面意见，则视为已经同意。项目监理机构对进度计划予以确认或者提出修改意见，并不免除施工承包单位施工组织设计和工程进度计划本身的缺陷所应承担的责任。项目监理机构对进度计划予以确认的主要目的是为项目监理机构对进度进行控制提供依据。

①专业监理工程师应依据施工合同有关条款、施工图及经过批准的施工组织设计制定进度控制方案，对进度目标进行风险分析，制定防范性对策，经总监理工程师审定后报送建设单位。

②专业监理工程师应检查进度计划的实施，并记录实际进度及其相关情况，当发现实际进度滞后于计划进度时，应签发监理工程师通知单指认承包单位采取调整措施。当实际进度严重滞后于计划进度时应及时报总监理工程师，由总监理工程师与建设单位商定采取进一步措施。

(2) 监督进度计划的执行

开工后，施工承包单位必须按照项目监理机构确认的进度计划组织施工，接受项目监理机构对进度的检查、监督。这是项目监理机构进行进度控制的一项日常性工作，检查、监督的依据是已经确认的进度计划。一般情况下，项目监理机构每月检查一次施工承包单位的进度计划执行情况，由施工承包单位提交一份上月进度计划实际执行情况和本月的施工计划。同时，监理工程师还应进行必要的现场实地检查。

工程实际进度与进度计划不符时，施工承包单位应当按照项目监理机构的要求提出改进措施，经项目监理机构确认后执行。但是，对于因施工承包单位自身的原因造成工程实际进度与经确认的进度计划不符时，所有的后果都应由施工承包单位自行承担，项目监理机构也不对改进措施的效果负责。如果采用改进措施后，经过一段时间工程实际进展赶上了进度计划，则仍可按原进度计划执行。如果采用改进措施一段时间后，工程实际进展仍明显与进度计划不符，则项目监理机构可以要求施工承包单位修改原进度计划，并经项目监理机构确认。但是，这种确认并不是项目监理机构对工程延期的批准，而仅仅是要求施工承包单位在合理的状态下施工。因此，如果修改后的进度计划不能按期完工，施工承包单位仍应承担相应的违约责任。

(3) 竣工验收阶段的进度控制

竣工验收是建设单位对工程的全面检验，是保修期外的最后阶段。在竣工验收阶段，项目监理机构进度控制的任务是督促施工承包单位完成工程扫尾工作，协调竣工验收中的各方关系，参加竣工验收。

①竣工验收的程序

工程应当按期竣工。工程按期竣工有两种情况：施工承包单位按照协议书约定的竣工日期或者项目监理机构同意顺延的工期竣工。工程如果不能按期竣工，施工承包单位应当承担违约责任。

a.施工承包单位提交竣工验收报告

当工程按合同要求全部完成后，工程具备了竣工验收条件，施工承包单位按国家工程竣工验收的有关规定，向建设单位提供完整的竣工资料和竣工验收报告，并按专用条款要求的日期和份数向建设单位提交竣工图。

b. 建设单位组织验收

建设单位在收到竣工验收报告后28天内组织有关部门验收，并在验收14天内给予认可或者提出修改意见。施工承包单位应当按要求进行修改，并承担由自身原因造成修改的费用。竣工日期为施工承包单位送交竣工验收报告日期。需修改后才能达到验收要求的，竣工日期为施工承包单位修改后提请发包方验收日期。

c. 建设单位不按时组织验收的后果

建设单位收到施工承包单位送交的竣工验收报告后28天内不组织验收，或者在验收后14天内不提出修改意见，则视为竣工验收报告已经被认可。建设单位收到施工承包单位送交的竣工验收报告后28天内不组织验收，从第29天起承担工程保管及一切意外责任。

②建设单位要求提前竣工

在施工中，建设单位如果要求提前竣工，应当与施工承包单位进行协商，协商一致后应签订提前竣工协议。建设单位应为赶工提供方便条件。提前竣工协议应包括以下方面的内容：

a. 提前的时间；

b. 施工承包单位采取的赶工措施；

c. 建设单位为赶工提供的条件；

d. 施工承包单位为保证工程质量采取的措施；

e 提前竣工所需的追加合同价款。

③甩项工程

因特殊原因，建设单位要求部分单位工程或工程部位甩项竣工的，双方应当另行签订甩项竣工协议，明确各方责任和工程价款的支付方法。

【案例5.14】 某项工程为钢筋混凝土大板结构，地下2层，地上18层，基础为筏形基础板，混凝土量为840m^3，底板底标高−6m，钢门窗框，木门，采用集中空调设备。施工组织设计确定土方采用大开挖放坡施工方案，开挖土方工期为20天，浇筑底板混凝土24小时连续施工需4天。

(1) 施工单位在合同协议条款约定的开工日期前6天提交了一份请求报告，报告请求延期10天开工，其理由为：

①电力部门通知，施工用电变压器在开工4天后才能安装完毕。

②由铁路部门运输的5台施工单位自有施工主要机械在开工后8天才能运输到施工现场。

③为工程开工所必需的辅助施工设施在开工后10天才能投入使用。

请问：监理工程师接到报告后应如何处理？为什么？

(2) 基坑开挖进行18天时，地下−6m地基仍为软土地基，与地质报告不符。监理工程师及时进行了以下工作：

①通知施工单位配合勘察单位利用2天时间查明地基情况。

②通知建设单位与设计单位洽商修改设计，设计时间为5天交图。确定局部基础深度加深到−7.5m，混凝土工程量增加70 m^3。

③通知施工单位修改土方施工方案，加深开挖，增大放坡，开挖土方需要增加4天。

请问：监理工程师应该核准哪些项目的工期顺延？应同意延期几天？

【解析】

(1) 提出要求延期10天开工不合理。

①电力部门安装变压器影响延期开工4天，应予以认可，因外网电力供应由建设单位负责。

②因运输施工单位自有机械延误，要求延期不予认可，这是施工单位应该在开工前做好的准备工作，应由施工单位负责。

③工程开工的辅助施工设施不能使用要求延期不予认可，因是施工准备工作的一部分，应由施工单位负责。

监理工程师应只同意延期4天开工。

(2) 监理工程师核准顺延工期的项目为修改设计的时间、浇筑混凝土延长施工的时间和加深开挖土方的时间。

因为每小时浇筑混凝土量为 840÷(24×4)=8.75m^3，故增加 70m^3 需要的时间为 70÷8.75=8h，如果班日数为 1，则浇筑增加混凝土量 70m^3 需 1 天时间。

应签证顺延工期 5+4+1=10 天；土方增加工程量，混凝土增加工程量，经监理工程师核实的人工窝工和机械停工费。

以上费用监理工程师应认可签证给予补偿。

5.4 工程安全生产管理

5.4.1 实施工程安全生产管理的基本要求

工程监理单位履行建设工程安全生产管理的法定职责。这些法定职责由《建设工程安全生产管理条例》(国务院令第 393 号)、《危险性较大工程安全专项施工方案编制及专家论证审查办法》(建设部建质[2004]213 号)、《关于落实建设工程安全生产监理责任的若干意见》(建设部建市[2006]248 号)等法规所规定。

项目监理机构应检查施工单位现场安全生产规章制度的建立和落实情况，检查施工单位安全生产许可证及施工单位项目经理资格证、专职安全生产管理人员上岗证和特种作业人员操作证，检查施工机械和设施的安全许可验收手续，定期巡视检查危险性较大的分部分项工程施工作业情况。

项目监理机构在实施监理过程中，发现工程存在安全事故隐患的，应签发监理通知，要求施工单位整改；情况严重的，应签发暂停令，并及时报告建设单位。施工单位拒不整改或者不停止施工的，项目监理机构应及时向有关主管部门报送监理报告。

紧急情况下，项目监理机构通过电话、传真或者电子邮件向有关主管部门报告的，事后应形成监理报告。

5.4.2 施工阶段监理安全生产管理的主要工作

(1)检查施工单位是否按照审查批准的施工组织设计、施工方案中的安全技术措施和危险性较大的专项工程施工方案组织施工；审查施工安全重大危险源防护保证措施是否得到落实。

(2)督促施工单位对危险性较大的专项工程施工方案按照规定内容组织专家论证，并办理开工安全生产条件审查；督促施工单位在危险性较大的专项工程施工过程中进行安全巡视检查，督促施工单位安全生产专职人员进行现场监控。

(3)审查施工起重机械设备、整体提升脚手架、模板等自升式架设设施、钢管及扣件、漏电保护器、安全网等的检测检验报告和进场验收手续。参加施工起重机械设备、整体提升脚手架、模板等自升式架设设施以及施工临建设施的安装验收，督促施工单位及时办理相关设备设施的使用登记手续。

(4)检查施工现场各种安全警示标志设置是否齐全，是否符合强制性标准要求。

(5)检查施工单位对施工安全重大危险源的台账建立、检查记录、整改记录情况；监督检查施工单位对施工现场安全重大危险源的动态管理情况。

(6)核查安全文明施工措施费用专款使用情况，并按规定签署意见。

(7)督促施工单位进行安全生产自查，对其自查情况进行抽查，检查自查记录。参加建设单位组织的安全生产专项检查；检查施工单位专职安全生产管理人员的工作职责落实情况，包括其工作日志；检查施工临时用电、施工起重机械设备、整体提升脚手架、模板等自升式架设设施的运行维护记录等。

(8)建立工程项目安全生产隐患台账，对安全生产违法违规行为和安全生产隐患，及时要求有关单位整改，并检查整改结果，签署整改验收意见。

5.4.3 施工阶段监理安全生产管理的工作要点

(1)在施工阶段，对施工现场安全生产情况进行巡视检查，对发现的各类安全事故隐患，书面通知施工单位，并督促其立即整改；情况严重的，及时下达工程暂停令，要求施工单位停工整改，并同时报告建设单位。安全事故隐患消除后，检查整改结果，签署复查或复工意见。施工单位拒不整改或不停工整改的，应当及时向工程所在地建设主管部门或质量安全职能部门报告。以电话形式报告的，应当有通话记录，并及时补充书面报告。检查、整改、复查、报告等情况应记载在监理日志、监理的安全生产管理台账和监理月报中。

(2)施工过程中，应及时核查施工单位提交的施工起重机械、整体提升脚手架、模板等自升式架设设施和安全设施等验收记录，并由安全监理人员签收备案。

(3)工程竣工后，监理单位应将有关安全生产的技术文件、验收记录、监理规划、监理实施细则、监理月报、监理会议纪要及相关书面通知等按规定立卷归档。

【案例5.15】 请说明项目监理机构对基坑支护与外脚手架搭设履行工程安全生产管理巡视检查的要点。

【解析】

(1)基坑支护

①应有支护方案，深度超过2m者，应设临边防护措施，放坡开挖则安全边坡应符合规定。

②基坑施工应有排水措施。

③基坑坑边荷载，如积土、料具堆放和机械设备等距槽边距离应满足设计规定。

④基坑应上下通道，基坑支护应进行变形监测，土方开挖应按操作要求，作业环境应符合规定。

(2)外脚手架搭设

①脚手架高度超过规范规定，必须进行设计和验算。

②立杆基础，要求平整、坚实，有扫地脚、底座、垫木和排水措施。

③高度在7m以上，架体与建筑结构应设拉结。

④杆件间距与剪刀撑架设高度与角度应符合规定。

⑤脚手板应满铺、材质符合要求、施工层应设防护栏杆和挡脚板，脚手架外侧应设置密目式安全网。

⑥立杆与大横杆交点处需设置小横杆，且两端固定。

⑦架体内封闭应符合要求。

⑧木质脚手架材质与直径应符合要求，钢管架不能弯曲、锈蚀。

⑨卸料平台应经计算与设计，支撑系统与脚手架应连接，使用荷载应有限定标牌。

5.5 质量安全事故的处理

5.5.1 质量问题处理工作程序

当发生工程质量问题时，监理工程师首先应判断其严重程度。

(1)对可以通过返修或返工弥补的质量问题的处理

①签发监理通知，责成施工单位进行处理；

②施工单位接到监理通知后，在监理工程师的参与下，尽快进行质量问题调查并形成报告；

③监理工程师审核、分析质量问题调查报告，判断和确认质量问题产生的原因，并在分析原因的基础上，认真审核签认质量问题处理方案；

④监理工程师指令施工单位按审核签认的处理方案实施处理并进行跟踪检查；

⑤质量问题处理完毕，监理工程师应组织有关人员对处理的结果进行检查、鉴定和验收，施工单位写出质量问题处理报告，报建设单位和监理单位存档。

(2)对需要加固补强的质量问题，或质量问题的存在影响下道工序和分项工程的质量时的处理

①总监理工程师应签发工程暂停令，指令施工单位停止有问题部位和与其有关联部位及下道工序的施工，必要时，应要求施工单位采取防护措施，并责成施工单位写出质量问题调查报告；

②会同建设单位组织设计单位分析质量问题，并由设计单位提出处理方案；

③将建设单位同意的设计单位提出的处理方案批复施工单位执行，监理工程师进行跟踪检查；

④施工单位完工、自检后，向项目监理机构提交复工报审表及质量问题处理报告。总监理工程师签署

复工报审表，并对处理结果按处理方案要求组织验收，验收合格后，总监理工程师签发复工令，并要求将有关技术资料归档。

5.5.2 质量事故处理工作程序

工程质量事故处理程序一般如图5.1所示。

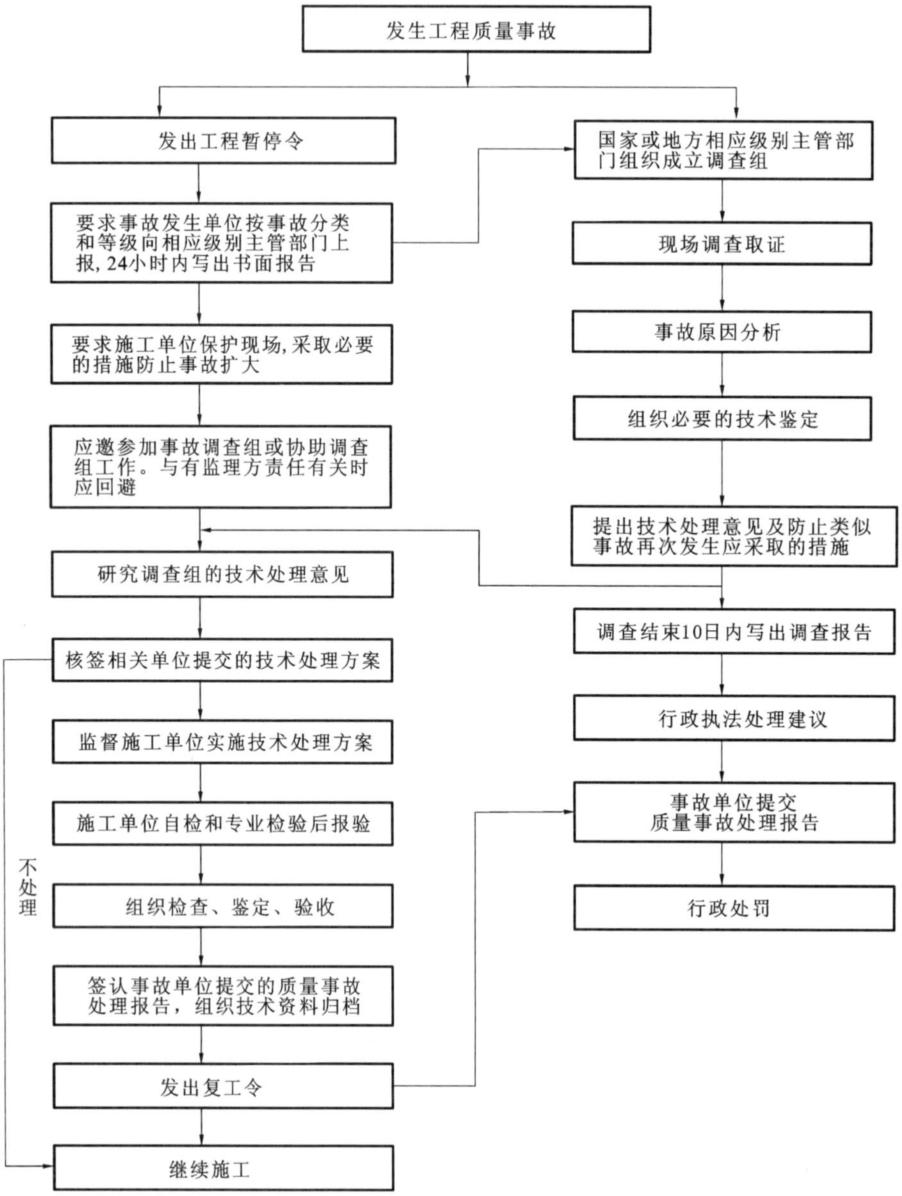

图5.1 工程质量事故处理程序

(1)工程质量事故发生后，总监理工程师应签发“工程暂停令”，要求停止进行质量缺陷部位和与其有关联部位的施工活动，并禁止进入下道工序施工，并要求施工单位采取必要的措施，防止事故扩大并要保护好现场。同时，要求质量事故发生单位迅速按类别和等级向相应的建设行政主管部门或其他有关部门上报，并于24小时内写出书面报告。

(2)相关部门根据有关程序和规定组建事故调查组，项目监理机构在事故调查组展开工作后，应积极协助，客观地提供相应证据，若监理方无责任，项目监理机构可应邀参加调查组，参与事故调查；若监理方有责任，则应予以回避，但应配合调查组工作。

(3)当项目监理机构接到质量事故调查组提出的技术处理意见后，可组织相关单位研究，并责成相关单位完成技术处理方案，并予以审核签认。

(4)技术处理方案核签后，项目监理机构应要求施工单位制定详细的施工方案报批后实施。必要时，专业监理工程师应编制监理实施细则，经总监理工程师批准后实施监理，技术处理过程中的关键部位和关键工序应进行旁站。必要时，会同设计、建设等有关单位共同检查认可。

(5)施工单位实施技术处理完工、自检和专业检验报验后，向项目监理机构提交复工报审表及质量事故处理报告等有关材料。总监理工程师签署复工报审表，并组织有关各方按技术处理方案要求进行检查验收，必要时应进行处理结果的技术鉴定。

(6)技术处理验收合格后，总监理工程师签发复工令，并要求将有关技术资料归档。

(7)对质量事故的严重程度发生争议时，提请质量监督主管部门裁定。

(8)对质量事故特别严重需要检测加固处理的，必须委托有专业资质的检测机构进行检测鉴定，提出处理意见或建议方案。

5.5.3 安全事故隐患处理工作程序

(1)监理工程师发现施工单位存在安全生产违法违规行为和安全生产隐患时，应及时制止并下发监理通知，要求施工单位限期整改，施工单位整改完毕自检合格后，填写监理通知回复单报监理工程师复查。监理工程师应及时组织复查验收。

(2)情况严重或有关单位在规定限期内拒不整改的，由总监理工程师签发工程暂停令，责令施工单位限期整改，并及时书面通报建设单位；下达工程暂停令后施工单位仍拒不在限期内整改或者拒不暂停施工的，工程项目监理机构应当及时书面报告相应建设主管部门或其安全生产监督机构，必要时，应当及时向本单位相关负责汇报后书面报告上一级建设主管部门。

5.5.4 安全事故处理工作程序

(1)工程安全事故发生后，总监理工程师应签发“工程暂停令”，应要求施工单位按照已经编制的施工现场安全事故紧急救援预案，采取必要措施，防止事故扩大并保护好现场。工程安全事故发生后，总监理工程师应该在2小时之内上报本公司主要负责人，并应该坚持在现场组织善后工作，不得请假离开。同时，要求安全事故发生单位迅速按类别和等级向相应的主管部门上报，并于24小时内写出书面报告。

(2)相关部门根据有关程序和规定组建事故调查组，工程项目监理机构在事故调查组展开工作后，应积极协助并客观地提供相应证据，若监理方无责任，工程项目监理机构可应邀参加调查组，参与事故调查；若监理方有责任，则应予以回避，但应配合调查组工作。

(3)事故调查组提交事故调查报告和处理意见，上报当地有关主管部门批准、结案后，应清理有关资料进行专案存档。

(4)事故结案后，总监理工程师签发复工令，恢复正常施工。

5.5.5 事故处理工作要点

5.5.5.1 事故的分类

在实际工作中，监理工程师应学会区分工程质量不合格、质量问题和质量事故，知晓工程事故的分类。

(1)根据国际标准化组织和我国有关质量、质量管理和质量保证标准的定义，凡工程产品质量没有满足某个规定的要求，就称之为质量不合格。

(2)凡是工程质量不合格，必须进行返修、加固或报废处理，由此造成直接经济损失低于5000元的称为质量问题。

(3)凡是工程质量不合格，必须进行返修、加固或报废处理，造成直接经济损失在5000元以上的称为工程质量事故。

(4)国家现行对工程质量事故通常采用按造成损失严重程度进行分类，其基本分类如下：

①一般质量事故。凡具备下列条件之一者为一般质量事故。

a. 直接经济损失在5000元以上，不满50000元的。

b. 影响使用功能和工程结构安全，造成永久质量缺陷的。

②严重质量事故。凡具备下列条件之一者为严重质量事故。

a.直接经济损失在50000元以上,不满10万元的。

b.严重影响使用功能或工程结构安全,存在重大质量隐患的。

c.事故性质恶劣或造成2人以下重伤的。

③重大质量事故。凡具备下列条件之一者为重大质量事故,属建设工程重大事故范畴:

a.工程倒塌或报废。

b.由于质量事故,造成人员死亡或重伤3人以上。

c.直接经济损失10万元以上。

(5)按国家建设行政主管部门规定建设工程重大事故分为四个等级(含质量、安全事故)。

①凡造成死亡30人以上,或直接经济损失300万元以上为一级。

②凡造成死亡10人以上、29人以下,或直接经济损失100万元以上、不满300万元为二级。

③凡造成死亡3人以上、19人以下,或重伤20人以上,或直接经济损失30万元以上、不满100万元为三级。

④凡造成死亡2人以下,或重伤3人以上、19人以下或直接经济损失10万元以下、不满30万元为四级。

(6)根据2007年国务院第493号令《生产安全事故报告和调查处理》的规定,生产安全事故分为以下四个等级:

①特别重大事故,是指造成30人以上死亡,或100人以上重伤(包括急性工业中毒,下同),或1亿元以上直接经济损失的事故

②重大事故,是指造成10人以上、30人以下死亡,或50人以上、100人以下重伤,或5000万元以上、1亿元以下直接经济损失的事故。

③较大事故,是指造成3人以上、10人以下死亡,或10以上、50人以下重伤,或1000万元以上、5000万元以下直接经济损失的事故。

④一般事故,是指造成3人以下死亡,或10人以下重伤,或1000元万以下直接经济损失的事故。

上文所称的"以上"包括本数,所称的"以下"不包括本数。事故的调查与处理按以下规定:

a.特别重大事故由国务院或者国务院授权有关部门组织事故调查组进行调查。

b.重大事故、较大事故、一般事故分别由事故发生地省级人民政府、设区的市级人民政府、县级人民政府负责调查。

c.重大事故、较大事故、一般事故,负责事故调查的人民政府应当自收到事故调查报告之日起15日内做出批复;特别重大事故,30日内做出批复。

5.5.5.2 事故的处理

(1)当施工现场出现质量问题或安全隐患时,监理工程师应在第一时间掌握现场情况并及时做出反应。

①当施工引起的质量、安全问题处在萌芽状态,应及时制止,并要求施工单位立即更换不合格材料、设备或不称职人员,或要求施工单位立即改变不正确的施工方法和操作工艺。

②当施工引起的质量问题已出现时,应立即向施工单位发出监理通知,要求其对质量问题进行补救处理,并采取足以保证施工质量的有效措施后,填报监理通知回复单报项目监理机构。

③当某道工序或分项工程完工后,出现不合格项,总监理工程师或监理工程师应签发监理通知或工程暂停令,要求施工单位及时采取措施予以整改;监理工程师应对其补救方案进行确认,跟踪处理过程,对处理结果进行验收,否则不允许进行下道工序或分项的施工。

④在交工使用后的保修期内发现的质量问题,监理工程师应及时签发监理通知,指令施工单位进行修补、加固或返工处理。

(2)当施工现场出现质量或安全事故时,监理工程师应在第一时间掌握现场情况并及时做出反应。

事故发生后,项目监理机构应启动应急预案,第一时间发出工程暂停令,责成事故责任单位停止施工,现场人员切不可惊慌失措,要有组织地统一指挥。首先抢救伤亡和排除险情,尽量制止事故蔓延扩大。同时注意,为了事故调查分析的需要,应保护好事故现场。如因抢救伤亡和排除险情而必须移动现场构件时,还应准确做出标记,最好拍出不同角度的照片,为事故调查提供可靠的原始事故现场。并及时上报建

设主管部门或其他有关部门。

(3)不论质量问题还是质量、安全事故，在其发生后均应进行调查，判断和确认问题、事故产生的原因。原因分析是确定处理措施方案的基础，正确的处理来源于对原因的正确判断。只有对调查提供充分的资料、数据，进行详细深入的分析后，才能由表及里，去伪存真，找出质量问题的真正起源点。这就要求监理工程平时必须注意收集资料并整理存档。

5.5.5.3 工程质量事故技术处理方案的确定及鉴定验收

(1)尽管对造成质量事故的技术处理方案多种多样，根据质量事故的情况均可归纳为三种类型的处理方案，监理工程师应掌握从中选择最适用处理方案的方法，方能对相关单位上报的事故技术处理方案做出正确审核结论。这三种类型的处理方案包括修补处理、返工处理、不做处理。通常不做处理的情况包括：不影响结构安全和正常使用；有些质量问题；经过后续工序可以弥补、经法定检测单位鉴定合格；出现的质量问题，经检测鉴定达不到设计要求，但经原设计单位核算，仍能满足结构安全和使用功能。

(2)选择工程质量处理方案是一项复杂而重要的工作，必要时可采取一些选择工程质量事故处理方案的辅助决策方法，如实验验证、定期观测、专家论证、方案比较等。

(3)质量事故的技术处理是否达到了预期目的，消除了工程质量不合格和工程质量问题，是否仍留有隐患。监理工程师应通过组织检查和必要的鉴定，进行验收并予以最终确认。

①检查验收。工程质量事故处理完成后，监理工程师在施工单位自检合格报验的基础上，应严格按施工验收标准及有关规范的规定进行，结合监理人员的旁站、巡视和平行检验结果，依据质量事故技术处理方案设计要求，通过实际量测，检查各种资料数据进行验收，并应办理交工验收文件，组织各有关单位会签。

②必要的鉴定。凡涉及结构承载力等使用安全和其他重要性能的处理工作，常需要做必要的试验和检验鉴定工作。检测鉴定必须委托政府批准的有资质的法定检测单位进行。

③验收结论。对所有质量事故均应有明确的书面结论。若对后续工程施工有特定要求，或对建筑物使用有一定限制条件，应在结论中提出。

④对于处理后符合施工质量验收标准规定的，监理工程师应予以验收、确认，并应注明责任方主要承担的经济责任。对经加固补强或返工处理仍不能满足安全使用要求的分部工程、单位(子单位)工程，应拒绝验收。

5.6 施工合同管理

项目监理机构应依据合同的约定进行施工合同管理，处理工程变更、索赔及施工合同争议等事宜。施工合同终止时，项目监理机构应协助建设单位按施工合同约定处理施工合同终止的有关事宜。

5.6.1 工程变更的处理

5.6.1.1 监理工作要求

(1)项目监理机构应按下列程序处理施工单位提出的工程变更：

①总监理工程师组织专业监理工程师审查施工单位提出的工程变更申请，提出审查意见。

对涉及工程设计文件修改的工程变更，应由建设单位转交原设计单位修改工程设计文件。必要时，项目监理机构应组织建设、设计、施工等单位召开专题会议，论证工程设计文件的修改方案。

②总监理工程师根据实际情况、工程变更文件和其他有关资料，在专业监理工程师对下列内容进行分析的基础上，对工程变更费用及工期影响作出评估：

a.工程变更引起的增减工程量。

b.工程变更引起的费用变化。

c.工程变更对工期的影响。

③总监理工程师组织建设单位、施工单位等共同协商确定工程变更费用及工期变化，会签工程变更单。工程变更单应符合表5.19的格式。

表 5.19 工程变更单

工程名称： 编号：

<table>
<tr><td colspan="3">致：________________
由于________________原因，兹提出________________工程变更，请予以审批。
附件：□变更内容；
□变更设计图；
□相关会议纪要；
□其他。
变更提出单位：
负责人：
年 月 日</td></tr>
<tr><td>工程数量增/减</td><td colspan="2"></td></tr>
<tr><td>费用增/减</td><td colspan="2"></td></tr>
<tr><td>工期变化</td><td colspan="2"></td></tr>
<tr><td colspan="2">施工单位(盖章)
项目经理(签字)</td><td>设计单位(盖章)
设计负责人(签字)</td></tr>
<tr><td colspan="2">项目监理机构(盖章)
总监理工程师(签字)</td><td>建设单位(盖章)
负 责 人(签字)</td></tr>
</table>

注：本表一式四份，建设单位、项目监理机构、设计单位、施工单位各一份。

④项目监理机构根据批准的工程变更文件监督施工单位实施工程变更。

(2)项目监理机构应在工程变更实施前与建设单位、施工单位等协商确定工程变更的计价原则、计价方法或价款。

(3)项目监理机构处理工程变更应符合下列要求：

①项目监理机构处理工程变更应取得建设单位授权。

②建设单位与施工单位未能就工程变更费用达成协议时，项目监理机构应提出一个暂定价格并经建设单位同意，作为临时支付工程款的依据。工程变更款项最终结算时，应以建设单位与施工单位达成的协议为依据。

(4)项目监理机构应督促施工单位按照会签后的工程变更单组织施工。

(5)项目监理机构应对建设单位要求的工程变更提出评估意见。

5.6.1.2 监理工作要点

在施工过程中如果发生工程变更，将对施工进度产生很大的影响。因此，监理工程师在其可能的范围内应尽量减少工程变更。如果必须对设计进行变更，应当严格按照国家的规定和合同约定的程序进行。

(1)建设单位对原设计进行变更

施工中建设单位如果需要对原工程设计进行变更，应不迟于变更前14天以书面形式向施工单位发出变更通知，变更超过原设计标准或者批准的建设规模时，须经原规划管理部门和其他有关部门审查批准，并由原设计单位提供变更的相应的图纸和说明。

(2)施工承包单位要求对原设计进行变更

施工承包单位应当严格按照图纸施工，不得随意变更设计。施工中施工承包单位要求对原工程设计进行变更，须经监理工程师同意。监理工程师同意变更后，也须经原规划管理部门和其他有关部门审查批准，并由原设计单位提供变更的相应的图纸和说明。施工承包单位未经监理工程师同意不得擅自变更设计，否则因擅自变更设计发生的费用和由此导致建设单位的直接损失，由施工承包单位承担，延误的工期不予顺延。

(3)工程变更事项

能够构成工程变更的事项包括以下方面：

①更改有关部分的标高、基线、位置和尺寸。

②更改有关工程的性质、质量标准。

③增减合同中约定的工程量。

④改变有关工程的施工时间和顺序。

⑤其他有关工程变更需要的附加工作。

由于建设单位对原设计进行变更，以及经监理工程师同意的、施工承包单位要求进行的设计变更，导致合同价款的增减及造成的施工承包单位损失，由建设单位承担，延误的工期相应顺延。

(4)变更价款的确定程序

变更发生后，施工承包单位在变更确定后 14 天内，提出变更工程价款的报告，经监理工程师确认后调整合同价款。施工承包单位在确定变更后 14 天内不向监理工程师提出变更工程价款报告时，视为该项设计变更不涉及合同价款的变更。

监理工程师收到变更工程价款报告之日起 7 天内予以确认。监理工程师无正当理由不确认时，自变更价款报告送达之日起 14 天后变更工程价款报告自行生效。

监理工程师不同意施工承包单位提出的变更价格，按照合同约定的争议解决方法处理。

变更合同价款按照下列方法进行：

① 合同中已有适用于变更工程的价格，按合同已有的价格计算、变更合同价款。

② 合同中只有类似于变更工程的价格，可以参照此价格确定变更价格，变更合同价款。

③ 合同中没有适用或类似于变更工程的价格，由施工承包单位提出适当的变更价格，经监理工程师确认后执行。

5.6.2 费用索赔的处理

5.6.2.1 监理工作要求

(1)项目监理机构应及时收集、整理有关工程费用的原始资料，为处理费用索赔提供证据。

(2)项目监理机构处理费用索赔主要依据包括：

①法律法规。

②勘察设计文件、施工合同文件。

③工程建设标准。

④索赔事件的证据。

(3)项目监理机构处理施工单位费用索赔程序：

①受理施工单位在施工合同约定的期限内提交的费用索赔意向通知书。

②收集与索赔有关的资料。

③受理施工单位在施工合同约定的期限内提交的费用索赔报审表。

④审查费用索赔报审表。需要施工单位进一步提交详细资料的，应在施工合同约定的期限内发出通知。

⑤与建设单位和施工单位协商一致后，在施工合同约定的期限内签发费用索赔报审表，并报建设单位。

费用索赔意向通知书应符合表 5.20 的格式，费用索赔报审表应符合表 5.21 的格式。

表 5.20 费用索赔意向通知书

工程名称： 编号：

致：____________________ 根据《建设工程施工合同》____________________（条款）的约定，由于发生了事件，且该事件的发生非我方原因所致。为此，我方向____________________（单位）提出索赔要求。 附件：索赔事件资料。 提出单位（盖章） 负 责 人（签字） 年 月 日

表 5.21 费用索赔报审表

工程名称： 编号：

致：________________________（项目监理机构） 根据《建设工程施工合同》________条款，由于________________________的原因，我方申请索赔金额（大写）________________________，请予批准。 索赔理由：________________________ ________________________ ________________________ ________________________ 附近：□索赔金额的计算； □证明材料。 施工单位（盖章） 项目经理（签字） 年 月 日
审核意见： □ 不同意此项索赔。 □ 同意此项索赔，索赔金额为（大写）________________________。 同意/不同意索赔的理由：________________________ ________________________ ________________________ ________________________ 附件：□索赔金额的计算。 项目监理机构（盖章） 总监理工程师（签字、加盖执业印章） 年 月 日
审批意见： 建设单位（盖章） 建设单位代表（签字） 年 月 日

注：本表一式三份，项目监理机构、建设单位、施工单位各一份。

(4)项目监理机构批准施工单位费用索赔应同时满足下列三个条件：

①施工单位在施工合同约定的期限内提出费用索赔。

②索赔事件是因非施工单位原因造成，不可抗力除外。

③索赔事件造成施工单位直接经济损失。

(5)当施工单位的费用索赔要求与工程延期要求相关联时，项目监理机构应提出费用索赔和工程延期的综合处理意见，并与建设单位和施工单位协商。

(6)因施工单位原因造成建设单位损失，建设单位提出索赔的，项目监理机构应与建设单位和施工单位协商处理。

5.6.2.2 监理工作要点

(1)有关规定

①承包人必须依据合同有关规定索取额外的费用。

②承包人在出现引起索赔的事件后，按合同规定的期限向监理工程师提交索赔意向，并同时抄送建设

单位。

③承包人承诺继续按规定向监理工程师提交说明索赔数额和索赔依据等的详细材料，并根据监理工程师需求随时提供有关证明。

④承包人在索赔事件终止后，按合同规定的期限，向监理工程师提交正式的索赔申请。

(2)费用索赔的主要类型

①难以预见的情况所引起

a. 异常恶劣的气候条件。

b. 外界障碍(化石、古物、地下建筑等)。

c. 战争入侵、叛乱、暴乱等。

d. 通常无法预测和防范的任何一种自然力。

②建设单位责任引起

a. 未按合同规定和承包人合理的工程进度计划，提供对现场的占有权和出入权。

b. 未按规定向承包人付款。

c. 延误提供图纸。

d. 提前占用或提前使用永久性工程区段而造成损失或损害。

e. 因工程设计不当而造成的损失与损害。

f. 违约使合约中途终止。

③监理工程师的责任引起

a. 延误签发图纸、指令。

b. 负责提供的书面数据不准确。

c. 要求进行合同中未规定的检验。

(3)受理程序

①搜集资料、做好记录

监理工程师应在收到承包人索赔意向后，立即通知有关的监理人员，做好工地实际情况的调查和日常记录，收集来自现场以外的各种文件资料与信息。

②审查承包人的索赔申请

监理工程师收到承包人正式索赔申请后，应主要从以下几方面进行审查：

a. 索赔申请的格式满足监理工程师的要求。

b. 索赔申请的内容符合要求。即已列明索赔发生的原因及申请所依据的合同条款；附有索赔数额计算的方法、价格与数量的来源细节和索赔涉及的有关证明、文件、资料、图纸等。

审查通过后，可开始下一步的评估，否则应对承包人的申请予以退回。

③索赔评估

索赔评估应主要从以下几方面进行：

a. 承包人提交的索赔申请资料必须真实、齐全，满足评审的需要。

b. 申请索赔的合同依据必须正确。

c. 申请索赔的理由必须正确与充分。

d. 申请索赔数额的计算原则与方法应恰当；数量应与监理工程师掌握的资料一致，价格与取费的来源能被建设单位接受。否则应修订承包人的计算方法与索赔数额并与建设单位和承包人进行协商。

5.6.3 工程延期及工期延误的处理

5.6.3.1 监理工作要求

(1)施工单位提出工程延期要求符合施工合同约定的，项目监理机构应予以受理。

(2)当影响工期事件具有持续性时，项目监理机构应对施工单位提交的阶段性工程临时延期报审表进行审查，签署工程临时延期审核意见后报建设单位。

当影响工期事件结束后，项目监理机构应对施工单位提交的工程最终延期报审表进行审查，签署工程最终延期审核意见后报建设单位。工程临时延期报审表和工程最终延期报审表应符合表5.22的格式。

表5.22 工程临时/最终延期报审表

工程名称： 编号：

致：____(项目监理机构) 根据《建设工程施工合同》__________(条款)，由于____原因，我方申请工程临时/最终延期______(日历天)，请予批准。 附件： 1. 工程延期依据及工期计算； 2. 证明材料。 施工单位(盖章) 项目经理(签字) 年 月 日
审核意见： □ 同意临时/最终延长工期____________________________(日历天)。工程竣工日期从施工合同约定的______年______月______日延迟到______年______月______日。 □ 不同意延长工期，请按约定竣工日期组织施工。 项目监理机构(盖章) 总监理工程师(签字、加盖执业印章) 年 月 日
审批意见： 建设单位(盖章) 建设单位代表(签字) 年 月 日

注：本表一式三份，项目监理机构、建设单位、施工单位各一份。

(3)项目监理机构在作出工程临时延期批准和工程最终延期批准之前，均应与建设单位和施工单位协商。

(4)项目监理机构批准工程延期应同时满足下列三个条件：

①施工单位在施工合同约定的期限内提出工程延期。

②因非施工单位原因造成施工进度滞后。

③施工进度滞后影响到施工合同约定的工期。

(5)施工单位因工程延期提出费用索赔时，项目监理机构应按施工合同约定进行处理。

(6)发生工期延误时，项目监理机构应按施工合同约定进行处理。

5.6.3.2 监理工作要点

(1)延期开工

①施工承包单位要求的延期开工

如果是施工承包单位要求的延期开工，则总监理工程师有权批准是否同意延期开工。

施工承包单位应当按协议书约定的开工日期前7天，以书面形式向监理工程师提出延期开工的理由和要求。监理工程师在接到延期开工申请后的48小时内以书面形式答复施工承包单位。监理工程师在接到延期开工申请后的48小时内不答复，视为同意施工承包单位的要求，工期相应顺延。

如果监理工程师不同意延期要求，工期不予顺延。如果施工承包单位未在规定时间内提出延期开工要求，如在协议书约定的开工日期前5天才提出，工期也不予顺延。

②建设单位原因的延期开工

因建设单位的原因不能按照协议书约定的开工日期开工，监理工程师以书面形式通知施工承包单位后，可推迟开工日期。施工承包单位对延期开工的通知没有否决权，但建设单位应当赔偿施工承包单位因此造成的损失，相应顺延工期。

(2)暂停施工

在施工过程中，有些情况会导致暂停施工。暂停施工的原因是多方面的，但归纳起来有以下三个方面：

①监理工程师要求的暂停施工

监理工程师在主观上是不希望暂停施工的，但有时继续施工会造成更大的损失。监理工程师在确有必要时，应当以书面形式要求施工承包单位暂停施工，不论暂停施工的责任在建设单位还是在施工承包单位。监理工程师应当在提出暂停施工要求后48小时内提出书面处理意见。施工承包单位应当按照监理工程师的要求停止施工，并妥善保护已完工工程。施工承包单位实施监理工程师作出的处理意见后，可提出书面复工要求，监理工程师应当在48小时内给予答复。监理工程师未能在规定时间内提出处理意见，或收到施工承包单位复工要求后48小时内未予答复，施工承包单位可以自行复工。

如果停工责任在建设单位，由建设单位承担所发生的追加合同价款，赔偿施工承包单位由此造成的损失，相应顺延工期；如果停工责任在施工承包单位，由施工承包单位承担发生的费用，工期不予顺延。因监理工程师不及时作出答复，导致施工承包单位无法复工，由建设单位承担违约责任。

②由于建设单位违约，施工承包单位主动暂停施工

当建设单位出现某些违约情况时，施工承包单位可以暂停施工。这是施工承包单位保护自己权益的有效措施。如建设单位不按合同规定及时向施工承包单位支付工程预付款、建设单位不按合同规定及时向施工承包单位支付工程进度款且双方未达成延期付款协议，在施工承包单位发出要求付款通知后仍不付款，经过一定时间后，施工承包单位均可暂停施工。这时，发包方应当承担相应的违约责任。出现这种情况时，监理工程师应当尽量督促发包方履行合同，以求减少双方的损失。

③意外情况导致的暂停施工

在施工过程中出现一些意外情况，如果需要暂停施工则施工承包单位应暂停施工。在这些情况下，工期是否给予顺延应视风险责任的承担确定。如发现有价值的文物、发生不可抗拒事件等，风险责任应当由建设单位承担，故应给予施工承包单位工期顺延。

(3)延期及延误的概念

工期索赔经过批准的部分为工程延期，其余为工程延误。

总监理工程师在作出临时延期批准时，要按正常的工程延期批准审查的同样程度和同样要求进行审查。

在最终进行工程延期审查与批准时，总监理工程师应复查与工程延期有关的全部情况。因此，总监理工程师在作临时延期批准时，不应认为其具有临时性而放松控制。

(4)确定延期的步骤

在确定各影响工期事件对工期或区段工期的综合影响程度时，可按下列步骤进行：

①以事先批准的详细的施工进度计划为依据，确定假设工程不受影响工期事件影响时应该完成的工作或应该达到的进度。

②详细核实受该影响工期事件影响后，实际完成的工作或实际达到的进度。

③查明因受该影响工期事件的影响而受到延误的作业工种。

④查明实际的进度滞后是否还有其他影响因素，并确定其影响程度。

⑤ 最后确定该影响工期事件对工程竣工时间或区段竣工时间的影响值。

(5)工期可以顺延的工程延误

施工承包单位应当按照合同约定完成工程施工，如果由于其自身的原因造成工程延误，应当承担违约责任。但是，在有些情况下工程延误后，竣工日期可以相应顺延。因以下原因造成的工程延误，经监理工程师确认，工期相应顺延：

①建设单位不能按专用条款的约定提供开工条件。

②建设单位不能按约定日期支付工程预付款、进度款，致使工程不能正常进行。

③设计变更和工程量增加。

④一周内非承包方原因停水、停电、停气造成停工累计超过 8 小时。

⑤不可抗力。

⑥专用条款中约定或工程师同意工期顺延的其他情况。

这些情况可以顺延的根本原因在于：这些情况属于建设单位违约或者是应当由建设单位承担的风险。反之，如果造成工程延误的原因是施工承包单位的违约或者应当由施工承包单位承担的风险，则工期不能顺延。

(6)工程延期处理程序

建设单位在工期可以顺延的情况发生后 14 天内，应将延误的工期向监理工程师提出书面报告。监理工程师在收到报告后 14 天内予以确认答复，逾期不予答复，则视为报告要求已经被确认。

当然，监理工程师确认的工期顺延期限应当是事件造成的合理延误，由监理工程师根据发生事件的具体情况和工期定额、合同等的规定确认。经监理工程师确认的顺延的工期应纳入合同工期，作为合同工期的一部分。如果施工承包单位不同意监理工程师的确认结果，则按合同规定的争议解决方式处理。

(7)因不可抗力事件导致的费用及延误的工期处理

①工程本身的损害、因工程损害导致第三方人员伤亡和财产损失以及运至施工场地用于施工的材料和待安装的设备的损害，由发包方承担。

②承发包双方人员伤亡由其所在单位负责，并承担相应费用。

③施工承包单位机械设备损坏及停工损失，由施工承包单位承担。

④停工期间，施工承包单位应工程师要求留在施工场地的必要的管理人员及保卫人员的费用由建设单位承担。

⑤工程所需清理、修复费用，由建设单位承担。

⑥延误的工期相应顺延。

因合同一方迟延履行合同后发生不可抗力的，不能免除迟延履行方的相应责任。

5.6.4 施工合同争议的处理

5.6.4.1 监理工作要求

(1)项目监理机构接到处理施工合同争议要求后应进行以下工作：

①了解合同争议情况。

②及时与合同争议双方进行磋商。

③提出处理方案后，由总监理工程师进行协调。

④当双方未能达成一致时，总监理工程师应提出处理合同争议的意见。

(2)项目监理机构在施工合同争议处理过程中，对未达到施工合同约定的暂停履行合同条件的，应要求施工合同双方继续履行合同。

(3)在施工合同争议的仲裁或诉讼过程中，项目监理机构可按仲裁机关或法院要求提供与争议有关的证据。

5.6.4.2 合同争议的调解

(1) 项目监理机构接到合同争议的调解要求后应进行以下工作：

① 及时了解合同争议的全部情况，包括进行调查和取证。

② 及时与合同争议的双方进行磋商。

③ 在项目监理机构提出调解方案后，由总监理工程师进行争议调解。

④ 当调解未达成一致时，总监理工程师应在施工合同规定的期限内提出处理该合同争议的意见；

⑤ 在争议调解过程中，除已达到了施工合同规定的暂停履行合同的条件之外，项目监理机构应要求施工合同的双方继续履行施工合同。

(2) 在总监理工程师签发合同争议处理意见后，建设单位或承包单位在施工合同规定的期限内未对合同争议处理决定提出异议，在符合施工合同的前提下，此意见应成为最后的决定，双方必须执行。

(3) 在合同争议的仲裁或诉讼过程中，项目监理机构接到仲裁机关或法院要求提供有关证据的通知后，应公正地向仲裁机关或法院提供与争议有关的证据。

5.6.4.3　合同的解除

(1) 施工合同的解除必须符合法律程序。

(2) 当建设单位违约导致施工合同最终解除时，项目监理机构应就承包单位按施工合同规定应得到的款项与建设单位和承包单位进行协商，并应按施工合同的规定从下列应得的款项中确定承包单位应得到的全部款项，并书面通知建设单位和承包单位：

① 承包单位已完成的工程量表中所列的各项工作所应得的款项。

② 按批准的采购计划订购工程材料、设备、构配件的款项。

③ 承包单位撤离施工设备至原基地或其他目的地的合理费用。

④ 承包单位所有人员的合理遣返费用。

⑤ 合理的利润补偿；

⑥ 施工合同规定的建设单位应支付的违约金。

(3) 由于承包单位违约导致施工合同终止后，项目监理机构应按下列程序清理承包单位的应得款项，或偿还建设单位的相关款项，并书面通知建设单位和承包单位。

① 施工合同终止后，清理承包单位已按施工合同规定实际完成的工作所应得的款项和已经得到支付的款项。

② 施工现场余留的材料、设备及临时工程的价值。

③ 对已完工程进行检查和验收、移交工程资料、该部分工程的清理、质量缺陷修复等所需的费用。

④ 施工合同规定的承包单位应支付的违约金。

⑤ 总监理工程师按照施工合同的规定，在与建设单位和承包单位协商后，书面提交承包单位应得款项或偿还建设单位款项的证明。

(4) 由于不可抗力或非建设单位、承包单位原因导致施工合同终止后，项目监理机构应按施工合同规定处理合同解除后的有关事宜。

5.6.4.4　合同争议调解中的有关监理知识

(1) 保险

虽然我国对工程保险（主要是施工过程中的保险）没有强制性的规定，但随着项目法人责任制的推行，以前存在着事实上由国家承担不可抗力风险的情况将会有很大改变。工程项目参加保险的情况会越来越多。双方的保险义务如下：

① 工程开工前，发包方应当为建设工程和施工场地内的发包方人员及第三方人员生命财产办理保险，支付保险费用。发包方可以将上述保险事项委托承包方办理，但费用由发包方承担。

② 承包方必须为从事危险作业的职工办理意外伤害保险，并为施工场地内自有人员生命财产和施工机械设备办理保险，支付保险费用。

③ 运至施工场地内用于工程的材料和待安装设备，不论由承发包双方任何一方保管，都应由发包方（或委托承包方）办理保险，支付保险费用。

(2) 担保

承发包双方为了全面履行合同，应互相提供以下担保：

① 发包方向承包方提供履约担保，按合同约定支付工程价款及履行合同约定的其他义务。

② 承包方向发包方提供履约担保，按合同约定履行自己的各项义务。

承发包双方的履约担保一般都是以履约保函的方式提供的，实际上是担保方式中的保证。履约保函往往是由银行出具的，即以银行为保证人。一方违约后，另一方可要求提供担保的第三方（银行）承担相应责任。当然履约担保也不排除其他担保人出具的担保书，但由于其他担保人的信用低于银行，因此担保金额往往较高。

(3) 工程转包

工程转包是指不行使承包方的管理职能，不承担技术经济责任，将所承包的工程倒手转给他人承包的行为。承包方不得将其承包的全部工程转包给他人，也不得将其承包的全部工程肢解以后以分包的名义分别转包他人。工程转包，不仅违反合同，也违反我国有关法律和法规的规定。下列行为均属转包：

① 承包方将承包的工程全部转包给其他施工单位，从中提取回扣者。

② 承包方将工程的主要部分或群体工程（指结构技术要求相同的）中半数以上的单位工程转包给其他施工单位者。

③ 分包单位将承包的工程再次分包给其他施工单位者。

(4) 工程分包

工程分包是指经合同约定和发包单位认可，从工程承包方承包的工程中承包部分工程的行为。承包方按照有关规定对承包的工程进行分包是允许的。

承包方必须自行完成建设项目（或单项、单位工程）的主要部分，其非主要部分或专业性较强的工程可分包给营业条件符合该工程技术要求的建筑安装单位。结构和技术要求相同的群体工程，承包方应自行完成半数以上的单位工程。

承包方按专用条款的约定分包所承包的部分工程，并与分包单位签订分包合同。未经发包方同意，承包方不得将承包工程的任何部分分包。

分包合同签订后，发包方与分包单位之间不存在直接的合同关系。分包单位应对承包方负责，承包方对发包方负责。

(5) 发包方违约

① 发包方的违约行为

发包方应当完成合同约定应由己方完成的义务。如果发包方不履行合同义务或不按合同约定履行义务，则应承担相应的民事责任。发包方的违约行为包括：

a. 发包方不按时支付工程预付款。

b. 发包方不按合同约定支付工程款。

c. 发包方无正当理由不支付工程竣工结算价款。

d. 发包方其他不履行合同义务或者不按合同约定履行义务的情况。

发包方的违约行为可以分成两类。一类是不履行合同义务的，如发包方应当将施工所需的水、电、电信线路从施工场地外部接至约定地点，如发包方没有履行这项义务，即构成违约。另一类是不按合同约定履行义务，如发包方应当开通施工场地与城乡公共道路的通道，并在专用条款中约定了开通的时间和质量要求，但实际开通的时间晚于约定或质量低于合同约定，也构成违约。

合同约定应当由监理工程师完成的工作，监理工程师没有完成或者没有按照约定完成，给承包方造成损失的，也应当由发包方承担违约责任。因为监理工程师是代表发包方进行工作的，其行为与合同约定不符时，视为发包方的违约。发包方承担违约责任后，可以根据监理委托合同或者管理规定追究监理工程师的相应责任。

② 发包方承担违约责任的方式

a. 赔偿损失。赔偿损失是发包方承担违约责任的主要方式，其目的是补偿因违约给承包方造成的经济损失。承发包双方应当在专用条款内约定发包方赔偿承包方损失的计算方法。损失赔偿应当相当于因违约所造成的损失，包括合同履行后可以获得的利益，但不得超过发包方在订立合同时预见或者应当预见到的因违约可能造成的损失。

b. 支付违约金。支付违约金的目的是补偿承包方的损失，双方也可在专用条款中约定违约金的数额或计算方法。

c. 顺延工期。对于因为发包方违约而延误的工期，应当相应顺延。

d. 继续履行。承包方要求继续履行合同的，发包方应当在承担上述违约责任后继续履行施工合同。

(6) 承包方违约

① 承包方的违约责任

a. 因承包方原因不能按照协议书约定的竣工日期或者工程师同意顺延的工期竣工。

b. 因承包方原因工程质量达不到协议书约定的质量标准。

c. 其他承包商不履行合同义务或不按合同约定履行义务的情况。

② 承包方承担违约责任的方式

a. 赔偿损失。承发包双方应当在专用条款内约定承包方赔偿发包方损失的计算方法。损失赔偿应当相当于因违约所造成的损失，包括合同履行后发包方可以获得的利益，但不得超过承包方在订立合同时预见或者应当预见的因违约可能造成的损失。

b. 支付违约金。双方可以在专用条款内约定承包方应当支付违约金的数额或计算方法。

c. 采取补救措施。对于施工质量不符合要求的违约，发包方有权要求承包方采取返工、修理、更换等补救措施。

d. 继续履行。如果发包方要求继续履行合同的，承包方应当在承担上述违约责任后继续履行施工合同。

(7) 合同争议的解决

① 施工合同争议的解决方式

合同当事人在履行施工合同时发生争议，可以和解或者要求合同管理及其他有关主管部门调解。和解或调解不成的，双方可以在专用条款内约定解决争议的方式。第一种是双方达成仲裁协议，向约定的仲裁委员会申请仲裁；第二种方式是向有管辖权的人民法院起诉。

② 争议发生后允许停止履行合同的情况

发生争议后，在一般情况下，双方都应继续履行合同，保持施工连续，保护好已完工程。只有出现下列情况时，当事人方可停止履行施工合同：

a. 单方违约导致合同确已无法履行，双方协议停止施工。

b. 调解要求停止施工，且为双方接受。

c. 仲裁机关要求停止施工。

d. 法院要求停止施工。

(8) 解除合同的情形、程序和善后处理

① 合同的协商解除

施工合同经当事人协商一致，可以解除。这是在合同成立以后、履行完毕以前，双方当事人通过协商而同意合同关系的解除。当事人的这项权利是合同中意思自治的具体体现。

② 发生不可抗力时合同的解除

因为不可抗力或者非合同当事人的原因，造成工程停建或缓建，致使合同无法履行，合同双方可以解除合同。

③ 当事人违约时合同的解除

a. 当事人不按合同约定支付工程款(进度款)，双方又未达成延期付款协议，导致施工无法进行，承包方停止施工超过56天，发包方仍不支付工程款(进度款)，承包方有权解除合同。

b. 承包方将其承包的全部工程转包给他人，或者肢解以后以分包的名义分别转包给他人，发包方有权解除合同。

c. 合同当事人一方的其他违约致使合同无法履行，合同双方可以解除合同。

④ 当事人一方主张解除合同的程序

一方主张解除合同的，应向对方发出解除合同的书面通知，并在发出通知前7天告知对方。通知到达对方时合同解除。对解除合同有异议的，按照解决合同争议程序处理。

⑤ 合同解除后的善后处理

合同解除后，当事人双方约定的结算和清理条款仍然有效。承包方应当妥善做好已完工程和已购材料、设备的保护和移交工作，按照发包方要求，将自有机械设备和人员撤出施工场地。发包方应为承包方撤出提供必需条件，支付以上所发生的费用，并按合同约定支付已完工程价款。已经订货的材料、设备由订货方负责退货或解除订货合同，不能退还的货款和退货、解除订货合同发生的费用，由发包方承担。但未及时退货造成的损失由责任方承担。除此之外，有过错的一方应当赔偿因合同解除给对方造成的损失。

【案例 5.16】 某港口的码头工程，在施工设计图纸没有完成前，建设单位通过招标选择了一家总承包单位承包该工程的施工任务。由于设计工作尚未完成，承包范围内待实施的工程虽性质明确，但工程量还难以确定，双方商定拟采用总价合同形式签订施工合同，以减少双方的风险。施工合同签订前，建设单位委托了一家监理单位拟协助建设单位签订施工合同和进行施工阶段监理。监理工程师查看了建设单位（甲方）和施工单位（乙方）草拟的施工合同条件，合同中有以下一些条款：

(1) 乙方按监理工程师批准的施工组织设计（或施工方案）组织施工，乙方不应承担因此引起的工期延误和费用增加的责任。

(2) 甲方向乙方提供施工场地的工程地质和地下主要管网线路资料，供乙方参考使用。

(3)乙方不能将工程转包，但允许分包，也允许分包单位将分包的工程再次分包给其他施工单位。

(4) 监理工程师应当对乙方提交的施工组织设计进行审批或提出修改意见。

(5) 无论监理工程师是否参加隐蔽工程的验收，当其提出对已经隐蔽的工程重新检验的要求时，乙方应按要求进行剥露，并在检验合格后重新进行覆盖或者修复。检验如果合格，甲方承担由此发生的经济支出，赔偿乙方的损失并相应顺延工期。检验如果不合格，乙方则应承担发生的费用，工期不予顺延。

(6) 乙方按协议条款约定时间向监理工程师提交实际完成工程量的报告。监理工程师接到报告 3 天内按乙方提供的实际完成的工程量报告核实工程量（计量），并在计量 24 小时前通知乙方。

问题：

1. 建设单位与施工单位选择的总价合同形式是否恰当？为什么？

2. 请逐条指出以上合同条款中的不妥之处，应如何改正？

3. 若检验工程质量不合格，你认为影响工程质量应从哪些主要因素进行分析？

【解析】

1. 不恰当（或不宜使用总价合同形式）。

因该项目工程量难以确定（或双方风险较大）。

2. 合同条款中不妥之处如下：

(1)“乙方不应承担因此引起的工期延误和费用增加的责任”，不妥。

改正：乙方按监理工程师批准的施工组织设计（或施工方案）组织施工，不应承担非自身原因引起的工期延误和费用增加的责任。

(2)“供乙方参考使用”，不妥。

改正：保证资料（数据）真实、准确（或作为乙方现场施工的依据）。

(3)“再次分包”不妥。

改正：不允许分包单位再次分包。

(4) 不妥。

改正：乙方应向监理工程师提交施工组织设计，供其审批或提出修改意见（或监理工程师职责不应出现在施工合同中）。

(5)“检验如果不合格，工期不予顺延”，不妥。

改正：工期应予以顺延。

(6)“监理工程师按乙方提供的实际完成的工程量报告核实工程量（计量）”，不妥。

改正：监理工程师应按设计图纸对已完工程量进行计量。

3. 影响工程质量的主要因素有：人、材料、施工方法、施工机械、环境。

5.7 设备采购监理与设备监造

5.7.1 设备采购监理

5.7.1.1 监理工作要求

(1) 监理单位应依据与建设单位签订的设备采购阶段的委托监理合同,成立由总监理工程师和专业监理工程师组成的项目监理机构。监理人员应专业配套、数量应满足监理工作的需要,并应明确监理人员的分工及岗位职责。

(2) 总监理工程师应组织监理人员熟悉和掌握设计文件对拟采购的设备的各项要求、技术说明和有关的标准。

(3) 项目监理机构应编制设备采购方案,明确设备采购的原则、范围、内容、程序、方式和方法,并报建设单位批准。

(4) 项目监理机构应根据批准的设备采购方案编制设备采购计划,并报建设单位批准。采购计划的主要内容应包括采购设备的明细表、采购的进度安排、估价表、采购的资金使用计划等。

(5) 项目监理机构应根据建设单位批准的设备采购计划组织或参加市场调查,并应协助建设单位选择设备供应单位。

(6) 当采用招标方式进行设备采购时,项目监理机构应协助建设单位按照有关规定组织设备采购招标。

(7) 当采用非招标方式进行设备采购时,项目监理机构应协助建设单位进行设备采购的技术及商务谈判。

(8) 项目监理机构应在确定设备供应单位后参与设备采购订货合同的谈判,协助建设单位起草及签订设备采购订货合同。

(9) 在设备采购监理工作结束后,总监理工程师应组织编写监理工作总结。

5.7.1.2 监理工作要点

(1) 监理单位在设备采购阶段是作为建设单位设备采购的咨询服务单位开展工作,协助建设单位选择合适的设备供应单位和签订完整有效的设备订货合同是本阶段委托监理合同的重要工作内容。

(2) 设备采购的原则应包括:拟采购的设备应完全符合设计要求和有关的标准;设备的质量可靠,价格合理,交货期有保证等。

(3) 考察潜在设备供应单位的内容包括资质情况、营业执照、生产许可证、生产能力和单位信誉等内容。对于需要承担设计并制造专用设备的供应单位或者承担制造并安装设备的供应单位,则还应审查有关设计资格证书或安装资格证书。

(4) 招标文件应明确招标的标的,即设备名称、型号、规格、数量、技术性能;制造和安装验收标准,要求的交货时间及交货方式、地点;对设备的外购配套零部件与元器件以及材料有专门要求时应在标书中明确。

(5) 设备采购合同主要合同条款一般应包括定义、使用范围、技术规范或标准、专利权、包装、装运条件和装运通知、保险支付、技术资料、价格、质量保证、检验、索赔、延期交货与核定损失额、不可抗力、税费、履约保证金、仲裁、违约终止合同、破产终止合同、变更指示、合同修改、转让与分包、使用法律、主导语言与计量单位、通知、合同文件资料的使用、合同生效和其他等。

(6) 监理工作总结一般应包括采购设备的基本情况及主要技术性能要求,监理组织机构,监理人员组成及监理合同履行情况,监理工作成效,出现的问题及处理情况和建议。

5.7.2 设备监造

5.7.2.1 监理工作要求

(1) 监理单位应依据与建设单位签订的设备监造阶段的委托监理合同,成立由总监理工程师和专业监理工程师组成的项目监理机构。项目监理机构应进驻设备制造现场。

(2) 总监理工程师应组织专业监理工程师熟悉设备制造图纸及有关技术说明和标准，掌握设计意图和各项设备制造的工艺规程以及设备采购订货合同中的各项规定，并应组织或参加建设单位组织的设备制造图纸的设计交底。

(3) 总监理工程师应组织专业监理工程师编制设备监造规划，经监理单位技术负责人审核批准后，在设备制造开始前10天内报送建设单位。

(4) 总监理工程师应审查设备制造单位报送的设备制造生产计划和工艺方案，提出审查意见。符合要求后予以批准，并报建设单位。

(5) 总监理工程师应审核设备制造分包单位的资质情况、实际生产能力和质量保证体系，符合要求后予以确认。

(6) 专业监理工程师应审查设备制造的检验计划和检验要求，确认各阶段的检验时间、内容、方法、标准以及检测手段、检测设备和仪器。

(7) 专业监理工程师必须对设备制造过程中拟采用的新技术、新材料、新工艺的鉴定书和试验报告进行审核，并签署意见。

(8) 专业监理工程师应审查主要及关键零件的生产工艺设备、操作规程和相关生产人员的上岗资格，并对设备制造和装配场所的环境进行检查。

(9) 专业监理工程师应审查设备制造的原材料、外购配套件、元器件、标准件以及坯料的质量证明文件及检验报告，检查设备制造单位对外购器件、外协作加工件及材料的质量验收，并由专业监理工程师审查设备制造单位提交的报验资料，符合规定要求时予以签认。

(10) 专业监理工程师应对设备制造过程进行监督和检查，对主要及关键零部件的制造工序应进行抽检或检验。

(11) 专业监理工程师应要求设备制造单位按批准的检验计划和检验要求进行设备制造过程的检验工作，做好检验记录，并对检验结果进行审核。专业监理工程师认为不符合质量要求时，指令设备制造单位进行整改、返修或返工。当发生质量失控或重大质量事故时，必须由总监理工程师下达暂停制造指令，提出处理意见，并及时报告建设单位。

(12) 专业监理工程师应检查和监督设备的装配过程，符合要求后予以签认。

(13) 在设备制造过程中如需要对设备的原设计进行变更，专业监理工程师应审核设计变更，并审查因变更引起的费用增减和制造工期的变化。

(14) 总监理工程师应组织专业监理工程师参加设备制造过程中的调试、整机性能检测和验证，符合要求后予以签认。

(15) 在设备运往现场前，专业监理工程师应检查设备制造单位对待运设备采取的防护和包装措施，并应检查是否符合运输、装卸、储存、安装的要求，以及相关的随机文件、装箱单和附件是否齐全。

(16) 设备全部运到现场后，总监理工程师应组织专业监理工程师参加由设备制造单位按合同规定与安装单位的交接工作，开箱清点、检查、验收、移交。

(17) 专业监理工程师应按设备制造合同的规定审核设备制造单位提交的进度付款单，提出审核意见，由总监理工程师签发支付证书。

(18) 专业监理工程师应审查建设单位或设备制造单位提出的索赔文件，提出意见后报总监理工程师，由总监理工程师与建设单位、设备制造单位进行协商，并提出审核报告。

(19) 专业监理工程师应审核设备制造单位报送的设备制造结算文件，并提出审核意见，报总监理工程师审核，由总监理工程师与建设单位、设备制造单位进行协商，并提出审核报告。

(20) 在设备监造工作结束后，总监理工程师应组织编写设备监造工作总结。

5.7.2.2 监理工作要点

(1) 设备监造规划一般应包括监造的概况要求，监造工作的范围和内容，监理工作的目标，监理工作的依据，项目监理机构的组织形式、人员配备以及岗位职责，监理工作的程序、方法及措施，监理工作控制的重点，监理工作制度和监理设施等。

(2) 设备制造生产计划和工艺方案必须经总监理工程师批准后方可实施。监理人员应重点掌握主要和关键零件的生产工艺规程及检验要求。

(3) 审核设备制造分包单位的实际生产能力时,应重点对其制造设备、检测手段、测量和测验设备、生产制造人员技能、生产环境等进行审核。

(4) 检验工作包括对原材料进货、制造加工、组装、中间产品试验、除锈、强度试验、严密性试验、整机性能考核试验、油漆、包装直至完成出厂并具备装运条件的检验。另外,应对检验所配备的检测手段、设备仪器、试验方法、标准、时间、频率等进行审查。

(5) 对生产制造人员的上岗资格应审查其性能、培训记录和相关证书。对设备制造和装配场所的环境检查包括时间、温度、湿度、压力、清洁度等内容。

(6) 过程监督检查主要是监督零件加工制造是否按工艺规程的规定进行,检查零件制造是否经检验合格后才转入下一道工序,主要和关键零件的材质和工序是否符合图纸、工艺的规定,零件加工制造的进度是否符合生产计划的要求。对重要零部件的重要工艺操作过程应实行旁站。

(7) 总监理工程师下达停工令后,再提出如下处理意见:

① 要求设备制造单位作出原因分析。

② 要求设备制造单位提出整改措施。

③ 确定复工条件。

(8) 在设备装配过程中,应检查配合面的配合质量,零部件的定位质量及它们的连接质量,运动件的运动精度等装配是否符合设计及标准要求。

(9) 对原设计进行变更时,专业监理工程师应进行审核,并督促办理相应的设计修改手续和移交修改函件或技术文件等。对可能引起的费用增减和制造工期的变化按设备制造合同规定进行调整。

(10) 防护和包装措施应考虑运输、装卸、储存、安装的要求,一般包括防潮湿、防雨淋、防日晒、防振动、防高温、防低温、防泄漏、防锈蚀、须屏蔽及放置形式等内容。

(11) 监理人员可在制造单位备料阶段、加工阶段、完工交付阶段控制费用支出,或按合同规定审核进度款,由总监理工程师签发进度款支付证书。

(12) 结算工作应依据合同规定进行。

(13) 设备监造工作总结应包括制造设备的情况及主要技术性能指标,监理工作的范围及内容,监理组织机构,监理人员组成及监理合同履行情况,监理工作成效,出现的问题及处理情况和建议。

5.7.3 设备采购监理与设备监造的监理资料

(1) 设备采购监理的监理资料应包括以下内容:

① 委托监理合同。

② 设备采购方案计划。

③ 设计图纸和文件。

④ 市场调查、考察报告。

⑤ 设备采购招投标文件。

⑥ 设备采购订货合同。

⑦ 设备采购监理工作总结。设备采购监理工作结束时,监理单位应向建设单位提交设备采购监理工作总结。

(2) 设备监造工作的监理资料应包括以下内容:

① 设备制造合同及委托监理合同。

② 设备监造规划。

③ 设备制造的生产计划和工艺方案。

④ 设备制造的检验计划和检验要求。

⑤ 分包单位资格报审表。

⑥ 原材料、零配件等的质量证明文件和检验报告。

⑦ 开工/复工报审表、暂停令。
⑧ 检验记录及试验报告。
⑨ 报验申请表。
⑩ 设计变更文件。
⑪ 会议纪要。
⑫ 来往文件。
⑬ 监理日记。
⑭ 监理工程师通知单。
⑮ 监理工作联系单。
⑯ 监理月报。
⑰ 质量事故处理文件。
⑱ 设备制造索赔文件。
⑲ 设备验收文件。
⑳ 设备交接文件。
㉑ 支付证书和设备制造结算审核文件。
㉒ 设备监造工作总结。设备监造工作结束时，监理单位应向建设单位提交设备监造工作总结。

5.8 FIDIC 合同条件下的监理

5.8.1 FIDIC 合同条件的一些规定

5.8.1.1 合同履行中涉及时间阶段的概念

(1) 合同工期

合同工期是所签合同内注明的完成全部工程或分步移交工程的时间，加上合同履行过程中非承包商应负责原因导致变更和索赔事件发生后，监理工程师批准顺延工期之和。合同内约定的工期指承包商在投标书附录中承诺的竣工时间。合同工期的日历天数作为衡量承包商是否按合同约定期限履行施工义务的标准。

(2) 施工期

施工期是指从监理工程师按合同约定发布的“开工令”中指明的应开工之日起，至工程移交证书注明的竣工日止的日历天数为承包商的施工期。用施工期与合同工期比较，判定承包商的施工是提前竣工，还是延误竣工。

(3) 缺陷责任期

缺陷责任期即国内施工文本所指的工程保修期，自工程移交证书中写明的竣工日开始，至监理工程师颁发解除缺陷责任书为止的日历天数。尽管工程移交前进行了竣工检验，但只是证明承包商的施工工艺达到了合同规定的标准，设置缺陷责任期的目的是为了考验工程在动态运行条件下是否达到了合同中技术规范的要求。因此，从开工之日起至颁发解除缺陷责任证书日止，承包商要对工程的施工质量负责。合同工程的缺陷责任期及分阶段移交工程的缺陷责任期，应在专用条件内具体约定。次要部位工程通常为半年，主要工程及设备大多为一年，个别重要设备也可以约定一年半。

(4) 合同有效期

自合同签字日起至承包商提交给业主(建设单位)的“结清单”生效日止，施工合同对业主和承包商均具有法律约束力。颁发解除缺陷责任证书只是表示承包商的施工义务终止，合同约定的权利义务并未完全结束，还剩有管理和结算等手续。结清单生效指业主已按监理工程师签发的最终支付证书中的金额付款，并退还承包商的履约保函。结清单一经生效，承包商在合同内享有的索赔权利也自行终止。

5.8.1.2 合同价格

合同条件中，合同价格指中标通知书中写明的，按照合同规定，为了工程的实施、完成及其任何缺陷的修补应付给承包商的金额。但应注意，中标通知书中写明的合同价格仅指业主接受承包商投标书为完成全部招标范围内工程报价的金额，不能简单地理解为承包商完成施工任务后应得到的结算款项。因为合同条件内很多条款都规定，监理工程师根据现场情况发布非承包商应负责原因的变更指令后，如果导致承包商施工中发生额外费用所应给予的补偿，以及批准承包商索赔给予补偿的费用，都应增加到合同价格上去，所以签约时原定的合同价格在实施过程中会有所变化。大多数情况下，承包商完成合同规定的施工义务后，累计获得的工程款也不等于原定合同价格与批准的变更和索赔补偿款之和，可能比其多，也可能比其少。究其原因，涉及以下几方面因素的影响：

(1) 合同类型特点

FIDIC合同条件适用于大型复杂工程采用单价合同的承包方式。为了缩短建设周期，通常在初步设计完成后就开始施工招标，在不影响施工进度的前提下陆续发放施工图，因此，承包商据以报价的工程量清单中各项工作内容项下的工程量一般为概算工程量。合同履行过程中，承包商实际完成的工程量可能多于或少于清单中的估计量。单价合同的支付原则是，按承包商实际完成工程量乘以清单中相应工作内容的单价，结算该部分工作的工程款。

(2) 可调价合同

大型复杂工程的施工期较长，通用条件中包括合同工期内因物价变化对施工成本产生影响后计算调价费用的条款，每次支付工程进度款时均要考虑约定可调价范围内项目当地市场价格的涨落变化。而这笔调价款没有包含在中标价格内，仅在合同条款中约定了调价原则和调价费用的计算方法。

(3) 发生应由业主承担责任的事件

合同履行过程中，可能因业主的行为或其他应承担风险责任的事件发生后，导致承包商增加施工成本，合同相应条款都规定应对承包商受到的实际损害给予补偿。

(4) 承包商的质量责任

合同履行过程中，如果承包商没有完全地或正确地履行合同义务，业主可凭监理工程师出具的证明，从承包商应得工程款内扣减该部分给业主带来损失的款额。合同条件内明确规定的情况包括：

① 不合格材料和工程的重复检验费用由承包商承担。监理工程师对承包商采购的材料和施工的工程通过检验后发现质量没达到合同规定的标准，承包商应自费改正并在相同条件下进行重复试验，重复检验所发生的额外费用由承包商承担。

② 承包商没有改正忽视质量的错误行为。当承包商不能在监理工程师限定的时间内将不合格的材料或设备移出施工现场，以及在限定时间内没有或无力修复缺陷工程，业主可以雇用其他人完成，该项费用应从承包商处扣回。

③ 折价接收部分有缺陷工程。某项处于非关键部位的工程施工质量未达到合同规定的标准，如果业主和监理工程师经过适当考虑后，确信该部分的质量缺陷不会影响总体工程的运行安全，为了保证工程按期发挥效益，可以与承包商协商后折价接收。

(5) 承包商延误工期或提前竣工

① 因承包商责任的延误竣工。签订合同时双方需约定日拖期赔偿限额和最高赔偿限额。如果因承包商应负责原因竣工时间迟于合同工期，将按日拖期赔偿额乘以延误天数计算拖期违约赔偿金，但以约定的最高赔偿限额为赔偿业主延迟发挥工程效益的最高款额。

$$\text{折减的误期损害赔偿金/天}=\text{合同约定的误期损害赔偿金/天}\times\frac{\text{拖期部分工程的合同金额}}{\text{合同工程总金额}}$$

$$\text{误期损害赔偿总金额}=\text{折减的误期损害赔偿金/天}\times\text{延误天数}(\leqslant\text{最高赔偿限额})$$

② 提前竣工。承包商通过自己的努力使工程提前竣工是否应得到奖励，在土木工程施工合同条件中列入可选择条款一类。业主要看提前竣工的工程或区段是否能让其得到提前使用的收益而决定该条款的取舍。如果招标工程内容仅为整体工程中的部分工程且这部分工程的提前不能单独发挥效益，则没有必要鼓励承包商提前竣工，可以不设奖励条款。若选用奖励条款，则需在专用条件中具体约定奖金的计算办法。FIDIC合同条件应用指南中说明，当合同内约定有部分区段工程的竣工时间和奖励办法时，为了使业主能够在完成全部工程之前占有并启用工程的某些区段提前发挥效益，约定的区段完工日期应固定不变。

也就是说，除合同中另有规定外，不因该区段的施工过程中出现非承包商应负责原因监理工程师批准顺延合同工期而对计算奖励的应竣工时间予以调整。

(6) 包含在合同价格之内的暂定金额

某些项目的工程量清单中包括有“暂定金额”款项，尽管这笔款额计入在合同价格内，但其使用却归监理工程师控制。暂定金额实际上是一笔业主方的备用金，监理工程师有权依据工程进展的实际需要，用于施工或提供物资、设备，以及技术服务等内容的开支，也可以作为供意外用途的开支。他有权全部使用、部分使用或完全不用。监理工程师可以发布指示，要求承包商或其他人完成暂定金额项内开支的工作，因此只有当承包商按监理工程师的指示完成暂定金额项内开支的工作任务后，才能从其中获得相应支付。由于暂定金额是用于招标文件规定承包商必须完成的承包工作之外的费用，承包商报价时不将承包范围内发生的间接费、利润、税金等摊入其中，所以他未获得暂定金额内的支付并不损害其利益。

5.8.1.3 指定分包商

(1) 指定分包商的概念

FIDIC合同条件规定，业主有权将部分工程项目的施工任务或涉及提供材料、设备、服务等工作内容发包给指定分包商实施。所谓“指定分包商”是由业主(或监理工程师)指定、选定、完成某项特定工作内容并与承包商签订分包合同的特殊分包商。

合同内规定有承担施工任务的指定分包商，大多因业主在招标阶段划分合同分包时，考虑到某部分施工的工作内容有较强的专业技术要求，一般承包单位不具备相应的技术能力，但如果以一个单独的合同对待又限于现场的施工条件，监理工程师无法合理地进行协调管理，为避免各独立承包商之间的施工干扰，则只能将这部分工作发包给指定分包商实施。由于指定分包商是与承包商签订分包合同，因而在合同关系和管理关系方面与一般分包商处于同等地位，对其施工过程中的监督、协调工作纳入承包商的管理之中。指定分包工作内容可能包括部分工程的施工，供应工程所需的货物、材料、设备、设计、提供技术服务等。

(2) 指定分包商的特点

虽然指定分包商与一般分包商处于相同的合同地位，但二者并不完全一致，主要差异体现在以下几方面：

① 选择分包单位的权利不同。承担指定分包工作任务的单位由业主或监理工程师选定，而一般分包商则由承包商选择。

② 分包合同的工作内容不同。指定分包工程属于承包商无力完成，不在合同约定应由承包商必须完成范围之内的工作，即承包商投标报价时没有摊入间接费、管理费、利润、税金的工作，因此不损害承包商的合法权益。而一般分包商的工作则为承包商承包工作范围的一部分。

③ 工程款的支付开支项目不同。为了不损害承包商的利益，给指定分包商的付款应从暂定金额内开支。而对一般分包商的付款，则从工程量清单中相应工作内容项内支付。由于业主选定的指定分包商要与承包商签订分包合同，并需指派专职人员负责施工过程中的监督、协调、管理工作，因此也应在分包合同内具体约定双方的权利和义务，明确收取分包管理费的标准和方法。

④ 业主对分包商利益的保护不同。尽管指定分包商与承包商签订分包合同后，按照权利义务关系而直接对承包商负责，但由于指定分包商终究是业主选定的，而且其工程款的支付从暂定金额内开支，因此在合同条件内列有保护指定分包商的条款。如承包商在每个月末报送工程进度款支付报表时，监理工程师有权要求他出示以前已按指定分包合同给指定分包商付款的证明。如果承包商没有合法理由而扣押了指定分包商上个月应得工程款的话，业主有权按监理工程师出具的证明从本月应得款内扣除这笔金额直接付给指定分包商。对于一般分包商则无此类规定，业主和监理工程师不介入一般分包合同履行的监督。

⑤ 承包商对分包商违约行为承担责任的范围不同。除非由于承包商向指定分包商发布了错误的指示要承担责任外，指定分包商的任何违约行为给业主或第三者造成损害而导致索赔或诉讼时，承包商不承担责任。如果一般分包商有违约行为，业主将其视为承包商的违约行为，按照总包合同的规定追究承包商的责任。

5.8.1.4 风险责任的划分

合同履行过程中可能发生的某些风险是有经验的承包商在准备投标时无法合理预见的，就业主利益而言，不应要求承包商在其报价中计入这些不可合理预见风险的损害补偿费，以取得有竞争性的合理报价。合同履行过程中发生此类风险事件后，按承包商受到的实际影响给予补偿。

业主应承担的风险义务是：

(1) 合同条件规定的业主风险

① 战争、敌对行动、入侵、外敌行动。

② 叛乱、革命、暴动或军事政变、篡夺政权或内战。

③ 核爆炸、核废料、有毒气体的污染等。

④ 超音速或亚音速飞行物产生的压力波。

⑤ 暴乱、骚乱或混乱，但不包括承包商及分包商的雇员因执行合同而引起的行为。

⑥ 因业主在合同规定外，使用或占用永久工程的某一区段或某一部分而造成的损失或损害。

⑦ 业主提供的设计不当造成的损失。

⑧ 一个有经验承包商通常无法预测和防范的任何自然力作用。

前5种都是业主或承包商无法预测、防范和控制的事件，损害的后果又很严重，因此合同条件又进一步将它们定义为“特殊风险”。因特殊风险事件发生导致合同的履行被迫终止时，业主应对承包商受到的实际损失(不包括利润损失)给予补偿。

(2) 其他不能合理预见的风险

① 如果遇到了现场气候条件以外的外界条件或障碍影响了承包商按预定计划施工，经监理工程师确认该事件属于有经验的承包商无法合理预见的情况，则承包商实际施工成本的增加和工期损失应得到补偿。

② 汇率变化对支付外币的影响。当合同内约定给承包商的全部或部分付款为某种外币，或约定整个合同期内始终以投标截止日期前第28天承包商报价所依据的投标汇率为不变汇率按约定百分比支付某种外币时，汇率的实际变化对支付外币的计算不产生影响。若合同内规定按支付日当天中央银行公布的汇率为标准，则支付时需随汇率的市场浮动进行换算。由于合同期内汇率的浮动变化是双方签约时无法预计的情况，不论采用何种方式业主均应承担汇率实际变化对工程总造价影响的风险，可能对其有利，也可能不利。

③ 法令、政策变化对工程成本的影响。如果投标截止日期前第28天后，由于法律、法令和政策变化引起承包商实际投入成本的增加，应由业主给予补偿。若导致施工成本的减少，也由业主获得其中的好处。

5.8.1.5 监理工程师颁发证书程序

(1) 颁发工程移交证书

工程移交证书在合同管理中有重要作用，一是证书中指明的竣工日期，将用于判定承包商应承担拖期违约赔偿责任，还是可获得提前竣工的奖励；二是颁发证书日，即为对已竣工工程照管责任的转移日期。

① 颁发工程移交证书的程序

工程施工达到了合同规定的“基本竣工”要求后，承包商以书面形式向监理工程师申请颁发移交证书，同时附上一份在缺陷责任期内及时完成任何未尽事宜的书面保证。基本竣工是指工程已通过竣工检验，能够按照预定目的交给业主占用或使用，而非完成了合同规定的包括扫尾、清理施工现场及不影响工程使用的某些次要部位缺陷修复工作后的最终竣工，剩余工作允许承包商在缺陷责任期内继续完成。这样规定有助于准确判定承包商是否按合同规定的工期完成施工义务，也有利于业主尽早使用或占有工程，及时发挥工程效益。

监理工程师接到承包商申请后的21天内，如果认为已满足竣工条件，即可颁发工程移交证书；若不满意，则应书面通知承包商，指出还需完成哪些工作后才达到基本竣工条件。承包商按指示完成相应工作并被监理工程师认可后，不需再次申请颁发证书，监理工程师应在指示工作最后一项完成的21天内主动签发证书。工程移交证书应说明以下主要内容：

a. 确认工程已基本竣工。

b. 注明达到基本竣工的具体日期。

c. 细列出按照合同规定承包商在缺陷责任期内还需完成工作的项目一览表。

如果合同约定工程不同区段有不同竣工日期时，每完成一个区段均应按上述程序颁发部分工程的移交证书。

② 特殊情况下的证书颁发程序

a. 业主提前占用工程。监理工程师应及时颁发工程移交证书，并确认业主占用日为竣工日。提前占用或使用表明该部分工程已达到竣工要求，对工程照管责任也相应转移给业主。但承包商对该部分工程的质量缺陷仍负有责任，在缺陷责任期内出现的施工质量问题还属于承包商的责任。若是业主提前使用或照管责任导致的质量缺陷，则由业主负责。

b. 因非承包商原因导致不能进行规定的竣工检验。有时也会出现施工已达到竣工条件，但由于不应由承包商负责的主观或客观原因不能进行竣工检验。如果等条件具备进行竣工试验后再颁发移交证书，既会因推迟竣工时间而影响到对承包商是否按期竣工的合理判定，也会产生在这段时间内对该部分工程的使用和照管责任不明。针对此种情况，监理工程师应以本该进行竣工检验日签发工程移交证书，将这部分工程移交给业主照管和使用。工程虽已接收，仍应在缺陷责任期内进行补充检验。当竣工检验条件具备后，承包商应在接到监理工程师指示进行竣工试验通知的 14 天内完成检验工作。由于非承包商原因导致缺陷责任期内进行的补检，属于承包商在投标阶段不能合理预见到的情况，该项检查试验比正常检验多支出的费用应由业主承担。

(2) 颁发解除缺陷责任证书

设置缺陷责任期的目的是检验已竣工的工程在运行条件下施工质量是否达到合同规定的要求。缺陷责任期内，承包商的义务主要表现在两个方面，一是按监理工程师颁发移交证书时开列的后续工作一览表，完成承包范围内的全部工作；二是对工程运行过程中发现的任何缺陷，按监理工程师的指示进行修复工作，以便缺陷责任期满将符合合同约定条件(合理磨损除外)的工程进行最终移交。

缺陷责任期内工程圆满地通过考验，监理工程师应在期满后的 28 天内，向业主签发解除承包商承担工程缺陷责任的证书，并将副本送给承包商。解除缺陷责任证书是承包商已按合同规定完成全部施工义务的证明，因此该证书颁发后监理工程师就无权再指示承包商进行任何施工工作，承包商即可办理最终结算手续。但此时仅意味承包商与合同有关的实际义务已经完成，而合同尚未终止，剩余的双方合同义务只限于财务和管理方面的内容。业主应在证书颁发后的 14 天内，退还承包商的履约保证书。

缺陷责任期满时，如果监理工程师认为还存在影响工程运行或使用的较大缺陷，可以延长缺陷责任期，推迟颁发证书；若认为剩余的工作无足轻重，则可以书面指示承包商，必须在期满后的 14 天内完成，而后按期颁发证书。

合同内规定有分项移交工程时，监理工程师将颁发多个工程移交证书。但从解除缺陷责任证书的作用来看，一个合同工程只颁发一个解除缺陷责任证书，即在最后一项移交工程缺陷责任期满后颁发。较早到期的部分工程，通常以监理工程师向业主报送最终检验合格证明的形式，说明该部分已通过了运行考验，并将副本送给承包商。

5.8.2 工程计量与支付管理

5.8.2.1 工程计量

(1) 工程计量程序

FIDIC 条款规定，当监理工程师要求对任何部位进行计量时，他应适时地通知承包商授权的代理人，代理人应立即参加或派出一名合格的代表协助监理工程师进行上述计量，并提供监理工程师所要求的一切详细资料。如承包商不参加，或由于疏忽遗忘而未派上述代表参加，则由监理工程师单方面进行的计量应被视为对工程该部分的正确计量。如果对永久工程采取记录和图纸的方式计量，监理工程师应在工作过程中准备好记录和图纸，当承包商被通知要求进行该项计量时，应在 14 天内参加审查，并就此类记录和图纸与监理工程师达成一致，并在上述文件上签字。如果承包商不出席此类记录和图纸的审查和确认时，则认为这些记录和图纸是正确无误的。如果在审查上述记录和图纸之后，承包商不同意上述记录和图纸，或不签字表示同意，它们仍将被认为是正确的，除非承包商在上述审查后14天内向监理工程师提出申诉，申明承包商认为上述记录与图纸中并不正确的各个方面。在接到这一申诉通知后，监理工程师应复查这些记录和图纸，或予以确认或予以修改。

在某些情况下，也可由承包商在监理工程师的监督和管理下，对工程的某些部分进行计量。

（2）工程计量的依据

计量依据一般有质量合格证书、工程量清单前言，技术规范中的“计量支付”条款和设计图纸。

① 质量合格证书

对于承包商已完工的工程，并不是全部进行计量，而只是对质量达到合同标准的已完工程才予以计量。所以工程计量必须经过监理工程师检验，工程质量达到合同规定的标准后，由监理工程师签发中间交工证书（质量合格证书），有了质量合格证书的工程才予以计量。

② 工程量清单前言和技术规范

工程量清单前言和技术规范是确定计量方法的依据。因为工程量清单前言和技术规范的“计量支付”条款规定了清单中每一项工程的计量方法，同时还规定了按规定的计量方法确定的单价所包括的内容和范围。

③ 计量的几何尺寸要以设计图纸为依据

单价合同以实际完成的工程量进行结算，但被监理工程师计量的工程数量，并不一定是承包商实际施工的数量。监理工程师对承包商超出设计图纸要求增加的工程量和自身原因造成返工的工程量不予计量。

5.8.2.2 支付结算管理

FIDIC合同条件规定的支付结算为：每个月末支付工程进度款，竣工移交时办理竣工结算，解除缺陷责任后进行最终决算三大类型。支付结算过程中涉及的费用又可以分为两大类：一类是工程量清单中列明的费用；另一类属于工程量清单内虽未注明，但条款有明确规定的费用，如变更工程款、物价浮动调整款、预付款、保留金、逾期付款利息、索赔款、违约赔偿款等。

（1）工程进度款支付管理

① 保留金

保留金是指按合同约定从承包商应得工程款中相应扣减的一笔保留在业主手中的金额，作为约束承包商严格履行合同义务的措施之一，当承包商有一般违约行为使业主受到损失时，可从该项金额内直接扣除损害赔偿费。例如，承包商未能在监理工程师规定的时间内修复缺陷工程部位，业主雇用其他人完成后，这笔费用可从保留金内扣除。

a. 保留金的扣留。从首次支付工程进度款开始，用该月承包商有权获得的所有款项中减去调价款后的金额，乘以合同约定的保留金最高限额为止（通常为合同总价的5%）。

b. 保留金的返还。颁发工程移交证书后，退还承包商一半保留金。如果颁发的是部分工程移交证书，也应退还该部分永久工程占合同工程相应比例保留金的一半。颁发解除缺陷责任证书后，退还剩余的全部保留金。在业主同意的前提下，承包商可以提交与保留金一半等额缺陷责任期内的保留金。在颁发移交证书后业主将全部保留金退还承包商。

② 预付款

a. 动员预付款。业主为了解决承包商进行施工前期工作时资金短缺，从未来的工程款中提前支付一笔款项。通用条件对动员预付款没有作出明确规定，因此业主同意给动员预付款时，须在专用条件中详细列明支付和扣还的有关款项。

动员预付款的支付。动员预付款的数额由承包商在投标书中确认，一般在合同价的10%～15%范围内。承包商须首先将银行出具的预付款保函交给业主并通知监理工程师，在14天内监理工程师应签发“动员预付款支付证书”，业主按合同约定的数额和外币比例支付动员预付款。预付款保函金额始终保持与预付款等额，即随着承包商对预付款的偿还逐渐递减保函金额。

动员预付款的扣还。自承包商获得工程进度款累计总额达到合同总价20%时，当月起扣，到规定竣工日期前3个月扣清，在此期间每个月按等值从应得工程进度款内扣留。若某月承包商应得工程进度款较少，不足以扣除应扣预付款时，其余额计入下月应扣款内。

b. 材料预付款。由于合同条件是针对包工包料承包的单位合同编制，因此条款规定由承包商自筹资金去订购其应负责采购的材料和设备，只有当材料和设备用于永久工程后，才能将这部分费用计入工程进度款内支付。

材料预付款的支付。为了帮助承包商解决订购大宗主要材料和设备的资金周转，订购物资运抵施工现场经监理工程师确认合格后，按发票价值乘以合同约定的百分比（60%～90%）作为材料预付款，包括在当月应支付的工程进度款内。

材料预付款的扣还。对扣还方式FIDIC没有明确规定，通常在专用条件约定的方式有，在约定的后续月内每月按平均值扣还或从已计量支付的工程量内扣除其中的材料费等。工程完工时，累计支付的材料预付款应与逐月扣还的总额相等。

③ 计日工费

计日工费，是指承包商在工程量清单的附件中，按工种或设备填报单价的日工劳务费和机械台班费，一般用于工程量清单中没有合适项目，且不能安排大批量的流水施工的零星附加工作。只有当监理工程师根据施工进度的实际情况，指示承包商实施以日工计价的工作时，承包商才有权获得用日工计价的付款。实施计日工作过程中，承包商每天应向监理工程师送交一式两份报表：

a. 列明所有参加计日工作的人员姓名、职务、工种和工时的确切清单。

b. 列明用于计日工的材料和承包商所用设备的种类及数量的报表。

监理工程师经过核实批准后在报表上签字，并将其中一份退还承包商。如果承包商需要为完成计日工作购买材料，应先向监理工程师提交订货报价单请他批准，采购后还要提供证实所付款的收据或其他凭证。

每个月的月末，承包商应提交一份除日报表以外所涉及计日工计价工作的所有劳务、材料和使用承包商设备的报表，作为申请支付的依据。如果承包商未能按时申请，能否取得这笔款项取决于申请的原因和监理工程师的决定。

④ 因物价浮动的调价款

长期合同订有调价条款时，每次支付工程进度款均应按合同约定的方法计算价格调整费用。如果工程施工因承包商延误工期，则在合同约定的全部工程应竣工日后的施工期间，不再考虑价格调整，各项指数采用应竣工日当月所采用值；对不属于承包商责任的施工延期，在监理工程师批准的展延期限内仍应考虑价格调整。

⑤ 工程量计量

工程量清单中所列的工程量仅是对工程的估算量，不能作为承包商完成合同规定施工义务的结算依据。每次支付工程进度款前，均需通过测量来核实实际完成的工程量，以计量值作为支付依据。

⑥ 支付工程进度款

a. 承包商提供报表

每个月的月末，承包商应按监理工程师规定的格式提交一式六份本月支付报表。内容包括以下几方面：

(a) 本月实施的永久工程价值。

(b) 工程量清单中列有的包括临时工程、计日工费等任何项目应得款。

(c) 材料预付款。

(d) 按合同约定方法计算的，因物价浮动而需增加的调价款。

(e) 按合同有关条款约定，承包商有权获得的补偿款。

b. 监理工程师签证

监理工程师接到报表后，要审查款项内容的合理性和计算的正确性。在核实承包商本月应得款的基础上，再扣除保留金、动员预付款、材料预付款，以及所有承包商责任而应扣减的款项后，据此签发中期支付的临时支付证书。如果本月承包商应获得支付的金额小于投标书附件中规定的中期支付最小金额时，监理工程师可不签发本月进度款的支付证书，这笔款接转下月一并支付。监理工程师的审查和签证工作，应在收到承包商报表后的 28 天内完成。工程进度款支付证书属于临时支付证书，他有权对以前签发过的证书进行修正；若对某项工作的完成情况不满意时，也可以在证书内删去或减少这项工作的价值。

c. 业主支付

承包商的报表经过监理工程师认可并签发工程进度款的支付证书后，业主应在接到证书的 28 天内给承包商付款。如果逾期支付，将按投标书附录约定的利率计算延期付款利息。

(2) 竣工结算

① 竣工结算程序

颁发工程移交证书后的 84 天内，承包商应按监理工程师规定的格式报送竣工报表。报表包括：

a. 到工程移交证书中指明的竣工日止，根据合同完成全部工作的最终价值。

b. 承包商认为应该获得的其他款项，如要求的索赔款、应退还的部分保留金等。

c. 承包商认为根据合同应支付其估算总额。

所谓"估算总额"是指这笔金额还未经过监理工程师审核同意。估算总额应在竣工结算报表中单独列出，以便监理工程师签发支付证书。

监理工程师接到竣工报表后，应对照竣工图进行工程量详细核算，对其他支付要求进行审查，然后再依据检查结果签署竣工结算的支付证书。此项签发工作，监理工程师也应在收到竣工报表后 28 天内完成。业主依据监理工程师的签证予以支付。

② 对竣工结算总金额的调整

一般情况下，承包商在整个施工期内完成的工程量乘以工程量清单中的相应单价后，再加上其他有权获得费用总和，即为工程竣工结算总额。但当颁发工程移交证书后发现由于施工期内累计变更的影响和实际完成工程量与清单内估计工程量的差异，导致承包商按合同约定方式计算的实际结算款总额，比原定合同价格增加或减少过多时，均应对结算价款总额予以相应调整。

进行竣工结算时，将承包商实际施工完成的工程量按合同约定费率计算的结算款，扣除暂定金额项内的付款、计日工付款的物价浮动调价款后，与中标通知书中注明的合同价格扣除工程量清单内所列暂定金额、计日工费两项后与"有效合同价"进行比较。不论增加还是减少的额度超过合同价 15%时，均要对承包商的竣工结算总额加以调整。调整处理的原则是：

a. 增减差额超过有效合同价 15%的原因是由于累计变更过多导致，不包括其他原因。即合同履行过程中不属于工程变更范围内所给承包商的补偿费用，不应包括在计算竣工结算款调整费之列。如业主违约或应承担风险事件发生后的补偿款，因法规、税收等政策变化的补偿款，汇率变化的调整费等。

b. 增加或减少超过有效合同价 15%后的调整，是针对整个合同而言。对于某项具体工作内容或分阶段移交工程的竣工结算，虽然也有可能超过该部分工程合同价格的 15%，但不应考虑该部分的结算价格调整。

c. 增加或减少幅度在有效合同价 15%之内，竣工结算款不应作调整。因为工程量清单所列的工程量是估计工程量，允许实施过程中与它有差异，而且施工中的变更也是不可避免的，所以在此范围内的变化按双方应承担的风险对待。

d. 增加款额部分超过 15%时，应将承包商按合同约定方式计算的竣工结算款总额适当减少；反之，减少的款额部分超过有效合同价 15%时，则在承包商应得结算款基础上，增加一定的补偿费。

进行此项调整的原因，是基于单价合同的特点。承包商在工程量清单中所报单价既包括直接费部分，还包括间接费、利润、公司管理费等在该部分工程款中的摊销。为了使承包商的实际收入与支出之间达到总体平衡，因此要对摊销费中不随工程量实际增减变化的部分予以调整。调整范围仅限于超过 15%的部分。

(3) 最终结算

最终结算是指颁发解除缺陷责任证书后，对承包商完成全部工作价值的详细结算，以及根据合同条件对应付给承包商的其他费用进行核实，确定合同的最终价格。

颁发解除缺陷责任证书后的 56 天内，承包商应向监理工程师提交最终报表草案，以及监理工程师要求提交的有关资料。最终报表草案要详细说明根据合同完成的全部工程价值和承包商依据合同认为还应支付给他的任何进一步款项，如剩余的保留金及缺陷责任期内发生的索赔费用等。

监理工程师审核后与承包商协商，对最终报表草案进行适当的补充或修改后形成最终报表。承包商将最终报表送交监理工程师的同时，还需向业主提交一份“结清单”进一步证实最终报表中的支付总额，作为同意与业主终止合同关系的书面文件。监理工程师在接到最终报表和结清单附件后的28天内签发最终支付证书，业主应在收到证书后的56天内支付。只有当业主按照最终支付证书的金额予以支付并退还履约保函后，结清单才生效，承包商的索赔权也即行终止。

(4) 动态结算公式法

动态结算公式法的步骤为：

① 确定计算物价指数的品种。

② 要明确以下两个问题：一是合同价格条款中，应写明经双方商定的调整因素，在签订合同时要写明考核几种物价波动到何种程度才进行调整。二是考核的地点和时点，地点一般在工程所在地，或指定的某地市场价格，时点指的是某月某日的市场价格。

③ 确定每个品种的系数和固定系数，品种的系数要根据该品种价格对总造价的影响程度而定。各品种系数之和加上固定系数应该等于1。

$$P=P_0\left(a_0+a_1\frac{A}{A_0}+a_2\frac{B}{B_0}+a_3\frac{C}{C_0}+a_4\frac{D}{D_0}+\cdots\right)$$

式中 P——调值后合同价款或工程实际结算款；

P_0——合同价款中工程预算进度款；

a_0——固定要素，代表合同支付中不能调整的部分；

a_1、a_2、a_3、a_4…——代表有关各项费用(如人工费用、钢材费用、水泥费用、运输费等)在合同总价中所占的比重，$a_1+a_2+a_3+a_4+\cdots=1$；

A_0、B_0、C_0、D_0…——投标截止日期前28天与a_1、a_2、a_3、a_4…对应的各项费用的基期价格指数或价格；

A、B、C、D…——在工程结算月份与a_1、a_2、a_3、a_4…对应的各项费用的现行价格指数或价格。

5.8.2.3 工程变更

(1) FIDIC合同条件下工程变更的控制

① 提出变更要求，工程变更可能由承包商提出，也可能由业主提出。

② 监理工程师审查变更，监理工程师审批变更时应与业主和承包商进行适当的协商，尤其是一些费用增加较多的工程变更项目，更要与业主进行充分的协商，征得业主的事先同意后才能批准。

③ 编制工程变更文件，工程变更文件包括：

a. 工程变更令，主要说明变更的理由和工程变更的概况；工程变更估价及对合同价的影响。

b. 工程量清单，工程变更的工程量清单与合同中的工程量清单相同，并需附工程量的计算记录及有关确定单价的资料。

c. 设计图纸(包括技术规范)。

d. 发出变更指标。

④ 发出变更指示，监理工程师的变更指示应以书面形式发出。如果监理工程师认为有必要以口头形式发出指示，指示发出后应尽快加以书面确认。

(2) FIDIC合同条件下工程变更的估价

如监理工程师认为适当，应以合同中规定的费率及价格进行估价。如合同中未包括适用于该变更工程的费率或价格，则应在合理的范围内使用合同中的费率和价格作为估价的基础。若合同清单中，既没有与变更项目相同，也没有相似项目时，在监理工程师与业主和承包商适当协商后，由监理工程师和承包商商定一合适的费率或价格作为结算的依据，当双方意见不一致时，监理工程师有权单方面确定其认为合适的费率或价格。

为了支付的方便，在费率和价格未取得一致意见前，监理工程师应确定暂行费率或价格，以便有可能作为暂付款包含在期中付款证书中。

如果监理工程师在颁发整个工程的移交证书时，发现由于工程变更和工程量表上实际工程量的增加或减少（不包括暂定金额、计日工和价格调整），使合同价格的增加或减少合计超过有效合同价（指不包括暂定金额和计日工补贴的合同价格）的 15％时，在监理工程师与业主和承包商协商后，应在合同价格中加上或减去承包商和监理工程师议定的一笔款额。若双方未能取得一致意见，则由监理工程师在考虑了承包商的现场费用和上级公司管理费后确定此款额。该款额仅以超过或低于“有效合同价”15％的那一部分为基础。

5.8.3 对施工进度的控制

5.8.3.1 暂停施工

（1）暂停施工的责任

监理工程师有权视工程进展的实际情况，针对整个工程或部分工程的施工发布暂停施工指示。施工的中断必然会影响承包商按计划组织的施工工作，但并非监理工程师发布暂停施工令后承包商就可以此指令作为索赔的合理依据，而要根据指令发布的原因划分合同责任。合同条件规定，除了以下 4 种情况外，暂停施工令发布后均应给承包商以补偿。这 4 种情况是：

① 在合同中规定。

② 因承包商的违约行为或应由他承担风险事件影响的必要停工。

③ 由于现场不利的气候条件而导致的必要停工。

④ 为了工程合理施工及整体工程或部分工程安全必要的停工。

（2）超过 84 天的暂停施工

出现非承包商应负责原因的暂停施工已持续 84 天，监理工程师仍未发布复工指示，承包商可以通知监理工程师要求在 28 天内允许继续施工。如果仍得不到批准，承包商有权通知监理工程师认为被停工的工程属于按合同规定被删减的工程，不再承担施工继续义务。若是整个合同工程被暂停，此项停工可视为业主违约终止合同，宣布解除合同关系。如果承包商还愿意继续实施这部分工程，也可以不发这一通知而等待复工指示。

5.8.3.2 追赶施工进度

监理工程师认为整个工程或部分工程的施工进度滞后于合同内竣工要求的时间时，可以下达赶工指示。承包商应立即采取经监理工程师同意的必要措施加快施工进度。发生这种情况时，也要根据赶工指令的发布原因，决定承包商的赶工措施是否应该给予补偿。在承包商没有合理理由延长工期的情况下，他不仅无权要求补偿赶工费，而且在他的赶工措施中若包括有夜间或当地公认的休息日加班工作时，还应承担监理工程师因增加附加工作所需补偿的监理费用。虽然这笔费用按责任划分应由承包商负担，但不能由他直接支付给监理工程师，而由业主支付后从承包商应得款内扣回。

思 考 题

5.1 项目监理机构对分包单位资格审核，应审核哪些内容？

5.2 如何复核施工控制测量成果？

5.3 如何进行施工单位试验与计量设施的检查？

5.4 如何进行工程材料与工程设备的质量控制？

5.5 如何进行巡视与旁站？

5.6 什么情况下总监理工程师应签发工程暂停令？

5.7 工地会议有哪些形式？

5.8 质量监理工作的要求有哪些？

5.9 试述质量监理的程序。

5.10 阐述质量监理的要点。

5.11 试述工程造价监理工作的要求。

5.12 阐述造价监理的要点。

6　监理的文档管理

本 章 提 要

本章以《建设工程监理规范》(GB/T 50319—2013)为依据，系统地阐述了监理文件和档案的主要内容，包括监理日记、会议纪要、监理月报、监理工作总结的编制要求与内容、监理资料的管理等；并从我国目前监理公司、各专业监理工程师实际水平出发，对监理文件与档案管理的计算机辅助管理作了较详细的介绍。

项目监理机构应建立完善监理文件资料管理制度，设专人管理监理文件资料。应及时、准确、完整地收集、整理、编制、传递监理文件资料。应采用计算机技术进行监理文件资料管理，实现监理文件资料管理的科学化、程序化、规范化。

6.1　监理文件资料内容

6.1.1　监理文件资料

监理文件资料主要包括：

(1)勘察设计文件、建设工程监理合同及其他合同文件。

(2)监理规划、监理实施细则。

(3)设计交底和图纸会审会议纪要。

(4)施工组织设计、(专项)施工方案、应急救援预案、施工进度计划报审文件资料。

(5)分包单位资格报审文件资料。

(6)施工控制测量成果报验文件资料。

(7)总监理工程师任命书、开工令、工程暂停令、复工令、开工/复工报审文件资料。

(8)工程材料、设备、构配件报验文件资料。

(9)见证取样和平行检验文件资料。

(10)工程质量检查报验资料及工程有关验收资料。

(11)工程变更、费用索赔及工程延期文件资料。

(12)工程计量、工程款支付文件资料。

(13)监理通知、工作联系单与监理报告。

(14)第一次工地会议、监理例会、专题会议等会议纪要。

(15)监理月报、监理日志、旁站记录。

(16)工程质量、生产安全事故处理文件资料。

(17)工程质量评估报告及竣工验收监理文件资料。

(18)监理工作总结。

6.1.2　监理日志

监理日志主要内容包括：

(1)天气和施工环境情况。

(2)施工进展情况。

(3)监理工作情况(包括旁站、巡视、见证取样、平行检验等情况)。

(4)存在的问题及协调解决情况。

(5)其他有关事项。

6.1.3 监理月报

监理月报主要内容包括:

(1)本月工程实施情况。

(2)本月监理工作情况。

(3)本月施工中存在的问题及处理情况。

(4)下月监理工作重点。

6.1.4 监理工作总结

监理工作总结主要内容包括:

(1)工程概况。

(2)项目监理机构情况。

(3)建设工程监理合同履行情况。

(4)监理工作成效。

(5)监理工作中发现的问题及其处理情况。

(6)说明和建议。

6.2 监理日记

监理日记是工程实施过程中监理工作最真实的原始记录,也是反映监理活动全面而又连续的监控记录,是监理人员履行监理岗位职务的行为过程中最具佐证价值的记录方式之一,是监理工作及价值的体现,是监理资料的重要组成部分。

关键岗位人员通过检查、检验、测量、巡视、旁站、对比、验收、通知、汇报、指示等监理活动过程获得工作信息,在监理日记中详细记录包括天气在内的当天施工正常情况和发生的不正常事件。

监理员在职责范围内把当天施工中发生的不正常事件报告专业监理工程师,专业监理工程师汇总本专业当天施工正常情况和发生的不正常事件,并在监理日记中详细记录。专业监理工程师应把当天本专业施工中发生的不正常事件报告总监理工程师,总监理工程师汇总项目当天施工正常情况和发生的不正常事件,并在监理日记中详细记录。

总监理工程师应安排专业监理工程整理当天发生的涉及监理委托合同范围内的工程施工大事件和监理工作重大事项,形成项目监理机构监理日志。

6.2.1 专业监理日记的具体记录内容

(1)日期、气候概况:准确记录当天的天气状况,特别是出现异常气候应予描述。例如:天气预报当天的天气晴,实际上在当天的某一时刻出现大雨等异常情况,监理日记中应予记录,应记录出现时间、持续时间。

(2)工程部位:准确记录承包商当天工程施工作业部位。

(3)承包单位动态。

①施工进度情况:记录当天施工部位、施工内容、施工进度、施工班组及作业人数。施工进度除应记录当天开始的施工内容、正在施工的内容及结束的施工内容外,还应记录留置试块的编号(与施工部位对应)。重要的隐蔽工程验收、施工试验、检测等应予摘要记录,以备检索。

②建筑材料情况:记录当天建筑材料(含构配件、设备)进场情况,填写材料(含构配件、设备)名称、规

格型号、数量、所用部位、取样送检委托单号、试验合格与否(补填)、验证情况、不合格材料处理等。

③施工机械情况:记录当天施工机械运转情况,填写机械名称、规格型号、数量及机械运转是否正常,若出现异常,应注明原因。

④施工作业情况:施工作业过程是否符合要求,施工过程是否正常,施工安排是否符合计划要求。

(4)质量检查、试验情况:当天监理检查内容,试验情况,结果是否符合要求,不符合要求的处理措施,处理结果。

(5)承包单位提出的问题和项目监理机构对承包单位提出问题的答复、指示。

(6)上级的通知或指示:首次记录接到通知、指示的时间、内容,通知或指示的执行情况及反馈。若没有处理完成在以后的记录中还应进行跟踪。

(7)施工过程中存在的问题:记录施工过程中监理发现的问题,解决的方法以及整改过程的记录。

(8)对已往提出问题的复查:记录对已往提出问题的跟踪检查情况,问题的处理结果,避免问题没有得到解决而不了了之。

(9)重点、关键部位的旁站记录:旁站部位都是施工难度大,技术要求高,难以检查,出现问题难以处理的关键工序,因此,真实、准确地记录好旁站情况,对于每一位监理人员来说至关重要。旁站记录的主要内容有:准确记录施工部位,施工工艺;如果施工过程天气骤然变化也应该真实地记录下来;真实记录现场与施工旁站管理有关的建设单位、承包单位的技术管理人员情况,承包单位的质量保证体系的运行情况,如承包单位质量保证体系管理人员是否到位,是否按事先的要求对关键部位或关键工序进行检查等;准确记录完成的工程量;施工过程情况、试验与检验情况、设备材料使用情况;检查机械、设备是否和报批的一致,记录机械、设备的运行参数,如管道压浆的压力,持续时间等;记录材料的使用情况,包括厂家、型号、使用数量等;施工过程是否有异常情况,如因意外停工,应写清停工原因及承包单位所做的处理;监理的工作情况,包括监理人员发出的指令,承包单位提的问题及监理人员的回复,各方的指示等。

(10)安全文明施工管理:记录监理巡视、检查过程中发现的问题及监理的有关指令,承包单位对指令的执和行情况。

(11)参加会议的记录或有关工程的洽谈记录。

(12)来访情况。

6.2.2 监理工作质量要求

(1)所有的监理人员均应每天按时填写专业监理日记,杜绝事后追记,并及时提交备查;项目监理机构安全监理日记的记录人应签名。

(2)应客观公正地记录工地施工、监理情况。不可无中生有,也不可隐瞒事实。特殊情况出现追记时,采取可靠的补救措施,凭记忆和与其他人员提供的材料核实无误后填写。严禁为了推脱责任、自我保护或为了承包单位的利益而修改、编造、补写监理日记。

(3)监理日记应书写工整、字迹清晰、数字准确、用语规范、内容严谨,应反映监理活动的具体内容及其深度、广度,体现时间、地点、相关人员以及事情的起因、经过和结果。使用专业术语和规范文字,体现监理行业特点、技术要求和岗位职责履行情况,文字与数字相结合,检测数据及其单位要符合规范和标准。

(4)监理日记应言简意赅,要点明确,记录全面,以备忘、纪实为目的,不可白描简写。

(5)监理日记记录问题的发现和处理要有始有终,记录问题时对问题的描述要清楚,处理措施和处理结果都要跟踪记录完整,不得有头无尾。

(6)总监理工程师、专业监理工程师、监理员的三级监理日记应互补、互证,尤其是对恶劣天气、施工资源(人、机、料、时间等)、停工、变更、索赔、民事纠纷与合同争议等方面的记录,安排专人将三级监理日记形成监理日志,记录当天发生的重大和重要事件,总监理工程师应该检查监理日志的书写记录情况,查阅后在每天的监理日志后面签名。

(7)监理日记应保持记录的连续性。

①日记应连续记录,不宜补记,日记的记录人应签名。

②及时送审、签认、封存。

(8)项目监理机构撤离现场时，监理日记应装订成册交回监理公司，项目监理机构监理日志应作为向建设单位移交的档案资料。

6.3 会议纪要

为了使工程建设项目有效地运行，建设单位、项目监理机构在施工阶段定期或不定期地召开工程相关会议，以协调与组织施工条件，控制工程质量、安全、进度、造价与文明施工，督促建设参建方履行合同。这些会议包括工程开工前的第一次工地会议、工程实施过程中定期召开的工地例会、为解决施工过程中的专门问题而召开的专题工地会议等。制度与规范规定，所有会议必须形成会议纪要，并作为重要的监理档案资料。

6.3.1 监理工作要点

(1)会议纪要的起草与会签

第一次工地会议、工地例会、专题会议等的会议纪要均由项目监理机构负责起草，并经与会各方代表会签。

(2)会议纪要的签批

会议纪要修改和会签完后，由会议主持方签批。第一次工地会议的会议纪要由建设单位代表签批，工地例会、专题会议的会议纪要由总监理工程师签批。

(3)会议纪要的分发

会议纪要签批后，由项目监理机构分发与会各方。

(4)会议纪要的跟踪

总监理工程师(或总监理工程师代表)应派人跟踪会议精神的落实情况。

(5)会议纪要的存档

在工程实施过程中，由总监理工程师指定专人管理、存档于工地资料室。项目竣工验收后，项目监理机构按城建档案管理作为竣工验收资料向建设单位移交或上交监理公司存档。

6.3.2 监理工作方法

(1)正确选用会议纪要结构

会议纪要的结构由标题、正文和落款三部分组成。

①标题一般由会议名称加文种构成，如《第×次工地例会会议纪要》。也可由主要内容(事由)加文种组成，如《关于解决××问题的会议纪要》。

②正文一般由前言、主体、结语三大部分组成。

a.前言主要用来记述会议的基本情况。包括：召开会议的时间、地点、会议名称、主持人、与会人员、基本议程、讨论的主要问题等。这部分表达完毕后，可用“会议纪要如下”或“会议确定了如下事项”为过渡，转入主体部分。

b.主体是会议纪要的核心部分，会议的主要精神、会议议定的事项、会议上达成的共识、会议对与会各方布置的工作和提出的要求、会议上各种主要观点及争执情况等，都在这一部分予以表达。由于这部分内容复杂，多数情况下都需要分条分款撰写。不分条款时，可用“会议认为”、“会议指出”、“会议提出”等惯用语作为各层意思的开头语，以体现内容的层次感。

c.结语主要写会议的“希望”、“号召”，或突出会议的意义、作用，或提出尚未解决的问题，或写出主持单位对贯彻会议精神的要求等。

③落款

一般是会议纪要的成文日期，以会议通过日期或领导人签批日期为准。如需要抄报或抄送其他机关的，则需在落款处写明发文单位名称，并加盖公章。

(2)主要措施

①确定的记录员要基本熟悉工程监理和施工的工作内容、工程术语，文字语言和速记能力较强。

②记录员准确和全面地记录发言人的内容，在起草纪要之前对发言人的重点内容落实无误；条件具备或必要时，记录员应对会议拍照并采用录音方式辅助会议记录。

③会议纪要应将会议发言内容进行梳理分类，依重要性和门类排序。

④起草会议纪要之前与会议主持人作简单的沟通，依据会议内容的繁简就会议纪要的结构达成共识，并按照会议纪要的通用格式起草。

⑤第一次工地会议、工地例会的会议纪要一般在会后完成；专题工地会议的会议纪要宜在会议结束前形成，会议纪要起草后先交会议主持人审核，经修改后在会议上进行宣读（如因时间问题，会后发至参会方征求意见），对代表们的修改意见由主持人组织讨论并确定是否采纳，经会议达成一致意见后，记录员进行修改，并再次宣读。直到各方最后同意为止（当个别问题在本次会议无法统一意见时，可在会议纪要上说明就某个问题各方另行商议）。

（3）会议纪要的时间要求

①起草和会签：一般情况下，会议纪要宜尽量在会议结束前完成。如会议内容多，也应在两天内完成修改和会签。

②分发：会议纪要应在约定的时间内分发，一般情况下自会议结束日起不超过两天时间。

③签收：会议纪要发放到与会其他各方时，对方代表一定要在现场监理部的签收本上签字，并注明签收时间和份数。

④存档：记录员及时将会议纪要交资料员存档。

6.3.3 监理工作质量要求

（1）会议纪要应正确反映会议主要议题、要求与目标、各方责任、解决问题的办法和措施。

（2）会议纪要文字要注意严肃性和规范性，要言简意赅，用词准确无误，切忌模棱两可。

（3）会议纪要的起草、会签、分发、签收、存档的程序和时间应符合管理规定或会议约定要求。

（4）当会议纪要就相关问题各方已达成一致意见后，某一方再对纪要的内容提出改动的，应征得其他各方的同意，并经各方签字。

（5）经与会各方签到的工地会议签到表应作为会议纪要的附件。

（6）经各方签字的原稿应由监理单位妥善保管，供需要时查阅。

6.4 监理月报编制

监理月报的编制是项目监理机构的一项重要工作，是体现监理单位对工程监理目标进行有效控制和管理水平以及人员专业水平的一份重要文件，是实现监理工作标准化、规范化、专业化、科学化的重要工作内容。监理月报应汇集当月项目建设概况、质量、进度、投资、安全、支付、下月工作重点及监理建议等所有信息，由现场监理部按时编制并提交给建设单位。便于建设单位决策层及时了解和掌握项目建设动态和信息，作为进一步决策和监管依据。同时监理月报作为载体，最能及时让建设单位和监理企业了解现场监理部的工作情况，体现监理工作的成就与价值。

6.4.1 编制工作程序

监理月报由项目总监理工程师组织编写，一般由专业监理工程师按职责分工对各自所负责的工作范围进行编写，由总监理工程师指定专人进行汇总、整理，经总监理工程师审核后，由总监理工程师签认报建设单位和监理单位，报送时间一般在收到承包单位项目经理部报送的"月度报表"（工程进度、工程量、工程款支付申请表等相关资料）后按约定时间提供。

（1）按监理规划规定每月编制一次，由项目总监理工程师组织，由专业监理工程师按职责分工对各自所负责工作范围进行编写；

（2）总监理工程师指定专人汇总、整理并审核；

(3)由总监理工程师批准签署,并加盖项目部印章后报送;

(4)经批准的监理月报于次月 7 日前报送监理公司,并按与建设单位协商确定的时间报送建设单位。

6.4.2 编制要求

6.4.2.1 编制格式要求

(1)监理月报一般情况使用 A4 纸,但图、表可根据需要使用 A3 纸。

(2)监理月报的封面包括:监理月报编号、工程名称、月报报告期、总监理工程师签名、项目监理机构名称、编写月报时间。

(3)监理月报中的有关表格,可由监理企业根据各自的实际情况编制。

6.4.2.2 编制内容要求

施工阶段监理工作主要内容是"三控、三管、一协调";质量、进度、投资三大目标是建设工程的目标系统,安全文明生产是监理的重要监管工作。施工阶段监理月报可参照以下内容进行编写:

(1)本月工程概况

①工程名称。

②建设、勘察、设计、监理、施工等单位名称。

③本月工程进展情况。

(2)本月工程形象进度

为形象地反映工程的进展情况,通过文字、进度图表、照片等方式描述工程在监理月报报告期的形象面貌,尤其对投资大、标段多的项目,能使阅读者直观、快捷地了解工程进展情况。

(3)工程进度

①本月实际完成情况与计划进度比较

首先应对计划完成情况和实际完成情况进行叙述,这是进度控制中一个很重要的状态信息,满足业主对此的关注和需求。

②对进度完成情况及采取措施效果的分析

着重分析目前实际进度状况对阶段性进度目标的影响程度,对实现进度目标存在的风险进行预测,使业主及时了解可能发生的风险并采取必要的应对措施。简单地说,就是在进度控制方面不能等、靠业主,应及时分析问题,及时协调问题,出现工期失控的情况后,必须理智地分析原因,避免更多潜在问题的出现。

(4)工程质量

①本期工程质量情况分析

对监理月报报告期的施工质量状况加以说明和评价,主要对可能影响质量的隐含因素进行分析,重点指出风险因素,以使业主预知并防范质量风险。

应记述工程测量核验、工程材料、构配件、设备进场核验、涉及结构安全的试块、试件以及有关材料见证取样检测、涉及结构安全和使用功能的重要分部工程的抽样检测,隐蔽工程验收情况,以及经监理核验本月完成的各项分部工程具体的质量情况。

②本期采取的工程质量措施及效果

应记述本月对工程质量检查情况,国家强制性标准条文的执行情况,巡视、旁站监理工作的开展情况,按监理规范要求开展施工阶段质量控制工作情况,工程质量问题的处理情况。统计试验数据和测量信息是质量控制很重要的环节,在做好这项工作的同时,描述监理人员采取旁站、巡视和平行检查等形式,按施工程序所进行的监督检查,对质量控制措施、手段、方法、效果等予以阐述,并举具体示例。

(5)工程计量与工程款支付

①本月工程量审核情况。包括现场核实工程量签证的情况说明,并与合同工程量进行比较。

②工程款审批情况及月支付情况。主要对本月各单位工程投资完成情况及工程价款审批情况作出说明,其中包括合同外项目、设计变更项目及索赔项目等,应分别对合同总金额、本月支付金额和月末累计结算金额进行统计及对照,以反映投资完成情况及价款结算态势。

③工程款支付情况分析。主要对本月实际投资情况和原计划投资进行对比分析，并预测资金支付态势，对有可能影响投资控制目标的风险因素进行预测和分析，为建设单位制订或调整投资计划提供依据。

④本月采取的措施及效果。投资控制采取措施、效果，对提出合理化建议等所节约投资情况加以说明，同时对本月投资控制中出现的问题进行对比分析，并提出具体处理措施或建议，预计下月可能完成的工程量和工程的发生费用金额。

(6)工程安全文明施工

对本月施工现场的安全施工状况和安全监理工作作出评述，包括施工单位资质及安全生产许可证、施工单位专职安全员及特殊工种作业人员资格证件审核情况，施工单位的施工机械、安全设施的验收、备案情况，专项安全施工方案、安全交底情况以及监理通过旁站、巡视检查施工现场安全生产情况并提出问题和问题解决情况等进行说明。摘要载入过程中记录施工现场安全生产重要情况和施工安全隐患的影像资料。说明安全文明施工措施费的使用情况。如发生工程事故，应对事故的性质、发生的原因和时间，所造成的危害及损失，对本工程建设的影响程度，处理依据、方法等进行叙述。对重大事件具体情况作出详细阐述。

监理月报中的安全监理内容(包括但不限于)如下：

①本月安全技术措施及专项施工方案审查情况。

②本月现场安全技术措施及专项施工方案落实情况。

③安全隐患及安全事故处理情况和采取的监理工作方法及措施。

④安全防护、文明施工措施费用的支付审批情况。

⑤下月安全监理工作的重点。

⑥现场安全文明施工的典型声像资料和专题报告。

(7)合同其他事项的处理情况

①合同执行情况。主要对本月合同双方执行合同的情况进行说明，并作出是否正常的评价。

②工程变更事项。包括设计变更、施工条件变更以及原招标文件和合同工程量清单中没有包括的新增工程，同时对工程变更发生的原因、处理情况进行阐述。

③工程延期和费用索赔事项。对本月索赔项目的发生原因、处理依据、协调过程、索赔金额、承包单位对索赔处理意见和工程延期审批情况进行说明。

④合同管理分析。对合同履行过程中存在的问题进行说明，分析问题产生原因，提出解决问题的举措。同时对以后合同管理中有可能对工程建设产生不利的影响，甚至可能导致重大损失的风险因素进行预测和分析，以便进行预测和采取防范措施。

(8)本月监理工作小结

①对本月“三控、三管、一协调”情况的综合评价。

②本月监理工作情况。应记述本月项目监理机构开展各项审核工作情况，各类文件的签发情况，开展见证取样、巡视、旁站、实测实量工作情况以及有关工地会议情况等。

③有关本工程的意见和建议。针对本月工程进度、质量、投资控制、安全、合同、信息管理及组织协调等方面存在的问题提出监理意见和建议。

④下月监理工作的重点(计划/打算)。

(9)工程照片

①施工进度形象照片。

②工程质量好、坏的典型照片。

③设计工程变更、经济签证方面的照片。

④安全文明施工好、坏的典型照片。

6.4.2.3　编制深度要求

(1)监理月报是监理文件档案资料的一种，监理月报的编制深度应以反映工程建设情况为主，主要从“三控、三管、一协调”方面进行全面收集信息资料，收集的信息应具有真实性、完整性、规范性和可追溯性，这就要求监理月报编写应能客观、公正、真实、准确地反映工程进展情况和监理实施情况，以达到为建设单位全面掌握工程进展情况和决策提供有力的依据。

(2)监理月报编写要层次分明、语言简洁、重点突出,可采用定型图表使监理月报直观、简单易懂。

(3)监理月报编写的内容要完整、有效,体现监理月报的标准化、规范化。

(4)监理月报编写应做到有分析、有比较、有措施建议。

(5)监理月报应注意对月报中提出的问题,做到前后呼应,有追溯,无漏洞。

6.4.2.4 编制时间要求

监理月报作为传递信息的载体,应该力求快捷,讲究时效,因为信息滞后就会有损于时效价值,会对监理公司及建设单位对施工的管理带来负面效应。因此,对监理月报的编制时间和报送时间应有明确的规定。

(1)编制时间

监理月报资料统计、编制开始时间为每月 25 日。

(2)报送时间

次月 7 日前将编写好的监理月报经总监理工程师签署批准上报监理公司及建设单位,建设单位有要求时,可按建设单位规定的时间提交建设单位。

6.5 监理工作资料管理

监理工作资料管理主要是指项目监理机构对在施工过程中形成的文件资料的管理,以及项目竣工阶段向建设单位和本单位提交的成套监理资料的编制和管理。监理工作资料管理的成败小则关系到一个项目监理机构的工作成效,大则影响到整个行业的价值,那是因为所有的监理工作都在监理工作资料中体现。

6.5.1 管理的范围和内容

(1)管理的范围

监理工作资料管理的范围包括监理过程中所形成的监理工作资料、工程参建方提交的有关资料和建设主管部门及本单位的有关文件和技术资料。

(2)管理的内容

①监理管理资料

施工合同及建设工程监理委托合同文件,勘察设计文件,监理规划,监理实施细则,监理月报,监理技术交底与会议纪要,监理日记,监理工作总结,工作联系单(包括工程开工、复工报审表,监理指令,通知,通报等),来往函件,工程进度控制资料,计量支付,工程变更资料(包括变更台账、索赔资料),分包单位资格审查资料,安全、环保管理资料,备忘录。

②监理质量控制资料

报验申请表,工程材料、构配件、设备的质量证明文件,测量核验资料,试验检测资料,隐蔽工程验收资料,质量缺陷与事故的处理文件,分部工程、单位工程等验收资料。

③竣工验收阶段的资料

单位工程竣工预验收资料,竣工结算审核意见书,工程质量评估等专题报告。

6.5.2 管理的程序

(1)收文程序

所有收文应在收文登记簿上进行登记,登记内容有:文件编号、文件名称、内容摘要信息、发文单位、收文日期(甚至具体时间)、收文者签名。

通常收文可以参考下面的流程:

签收→文件登记→附文件处理签→分办或负责人批办→相关人员承办→文件处理完毕装盒存放。

这里说的处理完毕是指在文书处理程序上告一段落,不是把文件中涉及的所有事情全部办完了才算

"处理完毕",即使文件内容所涉及的工作还在处理过程中,也应及时集中保存,防止丢失。

施工单位报送的文件,若不符合要求,总监理工程师或其授权的监理工程师应签发书面意见退回施工单位修改后再报。应把初次报送的文件材料复印,留待与施工单位修改后重报的文件材料对照。

(2)传阅程序

收到文件后附上文件处理签,总监理工程师或其授权的监理工程师确定文件的承办人员、是否需要转发至有关单位、传阅的范围。总监理工程师或其授权的监理工程师应在文件处理签上做出必要的批办意见,承办人员做出相应处理意见。

(3)发文程序

发文由总监理工程师或其授权的监理工程师签发,并加盖项目监理机构公章,对每一盖章事项应进行登记,所有发文应在发文登记簿上进行登记。登记内容有:文件编号、文件名称、内容摘要信息、接收文件单位、发文日期(甚至具体时间点)、接收文件者签名。通常发文可以参考下面的运转流程:

拟稿→核稿→校对→总监理工程师或其授权的监理工程师签名→用印及用印登记→文件编号登记→发文及对方签收→留存一份原件装盒存放。

(4)质量控制资料的管理程序

在工程各阶段形成的质量检验和验收资料,由各专业监理人员完成之后,及时交给资料管理员,资料管理员按照有关规定对资料进行归档。建议参考下面的运转流程:

填写资料→审核签字→递交资料室(签收)→检查校对→完善→分类→登记(列清单)→编号→立卷→装订(装盒)→移交。

(5)借阅管理程序

资料管理员对重要的资料、文件、图纸不得自作主张借出,建议参考如下管理程序:

借阅人填写借阅申请表→主管领导批准→告知借阅人保密、保管责任→告知归还时间→检查归还文件的完整性→文件回到原归档位置→更新借阅记录。

对于那些密级较高的文件、图纸,借阅人只得在资料管理人员的陪同下,在规定地点阅读,不得翻印转录。

6.5.3 管理的方法与措施

(1)由总监理工程师负责,明确资料管理职责

机构内部必须建立内部责任制,明确分工,划分清楚监理工作范围。项目监理机构首先应制定如《资料管理人员岗位职责》、《资料管理制度》、《文件收(发)及传阅流程》等与资料管理有关的规定,以明确资料管理的有关事项和相关人员的责任。根据监理资料产生于监理过程的特点,制定"谁监理、验收,谁负责"的资料责任原则,各专业监理工程师负责本专业的分项、分部、单位工程的验收及有关测量、试验、检测监理资料(含附件)的收集汇总及整理,分部工程验收完毕,即应当将完整、真实的资料交资料员验收归档。

(2)对资料编制人员加强培训

采取下发相关学习文件、举办监理资料编制知识讲座、出题考核、知识竞赛等多种形式来提高资料管理人员的业务水平。还可以派出人员参加相关业务学习班,以保证逐步建立一支高水平的资料管理人员队伍。

(3)加强日常管理,确保资料同步完成

项目监理机构全体人员都应遵守资料管理的有关制度,使监理资料的管理工作真正步入正规化、规范化的轨道。监理人员汇报监理工作时,应同时汇报监理资料的情况。总监在检查监理人员工作时,也应同时检查其负责的监理资料,从监理资料的质量来评估该监理人员的工作质量。

为确保资料与工程同步完成,在项目开工前,监理单位应根据设计图纸,编制旁站和巡视计划,根据施工进度统筹安排监理资料的编制计划。建立计量支付质量保证资料的审查制度,凡是监理抽检和施工单位自检资料不符合要求的工程不予计量。以保证工程项目完工一个,计量、验收一个,工程资料移交一个。在工程竣(交)工验收完成的同时,工程资料的收集、整理、归档工作也全部完成。

由于一份完整的监理资料需要业主、施工单位、监理单位共同努力才能实现。为了加大监理资料的收集力度,可以从如下四个方面采取措施:

①在第一次工地例会上强调及时收集资料的重要性，明确责任，并要求施工单位在每次工地例会上汇报资料收集情况。

②项目监理机构应按专业分别抓落实，明确时间，保证按时收集到位。

③对施工单位的资料管理采取督促、指导、检查的动态跟踪管理方式。

④对于由于业主原因造成的资料滞后，应及时提醒业主尽快落实相关事宜。

【案例6.1】 某项目法人采用公开招标方式将其工程建设项目的设计和施工任务先后发包给某设计单位和某施工单位，并按规定签订了工程设计合同和工程施工合同。在施工合同中，列入了实施建设监理的合同条款。因施工单位缺少"扩孔桩"施工队伍，经项目法人委托某监理单位对项目施工实施全过程监理，并按《工程建设监理合同》示范文本与监理单位签订了监理合同。合同规定，监理工程范围与工程施工合同所涵盖的工程范围相一致。

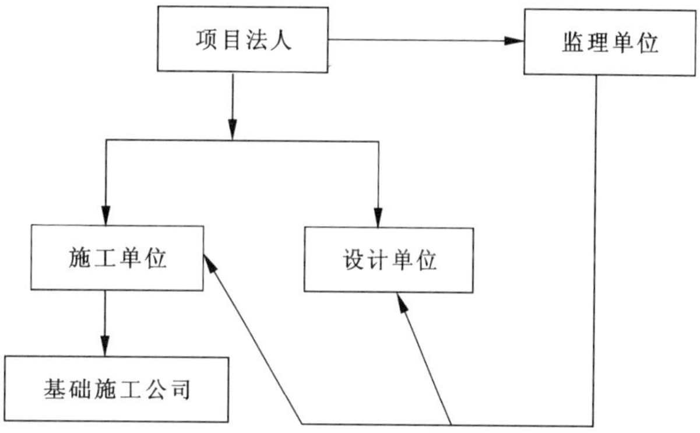

图6.1　三方关系示意图

监理单位绘制的项目监理模式如图6.1所示。

在该工程项目的监理规划中，有关"监理组织"部分列入了监理组织结构、监理人员名单和职责分工等内容。监理组织机构见图6.2。在人员职责分工中，列入了总监理工程师、总监代表、各专业监理工程师和监理员的职责和权限。

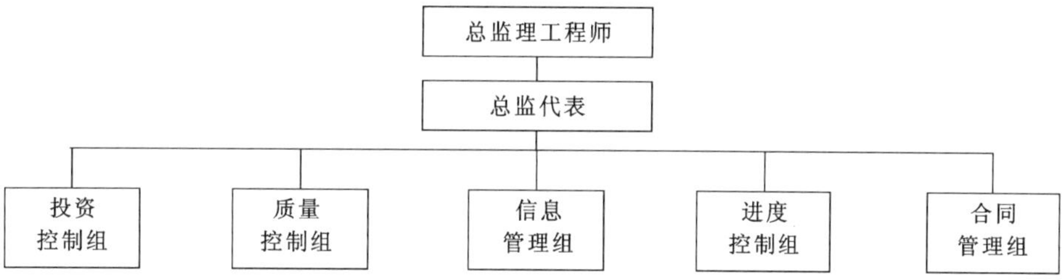

图6.2　监理组织结构图

试问：

1. 你认为图6.1在表达项目法人、监理单位、承建商三方关系上存在什么问题？为什么？

2. 我国《建筑法》对施工总包单位将承包工程中的部分工程发包给分包单位有哪些要求？

3. 监理规划中的监理组织结构有何优点？有几个管理层次？分别是哪几个管理层次？总监代表属什么层次？

4. 参照"土木工程施工合同条件"，总监代表的任命应履行哪些手续？在《建设工程监理规范》中规定的总监理工程师的职责范围内，哪几方面的职责不能授予其代表？

5. 总监理工程师与总监代表之间、总监理工程师及总监代表同项目法人之间的责任关系如何？

【解析】

1. 图6.1的问题是未明确划清各方的合同关系和监理关系。因为该图中的监理单位与设计单位之间只有业务关系，而无合同关系和监理与被监理关系。

2. 我国《建筑法》中对分包工程的规定要点有：

(1) 应分包给具有相应资质条件的分包单位。

(2) 除总承包合同中约定的分包外，分包必须经建设单位认可。

(3) 建筑工程主体结构的施工必须由总承包单位自行完成。

(4) 分包单位按照分包合同的约定对总承包单位负责，总承包单位和分包单位就分包工程对建设单位承担连带责任。

3. 该监理组织结构的优点是：权力集中、命令统一、职责分明、决策迅速、隶属关系明确。管理层次只有两个，即决策层和操作层。总监代表属于决策层。

4. 总监代表的任命和授权必须采用书面形式，且必须书面通知项目法人和承建商。主持编写项目监理规划、审批项目监理实施细则；签发工程开工/复工报审表、工程暂停令、工程款支付证书、工程竣工报验单；审核签认竣工结算；调解建设单位与承包单位的合同争议、处理索赔，审批工程延期；调配或调换监理人员等职责不能授予总监代表。

5. 总监代表对总监理工程师负责，而不直接对项目法人负责。总监理工程师对总监代表的行为负责，总监理工程师对项目法人负责。

【案例6.2】 某公路工程项目监理业务由业主直接委托给天鉴工程监理公司。监理范围包括路基路面、桥梁、隧道等主要项目的设计和施工监理。在合同谈判过程中，业主原计划仅将质量控制、进度控制、合同控制、组织协调工作等任务委托给天鉴公司，经天鉴公司建议，业主最终将投资控制任务也交给了该公司。业主分别将桥梁工程、隧道工程和路基路面工程分别发给了三家承包商。

在制订监理规划时，有关人员就派驻该项目的总监理工程师数量发生了争议。有人坚持认为要分别按桥梁工程、隧道工程和路基路面工程设置机构并分别委任一名总监理工程师，共计三名。监理规范的内容经过讨论一致认为应包括：工程概况，监理单位的权利和义务，工程项目实施的组织，监理机构的建立，建立范围内的总目标，项目投资、进度、质量控制，合同管理，信息管理，组织协调，承包商配合监理事项等。

在某次监理工作会(每周一次的例会)上，总监理工程师强调下周工作的重点是配合业主方提出的工程变更事项的审查以及及时签发工程变更令。

试问：

1. 业主直接将监理任务委托给天鉴公司，是否符合现行法律法规的规定？

2. 该项目天鉴公司应派几名总监理工程师为妥？为什么？

3. 该项目的监理机构应采取什么结构形式？为什么？

4. 业主最终采纳了天鉴公司的建议，将投资控制任务也委托给了该公司，说明了什么？

5. 监理工程师在对工程项目进行目标规划和控制时，应注意什么？

6. 监理规划和监理实施细则编制的负责人一般分别是谁？该项目的监理规划是否应该分阶段编写？监理单位讨论的上述监理规划的内容中，你认为哪些项目不应编入监理规划？

7. 根据施工合同文件的规定，能够构成工程变更的常见事项有哪些？工程变更只能由业主提出吗？工程变更应由谁签发？

8. 监理工程师在审查工程变更价款时，应注意什么事项？

9. 变更合同按什么方法进行？

【解析】

1. 这种直接委托监理任务的做法违反了《招标投标法》等法律规范的规定，公路工程等基础设施建设项目必须进行招标委托有关建设任务，因此应当采用招标方式。

2. 一名总监理工程师，因为项目只有一份监理委托合同(或一个项目监理组织)。

3. 按设计与施工阶段分解的直线制监理组织形式，因为该项目在地理位置上比较分散，线路比较长且监理任务包括了设计与施工阶段。

4. 工程项目的目标控制要取得比较满意的效果，三大目标的控制必须有机结合起来。

5. 在目标规划时，要注意统筹兼顾，在需求与目标之间，在三大目标之间反复协调，力求做到需求与目标的统一，三大目标的统一；要针对整个目标系统实施控制，防止盲目追求单一目标而冲击或干扰其他目标的现象发生。

6. 应分别为总监理工程师和相应的专业监理工程师。该项目的监理规划应该分阶段编写；上述讨论的内容中监理单位的权利与义务、工程项目实施的组织、承包商配合监理事项等不应列入监理规划。

7. 常见事项有：更改工程有关部分的标高、基线、位置和尺寸；增减合同中约定的工程量；改变有关工程的施工时间和顺序；其他有关工程变更需要的附加工作。工程变更不仅业主可以提出，承包商、工程师、设计师都可以提出。工程变更令由总监理工程师签发。

8. 承包人必须在双方确定变更后的14天向总监理工程师提出变更工程价款报告，否则将被认为本次变更不涉及合同价款的变更；工程师收到报告之日起14天内应予以确认，无正当理由不确认则报告自动失效；总监理工程师确认增加的工程变更价款作为追加合同价款，与工程款同期支付；因承包人自身原因导致工程变更，承包人无权要求追加合同价款。

9. 变更合同价款应按以下方法进行：①合同中已有适用于变更工程的价格，按合同已有的价格变更合同价款；②合同中只有类似于变更工程的价格，可参照类似的价格变更合同价款；③合同中没有适用或类似于变更工程的价格，由承包人提出适当的变更价格，经总监理工程师确认后执行。

6.6 监理工作的计算机辅助管理

在工程建设过程中，自始至终、无时无刻不在产生大量信息，监理工作中产生的信息不但量大，而且信息类型复杂。有关项目投资控制的信息有项目的估算、概算、预算及结算，标底，合同价，各种定额数据及月度、年度资金需求量等；有关项目进度控制的信息有项目的总进度目标、各子项目进度目标、各阶段进度目标、已完工程量、子项目完成时间等；有关项目质量控制的信息有工程质量监理规程，单位工程、分部工程、分项工程的质量检评记录，工程事故处理记录等；有关合同管理方面的信息有合同的基本信息、合同付款计划、合同执行信息、合同索赔情况和合同完成情况等。

建设监理工作中涉及的信息量如此之大，要实现高效、快速的信息管理，使监理工作流程程序化、监理记录标准化、监理报告系统化，传统的手工操作管理办法已无法满足需要，可以利用计算机存储量大的特点，集中存储与工程项目有关的各种信息，形成文字、图表、图像等各种信息，以辅助在建设监理过程中，监理人员及时发现问题，检查项目的实施情况，以便作出进一步调整或规划的决策。

6.6.1 计算机辅助监理概述

项目的信息量大，数据处理繁杂，应用计算机可以迅速、正确、及时地为监理提供信息，为决策服务，项目管理需要计算机辅助监理；高质量、高水平的建设监理离不开计算机，计算机辅助监理是监理业务的需要；监理项目有三资项目、国外贷款项目，将来还会有国外项目，而用计算机辅助监理是国际上监理工程师的基本手段，因此计算机辅助监理也是对外开放的需要。

6.6.1.1 计算机辅助监理的优点

(1) 提高监理效率。提高监理工作效率，减少手工计算量。

(2) 提高监理质量。增强监理指令的准确性，避免错误判断，提高监理质量。

(3) 提高监理水平。计算机可帮助监理工程师总结经验，辅助决策，有利于监理水平的提高。

6.6.1.2 监理工作中的计算机辅助作用

(1) 信息存储。利用计算机存储量大的特点，集中存储与项目有关的信息。

(2) 信息处理快速、准确。利用计算机速度快的特点，高速准确地处理项目监理所需要的信息。

(3) 快速整理报告。方便地形成各种需求的报告，快速整理出报告内容。

6.6.1.3 国内外应用计算机辅助监理的比较

国外的监理工作已完全普及使用计算机，国内在建筑管理方面对于计算机辅助管理存在起步迟、差距大、思想不统一、缺乏专门人才等问题，而计算机辅助监理方面的不足有：①开发的计算机辅助监理软件的较少，大多数为人工凭经验控制；②应用层次较低；③软件开发的差距较大。

6.6.2 计算机辅助监理的具体内容

计算机辅助监理主要内容为发现问题、编制规划、帮助决策、跟踪检查，从而达到对工程进行控制的目的。

6.6.2.1 计算机辅助监理确定控制目标

(1) 及时、准确地确定投资目标。我国目前在确定投资目标方面主要由设计单位根据定额来进行概预算，业主无自主权，带有笼统性。而采用计算机进行预决算，既快又准，避免了以往由设计单位进行预决算，最后造成预决算超预算、预算超概算的弊病。

(2) 全面、合理地确定进度目标。目前在确定进度目标过程中，一般工期目标即为任期目标，定额工期只能是客观控制，而且没有经过合理工序比较，施工单位组织管理缺少科学性，很多工程草率上马，导致工期延长，因此迫切需要计算机科学合理确定工期，实施进度目标控制。

(3) 具体、系统地确定质量目标。质量目标的确定主要存在以下问题：脱离造价与工期，笼统概括，讲抽象概念。采用计算机辅助监理控制质量目标，则可以做到质量目标不脱离造价与工期，具体明确，每个项目不是只讲抽象概念。

6.6.2.2　计算机辅助进行目标控制

(1)计算机辅助投资控制

计算机辅助投资控制的内容有：

① 投资目标值的确定、分解与调整。

② 实际投资费用支出的统计分析与动态比较。

③ 项目控制的查询及各种报表。

投资控制系统功能模块如图 6.3 所示。

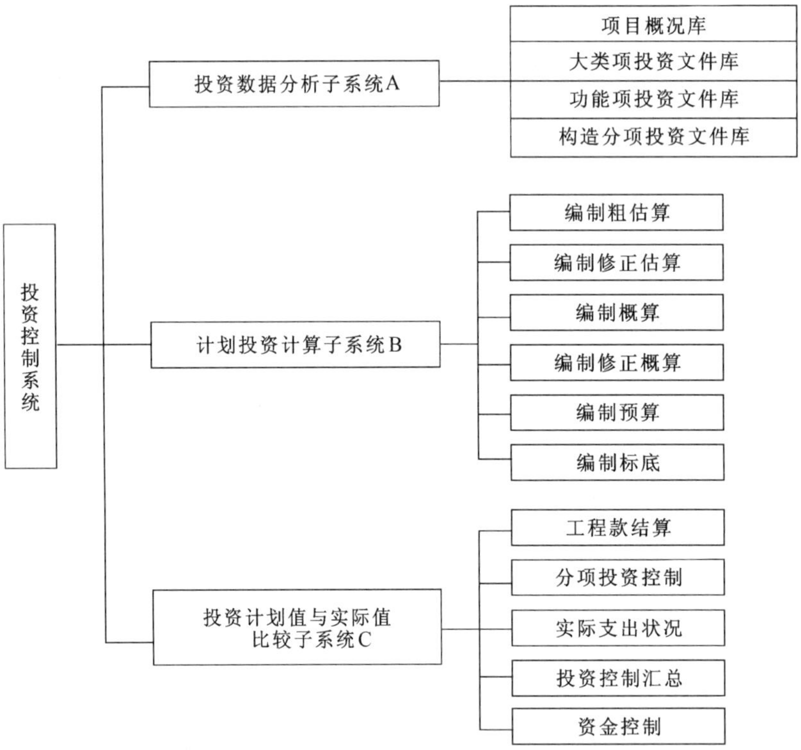

图 6.3　投资控制系统功能模块示意图

(2) 计算机辅助进度控制

计算机辅助进度控制可以确保总进度目标的完成，实现对项目实施阶段的科学管理，对进度控制中突发事件能及时反映。计算机辅助进度控制的具体内容有：

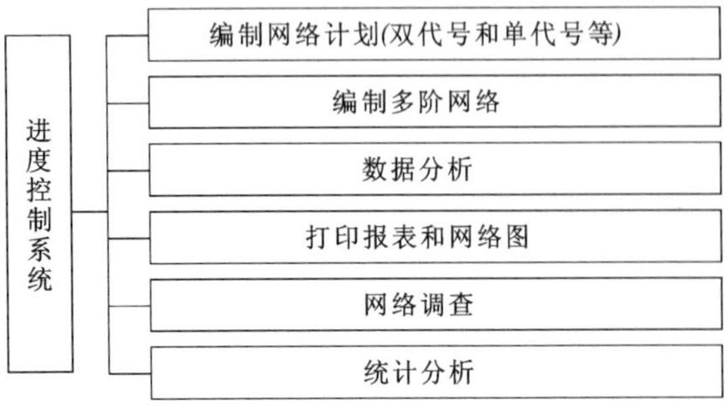

图 6.4　进度控制系统功能模块示意图

① 总进度目标的科学性取决于对目标计划值的合理确定，总进度目标实现的可能性在于对分阶段目标的最佳实现，及时调整进度目标是进度控制的核心。

② 科学的计划管理，完善的现场管理，必要的风险管理。

③ 迅速对进度进行调整，重新确定关键线路。

进度控制系统功能模块如图 6.4 所示。

(3) 计算机辅助质量控制

计算机辅助质量控制的原理和质量控制系统功能模块示意图分别如图 6.5、图 6.6 所示。

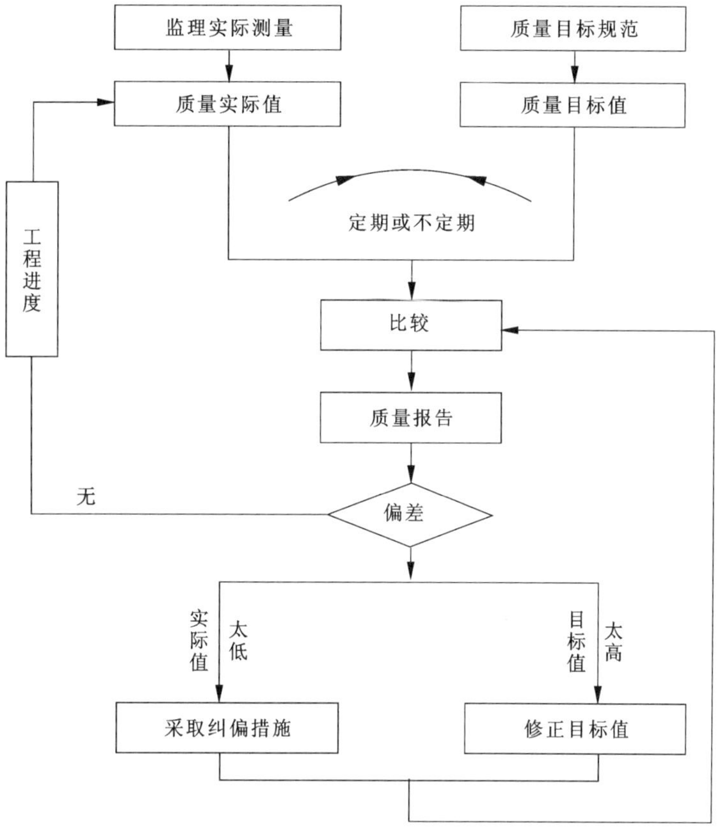

图 6.5 计算机辅助质量控制原理图

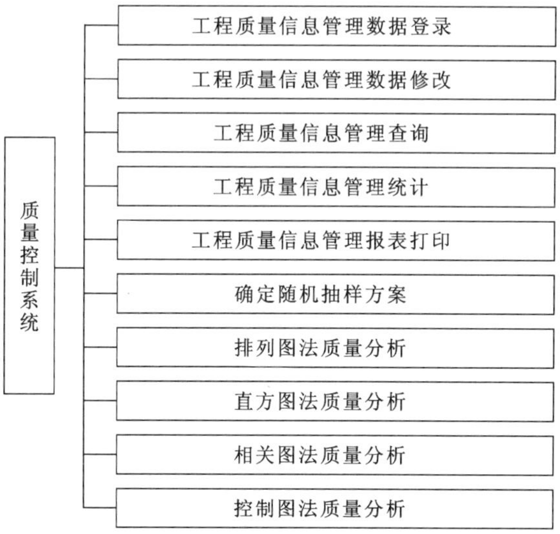

图 6.6 质量控制系统功能模块示意图

6.6.2.3 计算机辅助合同管理

合同管理是指监理工程师如何从进度、质量目标控制的角度出发，依据有关政策、法律、规章、技术标准等，来处理合同签订及工程项目实施过程中出现的违约、变更、终止、纠纷调解和仲裁等问题，这也是现场组织管理的一个方面。合同管理的功能如表 6.3 所示。

表 6.3　合同管理的功能

功　能	属　性	具体内容
合同的分类登录与检索	主动控制（静态控制）	(1) 合同结构模型的提供和选用 (2) 合同文件、资料的登录、修改、删除等 (3) 合同文件的分类、查询和统计 (4) 合同文件的检索
合同的跟踪与控制	动态控制	(1) 合同执行情况跟踪和处理过程的记录 (2) 合同执行情况的打印报表等 (3) 涉外合同的外汇折算 (4) 建立经济法规库(国内经济法、国外经济法)

6.6.2.4　计算机辅助现场组织管理

计算机辅助现场组织管理如图 6.7 所示。

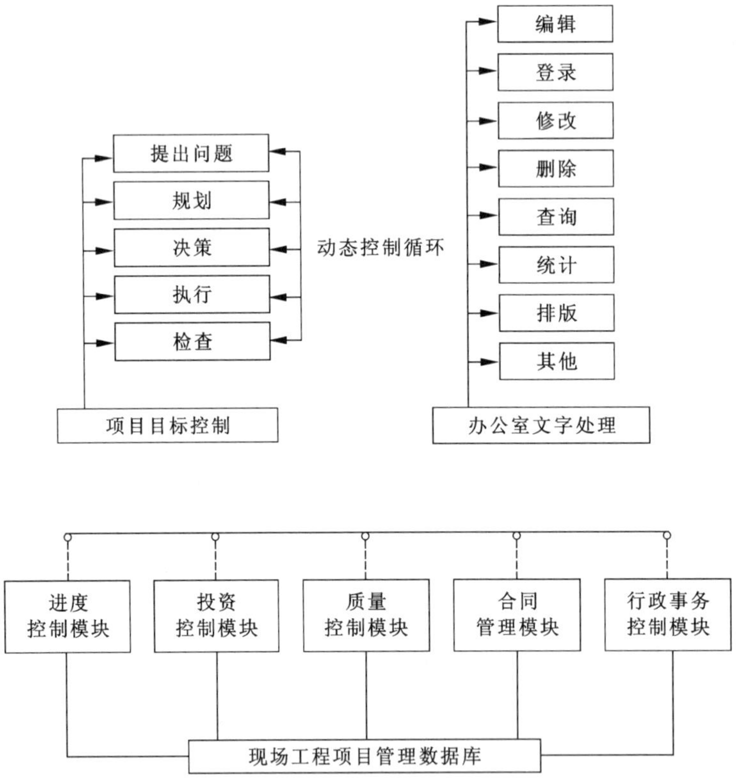

图 6.7　计算机辅助现场组织管理示意图

6.6.3　5D BIM 技术简介

根据建立的项目模型的维度，可将 BIM 模型分为 3D、4D、5D 模型，目前我国建筑业应用最广泛的还停留在 3D 模型阶段。通过在 WBS(工作分解结构方法)原理的指导下将 3D 建筑实体模型细化到 WBS 工序节点，并与施工进度相关联，就可以创建施工阶段的 4D 施工资源信息模型；再添加施工资源、成本信息，即可开发出基于 BIM 技术的 5D BIM 模型，从而实现施工过程中工程量动态查询、施工进度跟踪、成本实时监控、资源使用情况查询及优化配置等功能。

6.6.3.1　5D BIM 应用过程及原理

(1)应用过程

根据每个阶段的工作重点，可以将 5D BIM 模型建立的基本流程划分为以下三个阶段：

①首先根据项目的基本信息，对整个项目进行 WBS 分解，得到的 WBS 工作分解结构将指导后续 3D BIM 模型的建立或完善以及工程进度计划的编制。依据 WBS 工作分解结构以及项目之前设计阶段形成的 3D BIM 模型，把相关的工程数据输入到 BIM 核心建模软件（如使用 Autodesk Revit 2015 软件）中。根据参数化建模的特点，建立该项目监理的 3D 建筑模型，并利用该模型得到整个项目的工程量清单。

②根据施工组织设计，结合 WBS 确定施工工艺，利用 Microsoft Project 软件编制项目的进度计划，设置每项任务（其工作内容及深度由 WBS 原理确定）的开始和结束时间、任务之间的紧前紧后搭接关系等基本参数，最终形成“.mpp”进度格式文件。然后将得到的进度计划文件与 3D 模型建立链接，在软件平台上将进度文件导入 3D BIM 模型，得到每一构件均含有进度信息的 4D BIM 模型，从而实现 BIM 模型的进度模拟。

③利用之前得到建筑的工程量清单，在 BIM 造价软件中进行成本分析，得出项目的成本文件并与 4D BIM 模型一同导入 5D BIM 虚拟施工软件，从而建立起 5D BIM 模型。在施工过程中，可以不断地将工程实际进度、设计变更、市场价格波动等将导致实际施工情况偏离预计值的状况信息输入模型中，及时对模型进行更新，使之与施工现场相符。

建立好 5D BIM 模型后，便可以对项目的整个建造施工过程进行模拟，实现实时的动态控制。利用相关 5D BIM 软件平台，可以及时、准确地提取出项目实施过程中任意节点的各个施工程序及相应的进度、成本信息，进而可核算截至该节点的总成本信息，从而达到根据项目的施工进度，利用模型对整个项目的进度及成本进行分析和控制的目的。

(2)应用原理

利用 5D BIM 模型对项目进度-成本进行分析和控制的基本原理为：根据 3D BIM 模型可以得到与 WBS 工作分解结构相对应的工程量，将其与单价成本相乘并求和即可得出预算总成本。然后通过单价分析，在 Project 中将各类资源成本分配到同样根据 WBS 进行分解后的任务中，利用 5D BIM 软件平台，实现 3D 模型、进度信息、成本信息的链接，使每一个施工节点都包含相应的进度、成本信息，进而可以轻松掌握和控制项目任意时间节点上的资源供应和资金安排，保证项目各阶段资源的充分供应和资金的及时到位，避免各类资源过早安排而产生浪费或项目资金、材料和人员到位不及时而影响进度。

对建立的模型进行进度-成本分析的前提是要对整个工程项目进行 WBS 分解，把整个项目分成若干个组成模块、制订节点工期并确定项目的进度计划；然后将实际施工进度与计划进度相比对，进行工期考核，才能够很好地掌控实际进度与计划进度的偏差情况，从而优化进度、缩短工期。

其中，对于 3D 模型，可根据项目大小、楼层、专业、施工段、构件类型对模型进行划分，以此作为项目 WBS 的依据。模块划分的一般标准见表 6.4。

表 6.4　工程项目 WBS 分类标准一览表

分类标准	划分内容
按项目大小划分	单位工程、单项工程、分部工程、分项工程
按楼层划分	首层、第二层、第三层……
按专业划分	土建、钢筋、装修、钢结构、幕墙、给排水、暖通空调、电气、消防、弱电、智能控制等
按流水段划分	土建-施工段(1)、土建-施工段(2)、钢筋-施工段(1)、钢筋-施工段(2)……
按构件类型划分	墙、柱、梁、板、门窗洞口、楼梯、装修、土方、基础等

实现 3D 模型与进度计划关联的原理主要是：首先将各类构件组合成多个构件集——主要是利用 WBS 分解原理将 3D 模型中的所有构件进行分类，合并为构件集即对应于最基本的工作包，用以代替单个构件，从而既能满足对进度动态模拟和实时控制的要求，也能够简化进度计划的编制和导入关联工作。形成 WBS 分解结构中最基本的工作包。生成构件集后。通过常用的进度计划编制软件（如 Microsoft Project 软件）对项目的进度计划进行编制，对工作的进度信息和前后搭接关系进行定义。借助相关的软件平台，将进度计划导入到已建立的 3D BIM 模型，并通过平台设定相应的附着规则使进度计划中的相关进度信息附着到 3D BIM 模型的 WBS 工作包上，最终形成 4D BIM 模型，并能根据不同的时间节点进行

动画演示。将当前施工管理中常用的进度计划编制方式和 3D BIM 技术相结合,既能满足施工单位的传统进度计划编制及使用习惯,又能引入较为先进的 4D BIM 控制手段,从而提高项目进度控制的效率。

模型与计价文件的关联:我国目前采用的计价模式主要包括定额计价模式与工程量清单计价模式两种。其中清单计价模式更为常用,因为在该计价模式下,项目的成本信息是通过工程实体的各分部分项工程汇总得到的。例如在清单项目中,“矩形梁”一项就包括了混凝土制作、运输、浇筑、振捣、养护等多个工序,从而使得 3D 模型中各构件能够与工程实体间建立良好的对应关系,进而有利于对各构件赋予成本信息,因此计价文件大多是采用清单计价模式编制而成。

工程量清单根据不同专业可以分为建筑工程工程量清单、安装工程工程量清单、装饰装修工程量清单、市政工程量清单等。这些工程量清单项目又均可分为实体项目与措施项目两类。创建的 3D BIM 模型需同时关联实体项目信息和措施项目信息。

①3D BIM 模型与实体项目信息的关联

实体项目主要指的是分部分项工程量清单。以建筑工程工程量清单项目为例,其实体项目主要包括土(石)方工程,桩与地基基础工程,砌筑工程,混凝土及钢筋混凝土工程,厂库房大门、特种门、木结构工程,金属结构工程,屋面及防水工程,防腐、隔热、保温工程八项。每个项目均由项目编码、项目名称、项目特征、计量单位与工程量五个要素组成。

在对 3D BIM 模型与实体项目信息进行关联时,最为关键的一点就是要实现模型中相关构件的名称及编码与分部分项工程量清单项目的名称及编码一致。

在对 3D BIM 模型与计价文件进行链接时,若两者中对应某构件前九位编码完全一致,则可实现自动匹配;若计价文件中的清单项未完全匹配,还可以手动进行选择,使计价清单项与模型构件清单实现匹配,如图 6.8 所示。

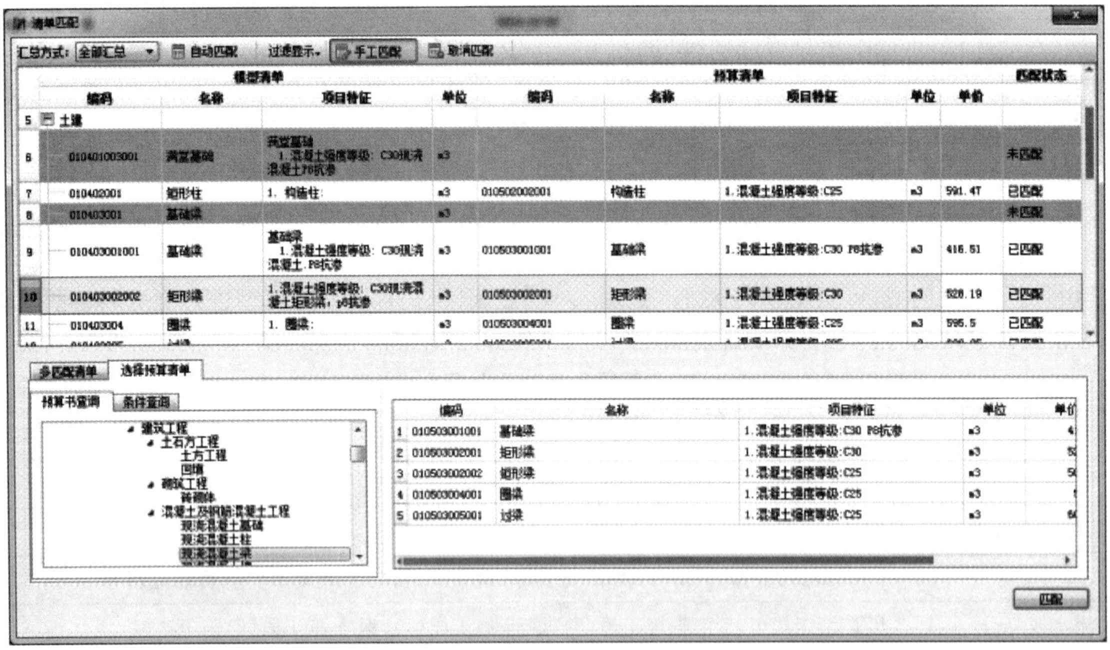

图 6.8 广联达 5D BIM 清单匹配

在 3D 模型关联清单并完成匹配后,由于工程清单项目、人材机消耗量与定额三者之间具有相互关联关系,所以每个分部分项工程根据包含的定额项,可得到相应的人、材、机数量。

②3D BIM 模型与措施项目的关联

在计量规范中,措施项目被分为两类:一类是工程量可以计算出来的且施工过程中必不可少的、但在项目完工后需要被拆除或不会体现在最终工程实体中的措施项目,属于非工程实体项目,常见的如脚手架工程、降水工程等,这类项目计价以“量”计价,有利于措施费的确定与调整,被称为“单价项目”;另一类则是工程量无法计算的项目,主要是为了保证项目能够安全顺利开展而进行的安全教育、防护等的过程项目，如文明施工和安全防护工程、临时设施项目等，这类项目以“项”作为计价单位，亦被称为“总价项目”，一般不与模型中某一构件直接进行关联。这两类措施项目中，“单价项目”可以直接关联 WBS 节点，实现 WBS 工作分解结构、建筑模型以及计价文件三者间的信息共享。

③建设工程数据信息的采集与更新

利用 5D BIM 模型对项目的进度、成本等进行管理的一个重要前提是模型中包含了项目的实际信息，这就需要参与各工程建设的建设主体之间保持沟通、相互配合。从项目施工的角度来看，建设主体主要是参与施工的各合作施工单位、设计人员、合约造价及成本核算财务人员以及现场项目管理人员等，只有通过这些人员及时、有序地对项目的施工信息进行采集和更新，才有可能真正意义上实现 BIM 技术对进度跟踪及成本监控的作用。

在利用 5D BIM 技术进行项目管理时，需要建立一个统一的建设工程数据信息库。管理方在项目开始动工之前就应成立工程信息采集小组，组员应分别来自上述各建设主体；制定信息采集的时间间隔、数据标准及输入规范等，为 5D BIM 的实时更新创造条件，从而在建设工程中实现项目成本的监控和管理。

建设工程基础数据库的建立，将项目施工过程中分散在工程建设各参与方或个人手中的建设工程的信息数据全部汇总到 BIM 平台中，使建设项目中被授予了权限的所有岗位都能够便捷、快速、准确地在 BIM 平台中对工程信息如施工进度、成本造价等进行查询与分析，最大限度地为建设项目的进度-成本管理提供了依据，同时也为项目管理和决策提供了依据。

④软件接口及工程信息标准化

由于在建立 5D BIM 模型的过程中需要用到的软件不止一个，各类软件如建模软件、进度编制软件、成本编制软件等所输出的文件及数据格式都不同——当设计单位采用 2D CAD 图纸进行出图时，施工单位需要在 2D 图纸基础上进行 3D 空间信息的添加，这样就存在 2D CAD 软件和 3D 模型软件间的接口问题；当 3D 模型建立好了之后，施工单位又需要在 3D 模型中添加 4D 进度信息。当采用 Microsoft Project 等传统软件进行进度计划编制时，又存在 3D 模型软件和进度计划软件间的接口问题；此外还有造价软件与 4D 模型之间的接口问题等。这些软件和其输出的各类模型或文件相互之间要实现拟合和对应，就需要在使用软件前对其将要输出的每一类信息进行标准化处理。各类应用软件间的接口如图 6.9 所示。

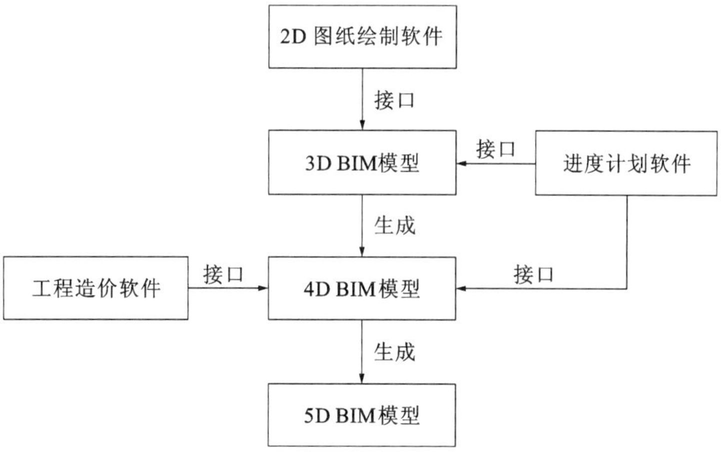

图 6.9　5D BIM 模型创建过程中各应用软件之间的接口

目前国内外普遍接受采用 IFC 标准来完成 5D BIM 模型相关信息的标准化处理，从而解决各类软件间的接口问题。

IFC(Industry Foundation Classes，工业基础分类)标准是是由 IAI 组织(International Alliance for Interoperability，国际协同联盟)在 1995 年提出的建筑产品数据表达标准，其目的是促成建筑业中不同专业之间以及同一专业中不同应用软件之间能够共享同一个数据源，从而达到数据的共享与交互。它面向的对象是各类 3D 建筑产品，为其提供数据标准，并且可以利用计算机对数据进行处理。有了统一的标准，也就有了不同软件及系统之间进行交流的纽带和桥梁，这样模型中不同类别的数据就自然能够在系统之间流转起来。而且在应用 IFC 标准对不同系统之间的数据进行交换时，对各系统软件内部使用时不要求应用 IFC 标准，而只需要在进行信息交换时的相关数据文件符合该标准即可，极大程度上解决了不同软件间信息数据不兼容的问题。我国建筑标准设计研究院参照国际 IFC 标准，提出了适于建筑生命周期各阶段信息交流及共享的《建筑对象数字化定义》(JG/T 198—2007)标准，对建筑工程项目对象信息化定义的一般要求进行了规定；2008 年，中国建筑科学研究院、中国标准化研究院等单位共同起草了《工业基础类平台规范》(国家指导性技术文件)，该规范现已更新到 GB/T 25507—2010 版本。

采用统一的、标准化的数据表达，为 BIM 技术在不同软件之间的应用提供了主要的数据标准，有利于各类 BIM 软件间的信息交互和共享。基于 IFC 标准的软件交互过程如图 6.10 所示。

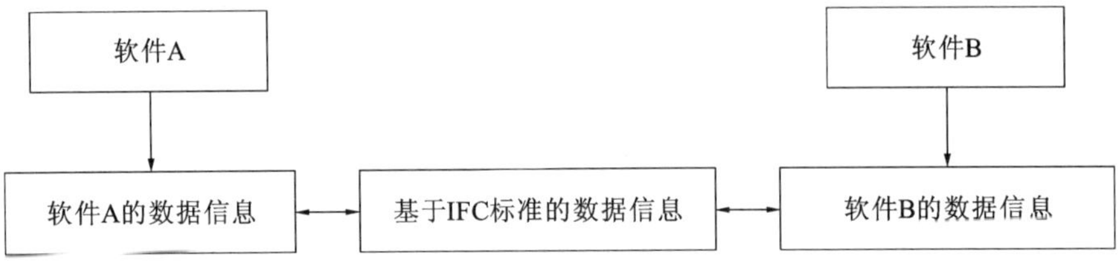

图 6.10　基于 IFC 标准的软件信息交互示意图

如图 6.10 所示，两个不同类别的软件 A、B，只要能够识别 IFC 格式的文件就可以进行数据的交换。数据交换过程首先由软件 A 生成基于 IFC 的标准信息文件，该文件用标准化的格式记录和表达了工程项目的相关信息如建筑几何特征、人材机消耗量、施工作业工期、前后逻辑关系等。而后另一支持 IFC 的软件 B 则可对这一基于 IFC 标准化后的信息文件进行导入和识别，从而最终实现不同类别软件平台间的交互。简言之，解决接口技术问题的关键在于软件的标准化，只要需要相互对接的软件能够支持 IFC 标准文件格式进行文件的输入和输出，就能很好地实现多方产品软件间的对接。

6.6.3.2　BIM 软件

与国内已经普及的一些工程管理技术相比，BIM 技术一个非常突出的特点就是：应用 BIM 进行项目管理，目前不能单独依靠某一个或一类软件就能完成的。目前市面上的 BIM 软件可谓是五花八门、种类繁多。将这些软件按不同的功能汇总成表 6.5。

表 6.5　BIM 软件分类汇总表

序号	类别	相关软件
1	二维绘图软件	AutoCAD；Microstation；ArchiCAD
2	BIM 核心建模软件	AutodeskRevit Architecture、Revit Structural 、Revit MEP；Bentley Architecture、Bentley BentleyStrucral；Building Mechanical Systems；Nemetschek；Allplan；Vector works；Gery Technology Dassault；CATIA；广联达
3	BIM 方案设计软件	Onuma Planning System；Affinity
4	结构分析	Revit Structural；PKPM；Pobot；ETABS；STAAD
5	机电分析软件	Autodesk Revit MEP；TraneTrce ；鸿业博超；Design Master；IES Virtual Environ ment
6	BIM 可持续(绿色)软件	Eco Tech；PKPM；IES；Green building studio
7	BIM 可视化软件	3DS MAX；Light Scape；Accurender；Artlantis；Autodesk Navisworks
8	BIM 模型检查软件	Solibri Model Checker；Autodesk Navisworks
9	深化设计软件	Xsteel
10	BIM 模型综合碰撞检查软件	Autodesk Navisworks；Bentley Projectwise Navigator；Solibri Model Checker
11	BIM 接口的几何造型软件	Sketchup；Rhino；Form
12	BIM 造价管理软件	Znnovaya；鲁班；Solibri；广联达计价软件
13	BIM 运营管理软件	广联达 5D BIM；新点比目鱼 5D BIM；ArchiBUS；ArchiFM；Autodesk FM Desktop；Allplan Facility Management
14	BIM 发布审核软件	Autodesk Design Review；Adobe 3D PDF；Adobe PDF

由于 BIM 技术的应用可以渗透到建设项目全寿命周期内所有工程阶段的项目管理中，也就决定了每个阶段都具有相应的 BIM 专业软件，如设计阶段的绘图建模软件、招投标阶段的成本预算软件、施工管理阶段的 5D BIM 软件等。将这些软件按照在工程项目管理中不同的使用阶段进行分类汇总成表 6.6。

表 6.6　BIM 软件在不同工程阶段中的应用汇总表

工程阶段		主要软件	说明
规划设计阶段	建模	CAD 绘图软件、Revit、广联达等	包括绘制模型和输出符合国家标准的施工图
	分析	Navisworks、PKPM 结构设计、节能设计、绿建设计、清华日照等	一般采用国内成熟的软件做分析
招投标、施工阶段	预算造价	广联达钢筋、图形、计价软件等	进行造价算量、套价，完成招标控制价、投标报价的编制
	管理控制	5D BIM 相关管理软件	进行进度工期控制、造价控制、质量管理、安全管理、施工管理、合同管理、物资管理、三维技术交底、施工模拟等
运营维护阶段		广联达 5D BIM、新点比目鱼 5D BIM、ArchiBUS、ArchiFM、Autodesk FM Desktop、All plan Facility Management 等	进行物业的维修管理

现阶段我国国内的 BIM 软件还存在一些弱点，如本地化不够彻底、各工种之间的配合不够完善、许多施工细节不到位等。要改进这些弱点，其中最重要的是进一步完善 BIM 软件的本地化工作。

实际上，在 2D 图纸设计方面，我国建筑、结构、设备等专业均在大量使用由我国国内研发的、基于 AutoCAD 平台的第三方工具软件如天正 CAD 绘图软件等；在算量和造价方面，广联达、清华斯维尔等专业性较强的软件也得到了非常广泛的使用。但在其他类型的软件如建模及碰撞检查软件、施工模拟软件等方面，国外的一系列产品如 Autodesk Revit、Navisworks 等软件仍占据广大市场，同时在国内的应用中又还存在许多使用问题，如虽然 Revit 基于 IFC 标准建立的 BIM 模型在设计方面具有很大的优势，但由于国际标准和国内标准之间存在一些差异，Revit 不可避免地在使用时受到影响。尽管 Autodesk Revit 目前还存在一些缺点，由于它的设计理念的超前性，代表了未来 BIM 技术的发展方向，必将越来越受到建筑师的青睐。

思　考　题

6.1　试问有哪些监理文件资料内容？

6.2　如何记录监理日记？

6.3　项目监理机构应负责整理哪些会议的纪要？会议纪要应怎样编写？

6.4　监理月报包括哪些主要内容？

6.5　监理工作中一般需制定哪些制度？

6.6　施工阶段需要准备哪些监理资料？

6.7　5D BIM 技术的应用过程是怎样的？

6.8　国内比较常用的 BIM 软件有哪些？它们各适应于哪个工程阶段？

7 监理协调工作

本章提要

建设监理中对各有关方的工作协调是一项极其重要的工作，本章主要介绍了监理协调工作的基本特点和原则，协调监理的有关程序，强调了监理工作的程序化、标准化与规范化，要求监理工程师应履行职业准则，坚持工作原则，分清工作责任。

7.1 监理协调工作的特点与原则

7.1.1 监理协调工作的特点

(1) 监理协调工作涉及的部门与单位多

由于监理工作的特殊性，监理单位对委托合同范围内的监理工作，除了要与委托人和被监理单位发生工作的协调关系外，还会和勘察设计单位(施工阶段监理)，政府建设主管部门，工程建设质量、安全监督站，建设方委托的工程检测单位，造价咨询单位，以及投资主体委托的审计部门，被监理单位的分包合同所确定的分包单位等部门和单位发生工作上的协调关系。监理单位在与上述单位的工作协调中，由于相互间的工作性质与工作关系不同，而要求监理的协调方式和方法有所有同。

(2) 监理项目具有工作协调的“磨合期”

监理单位在受委托签订委托监理合同后，即进入监理工作的服务期。在监理工作的初期阶段，监理人员就要与监理项目所涉及的部门和单位的人员打交道。在此期间，监理人员既要熟悉合同内工程对象的内外部环境和条件，又要与各方人员发生工作上的接触与交流。由于各方人员的工作经历、处事阅历、待事方法与方式、工作地位与工作作风等不尽相同，形成了各自办事作风、态度与风格。因此，监理工作要形成有效的协调机制，必然要经历一个相互了解、相互适应的“磨合期”。

(3) 监理协调的对象以人为主体

监理的工作性质体现为既不是工程产品勘察设计成果的完成者，也不是工程产品的生产操作者，是用监理人员的知识与经验为工程产品的建造生产过程代表委托者履行监督管理的职能。因此，监理的工作无论是为服务者，还是对被监理者，主要是通过与有关方的人员接触实现监理工作的沟通，即监理协调的对象是各个有关方的人员。在管理学上，有不同的管理与协调对象，而最难于协调和管理的就是人际管理，比对事物、材料、设备等方面的管理要困难得多。这就要求监理工作的协调一定要了解行为心理学，熟悉人际关系中的科学管理方法。

(4) 监理协调重在沟通联络

沟通联络即是我们通常所说的信息交流，是管理学原理中所强调的基本的现代管理学研究的内容之一。它表现为人与人之间的、组织与组织之间的、通信工具之间的和人与机器之间的信息交流。监理工作对外的协调体现为组织与组织之间及人与人之间的信息交流，对内体现为人与人之间的信息交流。而监理工作的特性决定了监理工作必须通过经常性的沟通联络、信息交流来达到各方对监理项目各方工作的情况了解与正确认识，从而才能对工程建设中的问题作出相应而及时的决策，因此，监理工作的协调应重视沟通联络的重要性。

(5) 监理工作协调的方式是多样的

监理工作协调的方式必须采用多种形式，从而达到协调的效果。协调可以多种方式进行，可以是“口头语言”的协调，也可以是“书面函件”的协调，可以是正式的会议协调，也可以是非正式的“碰头”协调。但无论采用何种方式，都以达到协调的目的为要求。一般正式的会议和书面形式更能引起被协调的有关方的重视，但监理工作中经常性的正式会议和书面形式的协调，可能会因时间紧张而不允许，同时亦可能会导致被协调方的误解，因此，要善于运用不同的协调方式。

7.1.2 监理协调的原则

(1) 以监理委托合同为工作依据

监理人在履行监理委托合同中约定的义务时，应在委托人授权的范围内，运用合理的技能，以正常的检查、监督、确认或评审的方式，谨慎、勤勉的工作，为委托人提供技术和管理的公正而科学的服务。

(2) 规范化、标准化工作

监理人正常的检查、监督、确认或评审，是指按照有关法律法规、技术规范、合同文件以及监理工作文件规定的内容、方法及程序进行的检查、监督、确认或评审。

(3) 正确把握监理权利

根据我国监理制度的规定及监理委托合同的授权，监理人在监理工作中根据工作性质、作用和要求，监理合同范围的工作内容的不同，表现为建议权，确认权，检验权，检查、鉴证权，指令权，审查、验收、签认权，否决权等多项权利。因此，正确把握和运用委托人授予的各项权利，既不越权、侵权，也不弃权、缩权，是进行有效协调的基本保证。

(4) 不应替代原则

监理人对其他设计、咨询人员的工作作出的任何判断或意见，均应以专业建议的方式提出，不应对设计、咨询人员应承担的义务实施任何程度的替代。

监理人在对承包人的工作进行正常的检查、监督、确认或评审时，不应对承包人应承担的义务实施任何程度的替代，但亦不应妨碍监理人对承包人的工作目标做出指令。

(5) 制度化、程序化监理

工程项目建设管理的制度是对工程建设有关方的约束，监理工作的顺利开展必须以各项规章制度为依据，建立监理的内外工作制度，并根据工程建设的客观规律建立行之有效的监理工作程序，以制度和程序协调约束工程建设有关方的工作关系，是各方工作开展的前提之一。

7.2 监理的程序化、标准化与规范化工作

监理工作程序化既是监理工作客观规律的反映，也是提高工程管理工作效率和工程建设水平，确保建设目标实现的保证。监理程序化中的工作环节与工作内容，除大量的工作是监理的职责外，还经常涉及建设单位、被监理单位和工程建设中的其他单位，因此，按照程序办事，是监理的组织协调工作中必须遵守的原则。

7.2.1 施工准备阶段协调监理的有关工作程序

(1) 施工技术方案的审核与控制

① 在施工技术方案实施之前，监理工程师必须对其进行审核。

② 监理工程师应对承包商提交的施工技术方案提出书面的审查意见并报总监理工程师，在获得总监理工程师的批准之前，承包商不得开始实施施工技术方案。

③ 在施工过程中，如承包商未按批准的施工技术方案施工，监理工程师应要求承包商进行整改并对有关变化作出书面解释。

④ 当发现现行的施工技术方案不能满足施工要求时，监理工程师应要求承包商对施工技术方案进行调整、修改，再报监理工程师审查批准；若承包商要求对现行的施工方案进行调整、修改，应提前报监理工程师审批后方可实施。

(2) 测量基准点的交付与保护

① 业主应于现场书面向承包商交付测量基准点，监理工程师应参与该交付过程。

② 在业主提交基准点后，承包商应在监理工程师的监督、检查下，对业主交付的测量控制点进行相互间的印证或校核。监理工程师应在复核无误后，予以验收签认。

③ 监理工程师应对测量基准点的延伸测量进行确认。

④ 在承包商未对测量基准点校核前，监理工程师不应同意承包商开始工程的定位放线。

⑤ 承包商接收了有效的测量基准点后，必须以适当的措施保护其不受损坏直至工程交付。如果施工过程决定了不可能保留该测量基准点，监理工程师应指令承包商采取适当的措施，确保可以在任何时候以合理的精度将该测量基准点恢复。

⑥ 施工过程中，监理工程师应根据工程需要，要求承包商对根据测量基准点放出的工程定位标志进行适当的保护，达到规定的要求。

⑦ 监理工程师应对承包商根据测量基准点进行的工程放线或定位进行独立的校核，在此之前，监理工程师不得批准承包商进行后续工序的施工。

⑧ 监理工程师应根据有关规范的规定，监督承包商对工程进行观测。应有针对性地对工程进行独立的观测，以便对承包商的观测结果进行必要的校核。

(3) 对分包商的确认与管理

① 对于承包商在投标文件中列明的分包商，监理工程师必须在其进场前对其身份予以确认，使该分包商的资质与投标文件一致。

② 若承包商在工程进行过程中提出变更分包计划，包括分包范围的变化及提出新的分包商，监理工程师必须对新的分包商进行资格审查。

a. 承包商在确定新分包商之前，监理工程师应对承包商提交的分包申请及相关文件进行审核。

b. 监理工程师对承包商的分包申请无异议，交由业主审批；若监理工程师认为承包商提出的新分包商不能满足工程的要求，应予拒绝，并通知业主。

③ 监理工程师经②程序后，依据合同审批新的分包计划，若分包计划不符合工程要求，应指令承包商予以改正。若监理工程师同意新的分包计划，交由业主审批。

④ 在承包商的分包计划得到批准后，监理工程师应对分包计划的实施予以检查。分包商进场必须报监理工程师批准，没有监理工程师的批准，分包商不得进场。

⑤ 监理工程师对分包工程的监理应通过承包商实施，但并不因此而改变监理工程师对分包工程的监督权力和责任。

⑥ 监理工程师若有足够的理由认为分包商无法满足工程建设的要求，应在征得业主同意后，指令承包商更换分包商。

7.2.2 施工阶段协调监理的有关工作程序

(1) 进度计划的审查与管理

① 监理工程师必须要求承包商在开工前按照合同约定或在监理工程师要求的合理时间内提交施工组织设计，其中应包括施工总进度计划及单位(单项)工程施工进度计划。

② 审查承包商提交的进度计划是监理工程师进行进度控制的基本工作。当项目有总承包商时，施工总进度计划由总承包商负责编制，监理工程师负责审查。对于采取分期分批发包或平行发包的大型工程项目，业主或监理工程师应负责施工总进度计划的编制。

③ 在项目实施过程中，监理工程师必须要求承包商按照合同约定或在监理工程师要求的合理时间内提交各种详细的进度计划，以及对原施工进度计划进行相应的修改。

④ 各种施工进度计划都必须经总监理工程师批准后方可执行。对施工进度计划中不妥之处，监理工程师应提出修改与完善计划的意见。

⑤ 监理工程师应督促承包商及时整理有关资料，检查和审核承包商提交的进度统计分析资料和进度控制报表。

⑥ 监理工程师应将实际工程进度数据与进度计划进行对比，对影响进度的原因进行分析。若发现实际进度过慢并可能影响工程按计划如期完成而承包商又无任何理由取得合理延期，监理工程师应要求承包商采取必要的措施加快施工进度，以保证工程进度目标如期实现。

⑦ 由于非承包商的原因而使工程进度延误时，监理工程师应依据合同规定的权力及程序对承包商延长工期的申请进行审批。一旦申请获得批准，监理工程师应要求承包商对原工程进度计划予以调整，并按调整后的进度计划实施。

⑧ 若承包商的责任造成工程进度的延误，而且承包商拒绝接受监理工程师加快工程进度的指令，或虽采取了加快工程进度的措施，但仍然不能赶上预期的工程进度并导致工程在合同工期内难以完成时，监理工程师应对承包商的施工能力重新进行审查和评价，必要时向业主提出书面报告，建议更换承包商。

(2) 工程材料及构配件的进场与检验

① 工程材料及构配件进场前，承包商须向监理工程师提出申报。必要时，监理工程师还应要求承包商在订货前提供其样品，审查通过后监理工程师方可同意工程材料与构配件进场。

② 工程材料与构配件进场后，监理工程师应组织或参与联合验收，除数量及外观质量验收外，也应查验生产厂商出具的产品合格证、质量检验报告及政府主管部门颁发的使用许可证等质量证明文件，符合要求后予以签认。

③ 必要时，监理工程师可以在工程材料与构配件进场前，对其加工、生产的过程进行检查、抽验，承包商有义务配合监理工程师进行这一类的检查、抽验。

④ 监理工程师应监督承包商将进场的工程材料与构配件按不同品种、规格分区进行适当的堆放，并对其进行相应的登记编号及做出明显的标识。若堆放条件不能满足保证其质量的要求时，监理工程师应及时指令承包商进行改善。

⑤ 监理工程师必须严格履行工程材料用前检验的见证责任，按规定的批量及频率对进场的工程材料与构配件进行见证抽样、送检，在未获得检验合格的证明文件之前，监理工程师不应准许承包商开始启用。

⑥ 对于质量不符合要求的工程材料与构配件，无论该材料是由承包商还是业主提供，监理工程师均应禁止承包商将其用于工程，并督促承包商或业主将其尽快退场，同时监理工程师应对退场的过程进行监督并作出适当的记录。必要时，监理工程师应将情况报告质量监督机构。

(3) 设备进场的检验

① 监理工程师接到设备到货验收通知后，应按合同要求对照设备详细清单及相关证明文件，组织业主、供应商和承包商对设备进行检验及进场会签。

② 对于检验合格的设备，监理工程师应书面批准该设备进场。

③ 对于检验不合格的设备，必须按合同约定办法处理。监理工程师不同意设备进场，应以书面的形式说明理由。

④ 设备安装开始之前，承包商须向监理工程师提交其施工技术方案，总监理工程师审查通过后方可同意承包商进行设备的安装。

⑤ 监理工程师必须对承包商的设备基础放线进行复验，在未获得监理工程师的书面确认之前，承包商不得进行设备的安装。在设备安装过程中，监理工程师应根据需要进行跟踪检查，以确保设备的安装符合设计与验收规范要求。

⑥ 对于设备安装过程中的隐蔽工程，监理工程师必须对其质量进行确认并签署隐蔽验收文件。未经隐蔽验收的，监理工程师不得同意承包商继续后续工序的施工。

⑦ 监理工程师必须参加单机无负荷运转调试检验，并对调试检验记录进行书面确认。

⑧ 监理工程师必须在系统内所有单机都通过调试检验合格后，方能组织进行联动检验。

⑨ 监理工程师接到承包商的联动检验申请后，应组织业主、设计人、承包商、供应商及有关政府部门的代表对设备联动运转进行检验，并做出书面的联动检验结论。

⑩ 联动检验合格后，总监理工程师方可签署设备工程竣工验收的申请报告。

(4) 分项分部工程验收

① 完成施工的工序，承包商必须进行内部交接检查，合格后方可报监理工程师检查验收，监理工程师

验收合格后方可同意承包商进行后续工序的施工。否则,监理工程师应拒绝签认,并禁止承包商进行后续工序的施工。

② 监理工程师必须按照设计图纸、技术说明及规范要求对照施工现场对须隐蔽的分项工程进行检查验收,以确保其施工符合图纸及规范的要求。隐蔽工程验收应按照如下程序进行:

a. 承包商完成内部交接检查并合格后,及时通知监理工程师进行隐蔽工程验收。

b. 监理工程师自接到承包商通知后,应在合同规定的时限内到施工现场对隐蔽工程进行检查复核。

c. 若已符合设计及施工验收规范的要求,监理工程师应及时签署隐蔽验收记录以便承包商进行后续工序的施工。

d. 若不符合设计及施工验收规范的要求,监理工程师应书面通知承包商进行整改,待承包商整改完成后再按上述程序进行验收。验收合格之前,监理工程师应禁止承包商进行后续工序的施工。

e. 若监理工程师在超过合同规定的时限后未到施工现场进行隐蔽工程验收,应视为监理工程师同意隐蔽。

③ 承包商完成施工的分项工程,必须经内部交接检查合格后方可提交监理工程师检查、确认。监理工程师应按照有关质量验评标准的要求及时对该分项工程进行质量验收。

④ 若分项工程的质量符合验评标准的规定,监理工程师应及时签署分项工程质量评定表。若不符合评定标准的规定,监理工程师应指令承包商进行整改,待承包商整改完毕后再报监理工程师验收。

⑤ 分部工程施工完成后,承包商必须经过自评,自评完成后提交监理工程师进行分部工程验收。

⑥ 监理工程师对承包商报送的分部工程质量验评资料进行审查。

⑦ 监理工程师参照验收规范和验评标准的要求对分部工程现场观感质量进行量测和检查,并对使用功能进行检验。

⑧ 监理工程师综合⑥和⑦后,若符合验评标准,应及时对承包商的分部工程质量验评资料进行签认。若不符合要求,监理工程师应书面指令承包商进行整改,待承包商整改完成后再按上述程序进行验收。

⑨ 对需要在施工过程中进行中间验收的重要分部分项工程,总监理工程师应及时组织对其进行中间验收。验收的参与人员应包括业主、监理工程师、设计人、承包商,并应按照政府有关规定通知质量监督机构对验收进行监督。

⑩ 验收通过后,验收参与人员应对其分部工程的质量作出最终评定,并对中间验收证明书进行签认。

⑪ 对验收中存在的问题,监理工程师应书面指令承包商进行整改并监督落实。

(5) 工程计量与支付

① 工程计量的程序包括:

a. 对于已经完成的分部分项工程,经监理工程师验收合格后(对于合同文件中规定的费用项目,在该费用项目实际发生后),承包商在约定的时间内向监理工程师提出计量申请。

b. 监理工程师对承包商提供的申请资料进行审查,验收手续齐全、资料符合验收要求并属于计量范围内的项目,方可同意进行计量。对于计量项目较大,一次性计量支付的时间周期较长,对承包商的施工有较大影响的,可以将该项目划分成若干子项分别进行计量。

c. 监理工程师在约定的时间内按合同规定的计量方法进行计量,若监理工程师未在约定的时间内进行计量,承包商可认为其申报的工程量已被监理工程师确认,可作为申请工程款支付的依据。

d. 监理工程师在进行计量时应按约定的时间提前通知承包商派代表参加,若承包商未按要求参加计量,则以监理工程师计量的结果为准,如监理工程师未按约定的时间通知承包商,致使承包商无法参加计量,计量结果无效。

② 所有的计量结果必须经总监理工程师审查签署后方可作为工程支付的依据。

③ 工程的中期支付必须在计量完成的基础上进行,对于未进行计量的项目,监理工程师不应签署支付证明文件。

④ 工程中期支付应按照如下程序进行:

a. 承包商在合同约定的时间内向监理工程师提交已经过计量的项目付款申请。

b. 监理工程师对付款申请进行审核,修正或删除不合理的部分,并按照合同的约定,扣除保留金、预付款、违约罚金等中期支付中应扣除的部分，计算承包商实际应得款项。如果合同中规定了每项支付的最小限额，当承包商的实际应得款项小于该限额时，监理工程师应将该款项并入下一期中期付款内一同支付。

c. 监理工程师编制付款证书，详细列明承包商应得的工程款项，经总监理工程师签署后，报业主审批。

d. 业主批准付款后，应在合同规定的时间内向承包商付款。

⑤ 工程的竣工结算必须在竣工验收完成后进行，其程序如下：

a. 承包商在竣工申请报告批准后合同约定的时间内向承包商付款。

b. 监理工程师对竣工结算报告进行审核，修正或删除不合理的部分，并按照合同的约定，扣除保留金、违约罚金等竣工结算中应扣除的部分，计算承包商实际应得款项。

c. 监理工程师对有争议的内容进一步核实，并和承包商协商处理办法。若争议无法解决，可以由总监理工程师暂定结算金额的办法，其后按合同争议的有关规定处理。

d. 监理工程师编制竣工结算证明文件，详细列明承包商应得的工程款项，经总监理工程师签署后，报业主审批。

e. 业主批准竣工结算后，应在合同约定的时间内向承包商付款。

f. 保留金可以在工程竣工验收完成后，保修期满时分期或一次性退还给承包商，监理工程师应根据施工合同的规定办理。

(6) 工程变更管理

① 业主提出的工程变更，或者设计人员提出并经业主同意的变更，均应通过总监理工程师签发变更指令。

② 监理工程师认为有必要提出工程变更时，须在征得业主同意后，总监理工程师方可签发变更指令。

③ 承包商提出工程变更时，监理工程师应对变更进行审查，若变更要求合理，报业主批准后，由总监理工程师签发变更指令。

④ 上述变更，若变更涉及图纸变动，均应经过设计人员认可，并在取得变更图纸及设计说明后，总监理工程师方可下达变更指令。

⑤ 总监理工程师应组织专业监理工程师对变更所涉及的费用及工期进行估算，并与业主及承包商进行协调。

(7) 工程索赔的控制

① 引起索赔的事件发生后，总监理工程师对于承包商在约定的时间内用正式函件形式提交的索赔意向通知书或报告予以受理，同时还应要求承包商将该报告的一份副本提交给业主。若索赔通知书送达时间已超过约定的时限，总监理工程师可以拒绝受理。

② 承包商在索赔意向书中应写明发生索赔事件的时间，并声明其具有费用与工期索赔的权力。

③ 若承包商提交的是索赔意向通知书，监理工程师应要求承包商在其同意的合理时间内提交正式的索赔报告。

④ 若引起索赔事件的影响持续存在，承包商无法计算出该项事件最终补偿的款额和工期展延的天数时，应按一定的时间间隔，定期报出每一间隔时间段内的索赔证据资料和索赔要求，待该项事件结束后，向监理工程师提交最终索赔报告并将报告副本报送业主。

⑤ 承包商的索赔符合索赔成立的条件时，总监理工程师应该对承包商提交的索赔证据资料进行调查、核实。

⑥ 监理工程师在检查承包商的与索赔有关的施工记录时，对记录的内容应指出其不同意之处或应予以增加的记录项目。

⑦ 在审查索赔报告的过程中，若监理工程师认为承包商提供的索赔证据资料不足，应要求承包商提交进一步的证据资料。

⑧ 总监理工程师应就索赔补偿款额和工期展延天数与承包商进行协商。

⑨ 若监理工程师就索赔补偿与承包商协商一致，应将索赔补偿的最终结果报业主审批。若不能与承

包商协商一致，总监理工程师有权单方面作出处理决定，并将该处理结果通知承包商，同时报业主审批。

⑩ 若承包商接受总监理工程师的索赔处理决定，索赔事件的处理即告结束。若承包商或者业主不同意总监理工程师的索赔处理决定，则按照有关合同争议的规定进行处理。

（8）工程质量缺陷与事故的处理

① 监理工程师一旦发现工程中可能产生质量缺陷，应及时指令承包商采取必要的措施，防止缺陷产生。

② 对已经产生的工程质量缺陷，监理工程师应根据国家的有关规定对缺陷的性质进行分析判别。

③ 若缺陷尚不构成工程质量事故，监理工程师应要求承包商提交工程质量缺陷的报告，对质量缺陷的详细情况、严重程度、造成缺陷的原因进行说明，同时要求承包商提出修补缺陷的具体方案和保证质量的技术措施。

④ 监理工程师应根据缺陷的实际情况并结合承包商的质量缺陷报告对缺陷作出处理的要求，并书面通知承包商，若处理的方案涉及设计的改动，监理工程师须将处理方案提交设计人员确认后方可指令承包商实施。

⑤ 若缺陷已构成工程质量事故，总监理工程师应及时书面指令承包商暂停有质量缺陷的部位及与其有关联部位的施工，并采取适当的保护措施。必要时，可以先发出口头指令，并在24小时内书面对口头指令进行确认。

⑥ 监理工程师应按照政府有关规定，将事故情况上报质量监督机构及行政主管部门，并主持或参与对事故的调查与处理。

⑦ 监理工程师应在实施事故处理之前指令承包商针对施工工艺、质量、安全等具体问题编制详细的施工技术方案，总监理工程师必须对事故处理的施工技术方案详细审查后方可批准施工。

⑧ 监理工程师必须加强检查，监督承包商严格按照总监理工程师批准的施工技术方案进行施工。

⑨ 事故处理完毕后，总监理工程师应及时组织有关人员根据规范及处理方案进行检查验收。验收合格后，总监理工程师方可签发复工令批准承包商恢复正常的施工，并向质量监督机构及业主提交工程质量事故处理报告。

（9）合同争议的处理

① 总监理工程师在接到争议的书面文件后，应确定其处理争议所需要的合理时间，并将该时间书面告知双方当事人。如果当事人对该时间有异议，当事人可依据合同将争议提交仲裁或诉讼。

② 监理工程师对争议进行调查、核实后，总监理工程师应做出独立的争议处理书面意见。

③ 如果双方当事人接受总监理工程师的处理意见，监理工程师应要求双方当事人对处理意见签字认可。

④ 如果双方当事人不接受总监理工程师的处理意见，监理工程师应告知双方当事人将争议提交政府主管部门调解，若调解无效，可依据合同提请仲裁或提出诉讼。

⑤ 如果仲裁或诉讼过程有需要，监理工程师应向仲裁机构或法庭表达其独立的意见。

（10）工程竣工验收

① 工程竣工初步验收

a. 承包商完成设计图纸和施工合同约定的全部内容并自行组织验收合格后，向监理工程师提交竣工初步验收申请报告。

b. 监理工程师应及时对竣工初步验收申请报告进行审查，按照国家现行的工程质量验评标准，结合监理工程师的监督、检查及观察记录，客观、独立地对工程质量作出评定：

（a）详细核查承包商提交的质量保证资料。

（b）对分项、分部工程质量进行汇总。

（c）结合观感质量评分，对单位工程质量作出初步评定。

c. 总监理工程师组织业主、监理工程师、设计人、承包商及质量监督人员进行工程竣工初步验收。必要时，可邀请项目其他有关各方人员参加。

d. 对竣工初步验收过程中发现的问题，监理工程师应以书面形式通知承包商整改。承包商整改完毕并经监理工程师确认后，总监理工程师方可同意承包商提交竣工验收申请报告。

② 工程竣工验收

a. 工程初步验收合格后，承包商向监理工程师提交竣工验收申请报告，竣工验收申请报告须经承包商的法定代表人及技术负责人签认。

b. 监理工程师对竣工验收申请报告进行核查，符合要求并经总监理工程师及监理单位法定代表人签署后，呈报业主组织竣工验收。

c. 业主审查竣工申请报告，监理工程师应协助业主就需要进行专项验收的内容向有关部门申请验收。

d. 在专项验收的合格证明文件或准许使用文件齐备后，由业主组织与工程验收有关的设计人员、监理工程师及承包商等有关部门的专业技术人员进行工程竣工验收，并应按照政府有关规定提前通知工程质量监督机构进行验收监督。

e. 监理工程师在竣工验收过程中应详细记录验收人员对工程的验收评述，对工程中存在的问题应书面指令并督促承包商限期整改。

f. 承包商整改完毕后，监理工程师应对整改结果进行检查验收，重要问题须通知验收各方再次进行现场验收。

g. 验收合格后，总监理工程师应在验收证明文件上签署验收意见，并协助业主及时向政府建设主管部门申请备案。

③ 竣工日的确认

a. 工程的竣工日是承包商按照规定通知竣工初步验收并整改完毕后最后一次向监理工程师提交竣工验收申请报告的日期。监理工程师应在工程移交证书上明确指明工程的竣工日，并根据工程开工日及竣工日确定承包商的实际施工工期。

b. 监理工程师应明确告知承包商，如果对竣工日有异议，应在约定的时间内书面提出。

c. 若承包商对竣工日提出的异议被监理工程师和业主接受，监理工程师应重新确认竣工日。

d. 若承包商对竣工日提出的异议不能被监理工程师和业主接受，竣工日将不予改变。但如果业主同意，监理工程师可与承包商协商一个双方均可接受的竣工日，经业主批准后书面通知承包商。若不能达成新的约定，应视为发生合同争议，按照有关合同争议的规定进行处理。

监理的程序化、标准化、规范化是监理工作履行“严格监理、热情服务、秉公办事、一丝不苟”的基本要求，也是做好协调工作的前提。严格执行合同和法律、法规要求的各项标准与规划，按程序办事，提供标准化、规范化的服务，是我国监理制度和建设方的要求，也是监理单位及其人员“创精品工程，树品牌形象”的必由之路。

7.3 监理工程师的职业准则、工作原则和责任

7.3.1 监理工程师的职业准则

监理工程师应当以守法、诚信、公正、科学的职业准则从事监理活动。由于监理工程师的职业具有典型的咨询行业特征，其服务工作的成效往往在很大程度上取决于主观能动性。因此，如果监理工程师不能以一个咨询业者应有的职业态度从事其职业，或者主观上不能以应有的谨慎和勤勉为业主提供服务，由此产生的无明显错误后果的消极行为往往难以判定其违法或违规，但事实上可能对业主造成不公平的间接损害。与其他咨询业者一样，监理工程师除了应当遵守国家的法律、法规，更应当特别强调接受职业道德的约束。为此，在守法的基本前提之下，应遵守下列职业行为规范：

(1) 对社会和职业负责

① 监理工程师应承担社会对其职业提出的公益责任，若工作与公益责任发生冲突，监理工程师应优先服从社会公益责任。

② 监理工程师应维护其职业的尊严、名誉和信誉，不参与可能损害职业信誉的活动。

③ 监理工程师应采用科学的、与社会及技术发展水平相适应的方法解决工程中遇到的实际问题。

④ 监理工程师应使自己的知识和技能，适应监理的技术、管理与相关法规的发展水平。不夸大自己的能力，不以不实的证据获取监理委托授权。

(2) 行为正直

① 监理工程师不得接受任何可能导致其行为不公正的利益，不参与可能与工程利益相冲突的活动。

② 监理工程师应为工程利益行使其职责，以应有的谨慎和勤勉，忠实地提供职业服务。

③ 监理工程师应明确地表达其意见，并对自己的意见负责。

④ 监理工程师应以真实、科学、专业、独立的精神提供服务。

⑤ 监理工程师在知道业主的决定可能损害其合法利益时，无论是否得到授权，均应告知业主。

⑥ 当监理工程师自身的利益与工程利益相冲突时，监理工程师应服从工程利益。

⑦ 监理工程师不应为得到监理业绩而弄虚作假。

(3) 尊重他人的工作

① 监理工程师不应随意取代其他获得委托的监理(咨询)工程师的工作。

② 监理工程师不应作出损害其他监理(咨询)工程师名誉的事情。

③ 在被要求对其他监理(咨询)工程师的工作进行评审时，应以适当的行为实事求是地进行。

④ 监理工程师对已掌握的涉及任何机密的资料，在没有得到相应许可的情况下，不得向外公开。

7.3.2 监理工程师的工作原则和责任

(1) 监理工程师的工作原则

① 监理工程师在履行监理委托合同中约定的义务时，应在业主授权的范围内，运用合理的技能，以正常的检查、监督、确认或评审的方式，谨慎、勤勉地工作，为业主提供技术和管理服务。

② 监理工程师正常的检查、监督、确认或评审，是指按照有关法律法规、技术规范、合同文件以及监理工作文件规定的内容、方法及程序进行的检查、监督、确认或评审。

③ 监理工程师对其他设计、咨询人员的工作作出的任何判断或意见，均应以专业建议的方式提出，不应对其应承担的义务实施任何程度的替代。

④ 监理工程师在对承包商的工作进行正常的检查、监督、确认或评审时，不应对其应承担的义务实施任何程度的替代，但是，这不应妨碍监理工程师对承包商的工作目标作出指令。

监理工程师不应代替承包商或其工作人员的工作职责或义务，因此也不应该干涉承包商为了履行承包合同而采取的实施方式。当监理工程师认为承包商的作业方式在技术上和管理上不适当时，可以对其进行否决。但监理工程师不应将自己的观点强加于承包商，这与承包商对工程的承包责任有关，因为监理工程师对承包商的作业方式作出的指令，并不能保证其结果一定符合要求，监理工程师有可能因指令错误而承担责任。尽管如此，监理工程师仍应在必要时对承包商的作业质量目标作出指令，也可以指令承包商将其管理方式与监理工程师的管理相衔接。

(2) 监理工程师的责任

① 监理工程师在履行监理委托合同时的责任识别，应以存在事实的行为过错为准则。

② 监理工程师因行为过错导致的责任，可分为专业责任、失职责任、越权行为错误责任和不正当行为责任。

a. 专业责任。是指监理工程师在履行监理委托合同规定的义务时，由于疏忽或失误，未进行正常的检查、监督、确认或评审，因而直接或间接造成工程损失的责任。

b. 失职责任。是指监理工程师在履行监理委托合同规定的义务时，明知不进行正常的检查、监督、确认或评审的可能后果，仍不进行正常的检查、监督、确认或评审；或明知工程存在缺陷或潜在的缺陷，仍不采取必要的措施，因而直接或间接造成工程损失的责任。

c. 越权行为错误责任。是指监理工程师利用其工作中的权力或影响力，进行非监理工程师职责范围内的决策或替代操作，因而直接或间接造成工程损失的责任。但是，监理工程师提出的任何建议，若未受到明确的反对而得到实施，则应视为实施者接受监理工程师建议而作出的自主行为，与监理工程师的越权行为无关。

d. 不正当行为责任。是指监理工程师由于直接或间接地接受了不正当的利益,不进行正常的检查、监督、确认或评审,因而直接或间接造成工程损失的责任。

(3) 监理工程师责任的承担

对监理工程师履行监理委托合同中的行为过错导致的责任,应由与业主签订监理委托合同的监理单位独立地向业主承担,监理单位和监理工程师之间的责任承担应根据国家有关的法律法规及双方签订的工作合同进行确定。

对监理工程师在履行监理委托合同时行为过错导致的责任,尽管监理工程师是直接的责任人,但其个人和业主之间不存在合同关系。监理单位作为监理委托合同的责任主体,应当向业主独立地承担责任。监理单位和监理工程师之间的责任承担,应该由国家的有关的法律法规及监理单位和监理工程师双方签订的工作合同来确定,在工作合同中,监理单位和监理工程师即是责任主体。

① 监理单位在承担监理工程师行为过错导致的责任时,应限于承担监理工程师自身过错的责任,不应因此而免除、减少或分担任何其他人所应承担的责任。

② 监理单位向业主承担的监理工程师的行为过错责任,应以过错的性质不同而作如下区别:

a. 专业责任。由于监理工程师的疏忽或失误造成的工程损失,监理单位应当根据监理委托合同承担相应的赔偿责任。

b. 失职责任。由于监理工程师的失职造成的工程损失,监理单位除了应当承担与专业责任相同的赔偿责任,还将承担有关法律、法规的法律责任。

c. 越权行为错误责任。由于监理工程师的越权行为错误造成的工程损失,监理单位应承担与其责任相应的赔偿责任。

d. 不正当行为责任。由于监理工程师的不正当行为造成的工程损失,监理单位应当与不正当利益提供者连带承担赔偿责任。

监理单位对于责任的承担,应当具备两个条件,一是监理工程师存在行为过错,没有按照监理委托合同正常地履行职责,二是因此直接或间接地造成了工程的损失。但是,按照其过错性质的不同,其责任承担也应有所区别。

专业责任专指监理工程师在非故意情况下的疏忽或失误的情况。此类情况下,监理单位所承担的赔偿责任应在监理委托合同中约定。考虑到目前专业责任保险尚未开展,该部分损失的赔偿一般限于相应损失部分的监理费用,这符合有关项目管理中咨询工程师履行其责任承担的一般性惯例。在监理工程师购买了专业责任保险的情况下,其赔偿的办法应在监理委托合同中说明。失职责任专指监理工程师在明知其后果的情况下仍不履行正常职责的情况。就监理工程师的失职行为而言,并不能免除或减少承包商根据合同而应承担的责任和义务。但是,由于监理工程师的失职具有忽视可见后果的性质,因此除了应承担与专业责任相同的赔偿外,还应当承担有关法律、法规规定的法律责任。越权行为错误责任专指监理工程师超越其本身的专业职责将其本身的错误意志强加于承包商的情况。在承包商正式提出了对该指令反对的情况下,监理工程师仍利用其权力指令执行,因此应当对工程损失承担赔偿责任。但是,监理工程师在本身的专业职责内的指令错误,则应视为专业责任中的失误。不正当行为责任专指监理工程师在不正当利益的驱动下造成行为不端的情况。在不正常利益存在的情况下,工程损失是该不正当利益的提供者和接受者的共同行为的后果,因此应当连带承担赔偿。

实际工作中,监理工程师承担的责任可能是其中的一种,也可能是若干种的组合,如越权行为错误责任与失职责任可能在同一事件中同时存在。

③ 除了上述规定的应由监理单位承担责任外,若监理工程师的行为触犯了有关法律、法规,监理工程师自身还将承担相应的法律责任。

从合同责任来说,监理单位是责任主体,应承担合同责任。但是,监理工程师的行为过错严重时有可能构成刑事责任,此类情况下,监理工程师作为直接责任人将被依法追究刑事责任。

④ 如果工程发生损失,无论监理工程师是否应当承担其相关责任,只要监理工程师未被中止监理服务,均应按监理工程师工作原则的规定,与业主配合,积极、适当地处理损失。

（4）监理工程师的免责

① 只要监理工程师在履行监理委托合同时无上述所定义的行为过错，即使工程发生损失，监理工程师也不应为他人的过错承担责任。事实上，由于造成工程损失的原因众多，即便监理工程师没有过错，仍不能保证工程不发生损失。只要监理工程师的行为没有过错，就不应当要求监理工程师承担由他人的过错而造成的责任，因为监理工程师不应是工程不产生损失的担保人。否则，监理工程师将承担过大的、不公平的责任风险。

② 如果监理工程师进行了正常的检查、监督、确认或评审，并且监理工程师没有(2)的②中 a、b、c 所定义的行为过错，但仍未发现工程潜在的缺陷，即使工程发生损失，监理工程师也应当免责。

在执行"正常的检查、监督、确认或评审"时，由于方法、手段、资源等因素的限制，并不可能要求监理工程师对工程实体形成过程中的所有施工环节及所有工程部位进行完全彻底的检查、监督、确认及评审。因此不能完全排除可能有工程缺陷未被发现的情况，监理工程师不可能担保不存在这一类的工程缺陷，也不应当为此承担责任。对于工程缺陷或隐患，重要的是监理工程师应当及时地发现和督促承包商进行改正。反之，如果将监理工程师承担的责任与承包商的责任相关联，则容易造成监理工程师与承包商一起尽力掩盖缺陷或隐患的倾向，这与实行监理制度的目的是相悖的。

③ 监理工程师不应为其他人在监理工程师对工程进行正常检查、确认后对工程进行的任何改变承担责任。

④ 监理工程师不应为业主、承包商、设计人员或其他与项目有关组织的内部管理失误承担责任。

思考题

7.1 简述监理协调的工作特点。

7.2 简述监理协调的原则。

7.3 简述进度计划的审查与管理程序。

7.4 简述工程材料进场检验的程序。

7.5 试述分项、分部工程验收程序。

7.6 试述工程计量与支付程序。

7.7 简述工程竣工验收程序。

7.8 简述监理工程师职业准则的内容。

7.9 简述监理工程师的工作原则。

7.10 简述监理工程师的责任划分及其内容。

8 全过程工程咨询概述

本章提要

阐述了培育全过程工程咨询的意义，全过程工程咨询的含义与特征，全过程工程咨询的属性、范围，全过程工程咨询服务的阶段、责任，基于工程总承包建设模式，从策划与投资咨询、工程技术与经济咨询、工程项目管理与项目服务三个方面介绍了全过程工程咨询的主要内容。

8.1 全过程工程咨询的基本概念

2017 年，国务院办公厅发布了《关于促进建筑业持续健康发展的意见》(国办发[2017]19 号)，意见中明确完善工程建设模式，"培育全过程工程咨询，鼓励投资咨询、勘察、设计、监理、招标代理、造价等企业采取联合经营、并购重组等方式发展全过程工程咨询，培育一批具有国际水平的全过程工程咨询企业。制定全过程工程咨询咨询服务技术标准和合同范本。政府投资工程应带头推行全过程工程咨询，鼓励非政府投资工程委托全过程工程咨询服务。在民用建筑项目中，充分发挥建筑师的主导作用，鼓励提供全过程工程咨询服务。"同年，住房和城乡建设部出台了《关于开展全过程工程咨询试点工作的通知》(建市〔2017〕101 号)，并会同相关部门制定了《贯彻落实〈国务院办公厅关于促进建筑业持续健康发展的意见〉重点任务分工方案》(建市〔2017〕137 号)，明确国家发展和改革委员会和住房和城乡建设部共同牵头，其他部门参与培育全过程工程咨询。

8.1.1 培育全过程工程咨询的意义

建筑业是国民经济的支柱产业，产业关联度高，全社会资产投资的 50%以上要通过建筑业才能形成新的生产能力或使用价值。目前，我国的建筑业还处于一种粗放型和数量型的增长方式，能耗大、成本高、效率低、投资效益较低、建筑产品质量难以进一步提高。而与粗放型经济增长方式相比，集约型经济增长方式消耗较低、成本较低，投资效益和质量能得到进一步提升。实现建筑业集约型经济增长方式的重要途径之一是通过建设项目全过程的集约化管理，实现投资决策的科学化、实施过程的标准化、运营过程的精细化。全过程工程咨询的组织管理模式可以对投资项目的规划、决策、评估、设计、采购、设计、监理、验收、运维管理、后评估等各个建设过程环节进行有效的控制，提升项目投资效益，确保工程质量。

随着我国社会和经济的发展，对工程建设的组织管理模式提出了更高的要求，加上"一带一路"的推进，建筑业国际化、市场化程度不断提高，需要政府从工程建设的微观、直接管理向宏观、间接的管理职能转变，从事前监管向事中、事后监管职能转变，社会化、专业化的全过程工程咨询服务资源可以充分发挥其在建筑服务市场中技术和管理的主导作用，客观上促进了政府职能的转变，促进了工程咨询服务企业的转型升级。因此，全过程工程咨询的提出适应了时代发展的要求。

综上所述，全过程工程咨询的提出，具有现实的意义：

(1)是转变建筑业经济增长方式的需要。全过程工程咨询是建筑业供给侧改革的重要内容，是建筑业转型升级的必由之路，可以帮助企业重组融合，研发创新，流程再造，降低生产经营成本，提高劳动生产率，培养创新型人才和复合型人才。

(2)是促进工程建设实施组织方式变革的需求。现行工程建设组织方式把投资咨询、环境评价、勘察、设计、监理、招标代理及造价等工程咨询业务碎片化，分别委托不同企业，造成反复招标，前期工作程序冗长，不利于工程项目建设，有必要推进工程建设组织方式改革，采用集约化方式，整合工程咨询业务，以简化程序，提高资源整合效率，加速工程项目建设。

(3)是政府职能转变的需求。采用全过程工程咨询可以将招投标环节减少，政府相应审批减少，促进投融资环境改善。当前工程建设领域是贪污腐败案件的多发区，碎片化也派生了更多廉洁风险点，难以监管，容易滋生腐败。有必要采用全过程工程咨询，大幅度减少廉洁风险点，铲除滋生腐败的温床。

(4)是提高项目投资决策科学性，提高投资效益和确保工程质量的需要。采用全过程工程咨询可以有效缩短建设周期，改进工程咨询质量，提升工程建设水平，降低工程造价，节约工程投资，帮助业主获得更好的投资回报。碎片化带来工程费用难计其数，不断超过投资概算，业主不得不追加投资，增加投资风险。采用全过程工程咨询可以有效降低管理成本，减少工程建设支出，节约工程投资。碎片化带来众多项目相关责任主体，职责不清，相互扯皮，上下脱节，给业主组织协调和监督管理造成困难，进而影响工程质量。采用全过程工程咨询，可以简化业主与工程咨询方的关系，理清职责，方便监管，改进工程咨询服务质量。

(5)是推进工程咨询行业国际化发展战略的需求。大量采用全过程工程咨询，可以造就一支与国际接轨的工程咨询队伍，进一步发挥人才优势，推动工程咨询企业走出去，服务“一带一路”战略，服务全球工程项目建设。

8.1.2 全过程工程咨询的含义与特征

8.1.2.1 全过程工程咨询的含义

管理学认为，咨询(Consultation)是通过专业人士所储备的知识、经验，和通过对各种信息资料的综合加工，而进行的综合性研究开发。咨询产生智力劳动的综合效益，起着为决策者充当顾问、参谋和外脑的作用。在中国古代“咨”和“询”原是两个词，咨是商量，询是询问，后来逐渐形成一个复合词，具有询问、谋划、商量、磋商等意思。作为一项具有参谋、服务性的社会活动，在军事、政治、经济领域中发展起来，已成为社会、经济、政治活动中辅助决策的重要手段，并逐渐形成一门应用性软科学。

企业咨询服务主要有管理咨询服务与顾问咨询服务。管理咨询服务是具有丰富的管理知识和经验，并且掌握了咨询技法的人所从事的高智能的服务工作，是咨询人员在企业提出要求的基础上深入企业，并且和企业管理人员密切结合，应用科学的方法，找出企业存在的主要问题，进行定量和确有论据的定性分析，查出存在问题的原因，提出切实可行的改善方案，进而指导实施方案，使企业的运行机制得到改善，提高企业的管理水平和经济效益。现代意义上的管理咨询服务始于20世纪初期。

管理咨询指由独立的合格的个人或团队深入到企业现场，运用现代化的手段和科学方法，通过对企业的诊断、培训、方案规划、系统设计与辅导，从集团企业的管理到局部系统的建立，从战略层面的确立到行为方案的设计，对企业生产经营全过程实施动态分析，协助其建立现代管理系统，提出行动建议，并协助执行这些建议，以达到提高企业经济效益的一种业务活动。主要包括综合管理咨询、战略管理咨询以及生产、人力资源、财务、物流、市场营销、信息系统管理咨询。

而顾问咨询服务是指雇主与工程咨询公司签订合同，由咨询公司负责对雇主所提出的技术性课题，提供建议或解决方案。服务的内容很广，如项目的可行性研究、技术方案的设计和审核、招标任务书的拟定、生产工艺或产品的改进、设备的购买，工程项目的监督指导等。特别是发展中国家，往往技术力量不足，或对解决某些技术难题缺少经验，聘请外国工程咨询公司提供咨询服务，可以避免走弯路或浪费资金。因咨询公司掌握有丰富的科学知识和技术情报，可以协助雇主选择先进适用的技术，找到较为可靠的技术供方，以较合理的价格获得质量较好的机器设备。雇主虽然要支付一笔咨询费，但所得到的资金节约远远超过支付的咨询费，总算下来，对雇主仍是有利的。

全过程工程咨询的含义可以理解为：建设全过程工程咨询是以技术为基础，综合运用多学科知识、工程实践经验、现代科学和管理方法，为投资建设项目决策、实施和运营维护的全生命周期提供技术性和管理性的智力服务。

全过程工程咨询的性质为咨询服务，这种咨询服务包括管理咨询、经济咨询和技术咨询以及管理服务。其目的是提高投资决策科学性，实现项目的集成化管理，提升项目投资效益的发挥，确保工程质量。

全过程工程咨询的服务对象主要为业主提供咨询服务。可以包括项目决策、设计、施工、运营四个阶段的全生命周期(亦称之为“完整全过程”)，或者至少涵盖两个或两个以上阶段的工程咨询服务(称之为

“阶段性全过程”)。坚持政府引导与市场选择相结合的推进原则。

8.1.2.2 全过程工程咨询的特征

(1)咨询服务覆盖面广。服务阶段覆盖项目策划决策、建设实施(设计、招标、施工)、运营维护等过程。服务内容包括技术咨询、经济咨询、管理咨询及管理服务等。

(2)强调智力性策划。工程咨询单位要运用工程技术、经济学、管理学、法学等多学科的知识和经验,为委托方提供智力服务。如投资机会研究、建设方案策划、融资方案策划、管理策划、招标方案策划、建设目标分析论证等。

(3)强调集成化管理。工程咨询单位需要综合考虑项目质量、安全、环保、投资工期等目标以及合同管理、资源管理、信息管理、技术管理、风险管理、沟通管理等要素之间的相互制约和影响关系,实施集成化管理,避免项目管理要素独立运作而出现漏洞和制约。

8.1.2.3 全过程工程咨询的属性

(1)咨询性与服务性。为决策者行使正确的决策提供科学的咨询服务,具有参谋性作用,包括工作过程中随时的口头意见、会议建议与书面报告。咨询者所提供的上述咨询成果,必须是在合法合规、符合国家、行业及地方标准、规范等规定的基础上,技术先进、经济合理、管理高效并经系统分析后的结果。

(2)委托性与代理性。表现为业主将建设项目的工程技术、工程经济、工程管理等专业性工作委托给具有资格与能力的工程咨询单位承担,由其代理业主履行技术研究、经济分析、项目管理职能与管理工作。在合同法律关系层面,工程咨询单位在建设项目上对业主负责,业主对社会与政府负责,即业主应履行承担建设单位责任。

(3)工程责任的非关联性。工程咨询单位为业主提供服务,对其提供的咨询服务及咨询成果文件质量向业主负责,履行委托合同约定的义务与责任。不对业主与其他工程参与单位的工程行为负责,不对其他工程参与单位项目活动及其管理的行为过错负责。

(4)工程咨询单位与执业人应履行法律法规赋予的权利与义务,并承担相应的责任。建设项目所处的区域、国别不同,相应的法律、法规、标准、规范及制度不尽相同,对工程咨询的要求也不完全相同。

8.2 全过程工程咨询的基本内容

8.2.1 全过程工程咨询的范围

8.2.1.1 全过程工程咨询服务范围的思考

1980年至1995年,受首个世界银行援助项目“鲁布革”模式的影响,我国开始推行与国际接轨的四项重要制度,即项目法人责任制、招标投标制、工程监理制和合同管理制。项目法人对工程项目的投资、立项、设计、招标、造价、施工管理、竣工验收等全过程负责,逐步建立了以业主为中心的项目管理模式。

1995年,参照工程咨询国际组织规则,我国工程建设行业改革力度加大。按照国际咨询工程师联合会(FIDIC)、国际建协(UIA)、美国注册建筑师协会(AIA)等国际工程咨询组织的定义,咨询工程师(Consulting Engineer,包括建筑师等)是以从事工程咨询业务为职业的工程技术人员和其他专业人员的统称;工程咨询公司提供技术、设计、管理以及监督和培训等方面的专业服务。1995年前后的改革措施是,首先从“业主自管模式”分立出工程咨询(投资)、造价咨询、工程监理和招标代理等专业咨询,与原有的工程设计并驾齐驱,“五龙治水”式工程咨询碎片化管理体系正式形成,直至今天。这里须注意,前四项新生的专业咨询,并非是从工程设计中分立出来,而是从业主方职能中分出来的。

1995年之后的发展显示,在这套建筑业制度体系下,施工企业的主要职能是“包工包料,按图施工”。而工程项目管理,在国有投资和非国有工程中,却事实上形成了两种完全不同的管理模式。

国有投资工程的项目管理,新生的投资咨询、造价咨询、招标代理、工程监理,十分巧妙地迎合了业主方离散化管理、肢解工程需求,“碎片化”与“离散化”互为支撑,两两相利。虽然业主对碎片化服务的抱怨甚多,却也无奈。

非国有投资工程的项目管理,以房地产项目为代表,由于没有人提供一条龙式的全过程工程咨询(建筑师负责制)服务,就自发形成了“一条龙项目自管模式”,即房地产企业除完成投融资、拿地、销售等主营业务外,还“自营”完成策划、造价、招标、主材采购、工程监理与合同管理等辅助业务。

2003年至2005年,国家发展和改革委员会对政府投资项目,推出了基于业主一条龙项目管理的“代建制”模式。此期间,针对建设项目,住房和城乡建设部也提出了服务于业主的全过程项目管理。虽然“代建制”模式形式多样,但以委托社会单位实施“代建”的方式,其服务范围与内容大部分相似,见表8.1,然而住房和城乡建设部也提出的服务于业主的全过程项目管理,并未在非“代建制”建设项目中普及推广。且无论是“代建制”项目,还是采用或不采用服务于业主的项目管理服务,分立出来的工程咨询(投资)、造价咨询、工程监理和招标代理等专业咨询,因其资质和所谓的“独立的第三方”要求,而不允许“代建”单位或项目管理单位提供“代建”或项目管理服务的同时,提供工程咨询(投资)、造价咨询、工程监理和招标代理服务。导致全过程工程咨询被制度化的人为分割,工程建设项目低层次管理与制度弊端显现。

表8.1 代建工作与项目管理工作比较

湖南省政府投资项目代建制管理办法	住房和城乡建设部建设工程项目管理试行办法
(1)依据批准的项目建议书组织编报项目可行性研究报告、初步设计和施工图设计; (2)依法组织开展项目勘察、设计、施工、监理及设备材料采购招标,负责工程合同的洽谈与签订,并将招投标情况、签订的合同报发展改革、财政及相关行业管理部门备案; (3)办理规划、用地、拆迁、施工、环保、消防、人防、园林、市政等有关报批手续; (4)会同使用单位按项目进度提出年度投资计划和年度基建支出预算,并按月向发展改革、财政部门和使用单位报送工程进度及资金使用情况; (5)按照国家和省有关规定以及代建合同约定组织工程验收及办理竣工验收备案; (6)编制工程结算表及竣工财务决算报财政部门审批,并按照批准的资产价值向使用单位办理资产交付手续; (7)整理汇编移交项目有关资料。	(1)协助业主方进行项目前期策划,经济分析、专项评估与投资确定; (2)协助业主方办理土地征用、规划许可等有关手续; (3)协助业主方提出工程设计要求、组织评审工程设计方案、组织工程勘察设计招标、签订勘察设计合同并监督实施,组织设计单位进行工程设计优化、技术经济方案比选并进行投资控制; (4)协助业主方组织工程监理、施工、设备材料采购招标; (5)协助业主方与工程项目总承包企业或施工企业及建筑材料、设备、构配件供应等企业签订合同并监督实施; (6)协助业主方提出工程实施用款计划,进行工程竣工结算和工程决算,处理工程索赔,组织竣工验收,向业主方移交竣工档案资料; (7)生产试运行及工程保修期管理,组织项目后评估; (8)项目管理合同约定的其他工作。

8.2.1.2 全过程工程咨询服务的阶段

全过程工程咨询可划分为四个阶段:前期阶段、准备阶段、实施阶段和运营阶段。

(1)前期阶段

前期阶段咨询又称投资前咨询,是对投资与否和投资可能取得的效益做分析决策的阶段。该阶段的服务内容包括:规划咨询、投资机会研究、初步可行性研究(项目建议书)、可行性研究、环境影响评价、项目申请报告、资金申请报告等。

(2)准备阶段

准备阶段是指工程投资决策后为组织工程实施所做的包括勘察设计等技术工作在内的准备性工作阶段。该阶段的服务内容包括:工程勘察咨询、工程设计咨询、造价咨询、工程和设备采购咨询等。

(3)实施阶段

实施阶段是指工程项目从开工建设至竣工总结的阶段。该阶段的服务内容包括:项目管理、施工监理、设计管理、运营准备咨询、人员培训、竣工验收咨询等。

(4)运营阶段

项目运营阶段指工程项目建成后投入正常生产运营的阶段。该阶段的服务内容包括:运维技术咨询、运维管理咨询、配合后评价、延续更新咨询等。

8.2.1.3　咨询服务的阶段划分

全过程工程咨询按服务阶段可划分为全阶段咨询和多阶段咨询。

(1)全阶段咨询

全阶段咨询是指贯穿工程项目四个阶段即前期阶段、准备阶段、实施阶段和运营阶段的咨询业务。业主可以委托工程咨询企业提供全阶段咨询服务。

(2)多阶段咨询

多阶段咨询是指涵盖工程项目四个阶段中两个或以上阶段的咨询业务。业主可以委托工程咨询企业提供多阶段咨询服务。

8.2.1.4　全过程工程咨询服务的责任

(1)工程咨询行业管理规定

2017年12月6日,国家发展和改革委员会令第9号《工程咨询行业管理办法》正式施行。该办法要求,工程咨询单位应当建立健全咨询质量管理制度,建立和实行咨询成果质量、成果文件审核等岗位人员责任制。编写咨询成果文件应当依据法律法规、有关发展建设规划、技术标准、产业政策以及政府部门发布的标准规范等。工程咨询单位对咨询质量负总责,主持该咨询业务的人员对咨询成果文件质量负主要直接责任,参与人员对其编写的篇章内容负责。

该办法规定,实行咨询成果质量终身负责制。工程咨询单位应在咨询成果文件中就依据与符合法律法规、有关发展建设规划、技术标准、产业政策以及政府部门发布的标准规范,以及独立、公正、科学的原则作出信用承诺。工程项目在设计使用年限内,因工程咨询质量导致项目单位重大损失的,应倒查咨询成果质量责任,形成工程咨询成果质量追溯机制,并按以下规定处理。

① 对工程咨询单位,由发展改革部门责令改正;情节严重的给予警告处罚,并从备案名录中移除;已获得资信评价等级的,由开展资信评价的组织取消其评价等级。触犯法律的,依法追究法律责任。

② 对直接责任人员,由发展改革部门责令改正,或给予警告处罚;涉及咨询工程师(投资)的,由中国工程咨询协会视情节轻重给予警告、通报批评、注销登记证书并收回执业专用章。触犯法律的,依法追究法律责任。

对照工程咨询,工程造价咨询具有相应属性,造价咨询单位及其执业人员具有类似的成果文件质量责任。

(2)建筑法、工程质量管理条例等法律法规规定

建筑法、工程质量管理条例等法律法规对工程咨询单位没有专门针对性的责任规定,仅是将建设单位、勘察、设计、施工、工程监理单位作为工程建设行为的五方责任主体,从行为角度规定了五方责任主体行为不当应履行的质量安全质责任。

① 建设单位必须向有关的勘察、设计、施工、工程监理等单位提供与建设工程有关的原始资料。原始资料必须真实、准确、齐全。

建设单位不得以任何理由,要求设计单位或者施工单位在工程设计或者施工作业中,违反法律、行政法规和建筑工程质量、安全标准。不得明示或者暗示设计单位或者施工单位违反工程建设强制性标准,降低建设工程质量。设计单位和施工单位对建设单位违反前款规定提出的降低工程质量的要求,应当予以拒绝。

涉及建筑主体和承重结构变动的装修工程,建设单位应当在施工前委托原设计单位或者具有相应资质条件的设计单位提出设计方案;没有设计方案的,不得施工。

② 工程设计应当符合按照国家规定制定的建筑安全规程和技术规范,保证工程的安全性能。勘察、设计单位必须按照工程建设强制性标准进行勘察、设计,并对其勘察、设计的质量负责。勘察、设计文件应当符合有关法律、行政法规的规定和建筑工程质量、安全标准、建筑工程勘察、设计技术规范以及合同的约定。设计文件选用的建筑材料、建筑构配件和设备,应当注明其规格、型号、性能等技术指标,其质量要求必须符合国家规定的标准。

勘察单位提供的地质、测量、水文等勘察成果必须真实、准确。设计单位应当根据勘察成果文件进行建设工程设计。设计文件应当符合国家规定的设计深度要求,注明工程合理使用年限。设计单位应当参

与建设工程质量事故分析，并对因设计造成的质量事故，提出相应的技术处理方案。

注册建筑师、注册结构工程师等注册执业人员应当在设计文件上签字，对设计文件负责。

③ 建设单位、施工单位、监理单位不得修改建设工程勘察、设计文件；确需修改建设工程勘察、设计文件的，应当由原建设工程勘察、设计单位修改。经原建设工程勘察、设计单位书面同意，建设单位也可以委托其他具有相应资质的建设工程勘察、设计单位修改。修改单位对修改的勘察、设计文件承担相应责任。施工单位、监理单位发现建设工程勘察、设计文件不符合工程建设强制性标准、合同约定的质量要求的，应当报告建设单位，建设单位有权要求建设工程勘察、设计单位对建设工程勘察、设计文件进行补充、修改。建设工程勘察、设计文件内容需要作重大修改的，建设单位应当报经原审批机关批准后，方可修改。

建设工程勘察、设计文件中规定采用的新技术、新材料，可能影响建设工程质量和安全，又没有国家技术标准的，应当由国家认可的检测机构进行试验、论证，出具检测报告，并经国务院有关部门或者省、自治区、直辖市人民政府有关部门组织的建设工程技术专家委员会审定后，方可使用。

建设工程勘察、设计单位应当在建设工程施工前，向施工单位和监理单位说明建设工程勘察、设计意图，解释建设工程勘察、设计文件。设计单位应当就审查合格的施工图设计文件向施工单位作出详细说明。建设工程勘察、设计单位应当及时解决施工中出现的勘察、设计问题。

④ 设计单位不按照建筑工程质量、安全标准进行设计的，责令改正，处以罚款；造成工程质量事故的，责令停业整顿，降低资质等级或者吊销资质证书，没收违法所得，并处罚款；造成损失的，承担赔偿责任；构成犯罪的，依法追究刑事责任。

勘察、设计单位有下列行为之一的，责令改正，处 10 万元以上 30 万元以下的罚款：

a. 勘察单位未按照工程建设强制性标准进行勘察的；

b. 设计单位未根据勘察成果文件进行工程设计的；

c. 设计单位未按照工程建设强制性标准进行设计的。

有前款所列行为，造成工程质量事故的，责令停业整顿，降低资质等级；情节严重的，吊销资质证书；造成损失的，依法承担赔偿责任。

注册建筑师、注册结构工程师、注册监理工程师等注册执业人员因过错造成质量事故的，责令停止执业 1 年；造成重大质量事故的，吊销执业资格证书，5 年以内不予注册；情节特别恶劣的，终身不予注册。

依照规定，给予单位罚款处罚的，对单位直接负责的主管人员和其他直接责任人员处单位罚款数额百分之五以上百分之十以下的罚款。

⑤ 建设单位、设计单位、施工单位、工程监理单位违反国家规定，降低工程质量标准，造成重大安全事故，构成犯罪的，对直接责任人员依法追究刑事责任。

建设、勘察、设计、施工、工程监理单位的工作人员因调动工作、退休等原因离开该单位后，被发现在该单位工作期间违反国家有关建设工程质量管理规定，造成重大工程质量事故的，仍应当依法追究法律责任。

建设单位、设计单位、施工单位、工程监理单位违反国家规定，降低工程质量标准，造成重大安全事故的，对直接责任人员处五年以下有期徒刑或者拘役，并处罚金；后果特别严重的，处五年以上十年以下有期徒刑，并处罚金。

综上规定可知，按照既有的建设管理模式，建设、勘察、设计、施工、工程监理单位在工程建设中作为五方责任主体单位，不但履行合同约定的经济责任，相应还要履行法律法规规定的工程质量安全责任。因此，如果广义性的将工程勘察、设计和工程监理纳入全过程工程咨询的范畴，全过程工程咨询单位不但要承担咨询成果文件质量责任，还要承担直接参与过程建造与监理的工程质量安全责任。比照国际上多数国家形成的惯例，工程咨询（顾问）单位只对咨询（顾问）成果文件质量负责，存在较大的差异。应结合我国推行工程总承包建设模式，对全过程工程咨询的内容进行梳理，理清相应模式下各自职责范围与工作属性。按照国务院《关于促进建筑业持续健康发展的意见》，完善工程建设模式，培育全过程工程咨询，鼓励投资咨询、勘察、设计、监理、招标代理、造价等企业采取联合经营、并购重组等方式发展全过程工程咨询，培育一批具有国际水平的全过程工程咨询企业。制定全过程工程咨询咨询服务技术标准和合同范本。并通过法规进一步规范新型建设模式下（图 8.1）责任主体单位的质量安全责任。

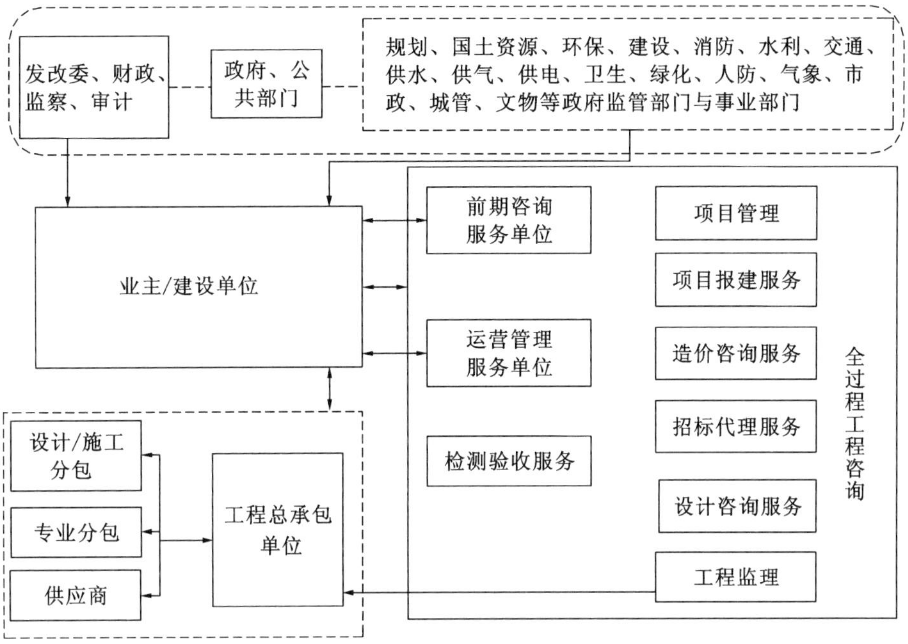

图 8.1　新型建设模式

说明：图中双向箭线表示合同关系、单向箭线表示监督(管)关系

8.2.2　全过程工程咨询的内容

8.2.2.1　策划与投资咨询

国家发展和改革委员会令第 9 号《工程咨询行业管理办法》规定了策划与投资咨询服务的主要范围与内容，并明确了实施全过程工程咨询，可以采用多种服务方式组合，为项目决策、实施和运营持续提供局部或整体解决方案以及管理服务。

策划与投资咨询包括区域发展、城乡建设与行业发展的策划，以及项目建设投资决策和管理的咨询，具体如下：

(1)规划咨询：含总体规划、专项规划、区域规划及行业规划的编制、咨询。

(2)项目咨询：含投资机会研究、投融资策划、项目建议书(预可行性研究)、可行性研究报告、项目申请报告及资金申请报告的编制、政府和社会资本合作(PPP)项目咨询等。

(3)评估咨询：各级政府及有关部门委托的对规划、项目建议书、可行性研究报告、项目申请报告、PPP 项目实施方案、初步设计的评估，规划和项目中期评价、后评价，项目概预结决算审查，及其他履行投资管理职能所需的专业技术服务。

8.2.2.2　工程技术与经济咨询

工程技术与经济咨询主要集中在工程建设项目的建造实施与运营阶段，在实行工程总承包建设模式下主要包括：

(1)工程技术咨询，含勘察方案的编制和审核(初步勘察、初步勘察报告的编制)、勘察报告审核，方案设计、设计方案评审、优化、报规确认，初步设计、初步设计评审、优化、初步设计审查、编制设备采购清单与采购方案，施工图设计评审与技术审查、编制施工总布置方案，工程基点移交、工程测量复核、审核施工总平面布置、审核施工组织设计、重点施工方案及工艺技术，组织设计交底和图纸会审、审核设计变更、参与现场重大专项方案的审查与设计相关技术问题处理、参与重大质量安全事故的处理，参与运营的系统调试与修正、参与设备设施移交等。

(2)工程经济咨询，含设计方案经济分析、编制项目概算、确定项目限额设计指标，编制施工图预算、编制工程量清单及招标控制价、编制项目资金使用计划，合同价款咨询、施工阶段造价风险分析及建议、施工阶段清标预算价清理计算及审核、工程预付款和进度款、工程变更测算、签证审核、索赔计算或审核、材料及设备的询价与核价建议，项目结算审核、核定审计结算价款，运维费用审核、项目后评价等。

8.2.2.3 工程项目管理与项目服务

项目服务贯穿于工程建设项目全寿命期，工程项目管理主要集中在工程建设项目的建造实施阶段，在实行工程总承包建设模式下主要包括：

(1)项目立项服务：含建设项目用地预审，建设项目压覆重要矿床审批，农用地转用审批，土地征收审批，供地方案审批，建设项目土地使用证，项目环境影响评价报告及批文，生产建设项目水土保持方案及批文，节能评估报告及批文，洪水影响评价报告，农业灌溉影响意见书，超限高层建筑过程抗震设防审批，新建、扩建、改建建设过程避免危害气象探测环境审批，社会稳定风险评估报告及批文，水、电、燃气、通信等功能性需求申请等报告编制与手续办理。

(2)项目报建服务：含总平方案报批、初步设计方案报审、人防异地建设报批、抗震设防送审、民用建筑节能设计审查备案、施工图审查备案、规划许可证、合同备案、质监及安监备案、白蚁防治、施工许可证申报、环境影响评价审批、污水排入排水管网许可、施工用水申请及审批、施工用电申请及审批等材料的准备与手续办理。

(3)工程项目管理服务：包括工程和设备采购招标服务、合同管理、工程总承包阶段的设计与施工管理和项目运营管理服务。

① 工程和设备采购招标服务，含招标文件的编制与备案、发布招标公告、组织招标文件答疑和澄清、组织开标与评标工作、编制评标报告报业主确认与监管部门备案、发送中标通知书等。

② 工程总承包阶段的设计与施工管理，含编制工程项目管理实施规划，项目管理的组织(参与业主对工地的移交与接收、检查总承包项目管理部的建立与管理制度的落实情况、组织与参与工地例会及专题会议、组织落实项目巡检制度、督促与检查施工资源进场情况等)，合同管理(拟定合同文本、协助并参与合同谈判、协助业主签订合同、合同执行的评审、风险评估与风险管理、组织合同交底、合同履行过程管理、合同变更管理、停、复工管理、工程索赔管理、合同实施后评价等)，工程质量管理(组织勘察报告的审核、组织设计交底和图纸会审、设计变更管理、参与设计相关技术问题处理、组织审核施工组织设计、组织审查重大和关键工序施工方案并提出合理化建议、参与主要材料进场和主要设备开箱的验收、参与分项分部工程和隐蔽工程验收、参与与组织重大质量事故的处理、参与单位工程预验收、参与单机调试和组织联动调试、组织单位工程交竣工验收、组织工程综合验收等)，工程投资管理(工程变更价款测算、签证审核、费用索赔计算或审核、参与施工现场造价计量、审核工程中间结算报告、组织工程竣工结算、审查竣工结算报告、工程技术经济指标分析等)，工程进度管理(编制工程总控计划、审查工程总承包进度计划、项目进度计划的动态跟踪与管理、处理项目工期索赔等)，项目现场安全与环境管理(建立业主项目工地范围内安全与环境管理台账、督促检查工程总承包项目部建立与履行施工安全、环保与现场文明管理体系及其相关规章制度、检查项目部应急预案建立情况、审查危险源专项施工方案、巡视检查工地现场安全、环保与现场文明施工情况、参与重大安全事故的处理等)，工程档案与信息化管理(制定与建立工程档案管理制度、项目相关资料的收集与归档、组织 BIM 技术的应用、组织工程竣工资料的移交、协助工程城建档案的整理与提交等)。

③ 项目运营管理服务，含组织运营管理人员的培训、质保期管理咨询、项目运营维护管理咨询、运营绩效考核报告的编制等。

(4)工程其他咨询：含装配式产业化专项咨询、文物保护专项咨询、绿色建筑专项咨询、项目风险管理咨询、工程信息化咨询、工程法律咨询、工程保险咨询等。

业主可以根据工程项目的具体情况和自身需求，从上述内容中选择需要的服务内容和成果要求，与工程咨询企业谈判协商，签订服务合同。业主和工程咨询企业可以在上述内容之外增加服务项目。工程咨询企业应当根据合同约定的清单提供相应的工程咨询成果。

全过程工程咨询服务的基本内容可以理解是合同委托范围内全过程(或相对全过程)实施表 8.1 的项目代建或工程项目管理与项目服务，以及单项或单项组合专业工程咨询。其服务内容可以简单表达为“$1+X$”，其中：

“1”——全过程(或相对全过程)工程咨询管理服务，服务内容是全过程(或阶段全过程)的策划、控制和协调工作，接近于以往业主工作，是贯穿全过程的服务管理咨询；

“X”——专业工程咨询管理服务的集合，可以用$\{x_0, x_1, x_2, \cdots, x_n\}$表达，具体单项专业工程咨询见上述内容（不限于此）。承担全过程工程咨询企业可以根据委托方意愿、自身服务能力、资质和信誉状况等承担其中的一项或多项专业工程咨询服务，“剩余”的其他专业工程咨询服务可以由委托方直接委托或全过程工程咨询企业通过联合体、合作体等方式统筹组织和管理。

思 考 题

8.1 简述全过程工程咨询的含义。

8.2 简述全过程工程咨询的特征。

8.3 简述全过程工程咨询的属性。

8.4 简述全过程工程咨询的策划与投资咨询内容。

8.5 简述全过程工程咨询的工程技术与经济咨询内容。

8.6 简述全过程工程咨询的工程项目管理与项目服务内容。

参考文献

1. 中华人民共和国国家标准. 建设工程监理规范(GB/T 50319—2013). 北京:中国建筑工业出版社,2013.

2. 中华人民共和国国家标准. 建设工程项目管理规范(GB/T 50326—2017). 北京:中国建筑工业出版社,2017.

3. 中华人民共和国行业标准. 公路工程施工监理规范(JTG G10—2016). 北京:人民交通出版社,2016.

4. 中国建设监理协会. 建设工程监理概论. 北京:中国建筑工业出版社,2013.

5. 中国建设监理协会. 建设工程质量控制. 北京:中国建筑工业出版社,2013.

6. 中国建设监理协会. 建设工程投资控制. 北京:中国建筑工业出版社,2013.

7. 中国建设监理协会. 建设工程进度控制. 北京:中国建筑工业出版社,2013.

8. 中国建设监理协会. 建设工程合同管理. 北京:中国建筑工业出版社,2013.

9. 李明安. 建设工程监理操作指南. 北京:中国建筑工业出版社,2013.

10. 邓铁军,邓世维. 工程建设项目管理. 武汉:武汉理工大学出版社,2017.

11. 中国建筑学会工程管理研究分会. 工程管理年刊 2017. 北京:中国建筑工业出版社,2017.

12. 中华人民共和国国家发展和改革委员会. 工程咨询行业管理办法(国家发展和改革委员会令第 9 号),2017.

13. 中华人民共和国住房和城乡建设部. 关于开展全过程工程咨询试点工作的通知(建市[2017]101 号),2017.

14. 中华人民共和国国务院办公厅. 关于促进建筑业持续健康发展的意见(国办发[2017]19 号),2017.